列国志

GUIDE TO THE WORLD NATIONS

新版

陈传伟 李广一
编著

SAO TOME AND PRINCIPE

圣多美和普林西比

社会科学文献出版社

SOCIAL SCIENCES ACADEMIC PRESS (CHINA)

几　内　亚　湾
Gulf　of　Guinea

圣多美
和
普林西比
SAO TOME
AND
PRINCIPE

普林西比岛
Príncipe　圣安东尼奥
Santo António

圣多美
SÃO TOMÉ

圣多美岛
São Tomé　2024　圣多美峰

阿雷格里港
罗拉什岛　Porto Alegre

B　8°

圣多美和普林西比行政区划图

圣多美和普林西比国旗

圣多美和普林西比国徽

国家博物馆（路阳明 摄）

国家体育场（路阳明 摄）

国家电影院（路阳明 摄）

圣普国际银行总部（路阳明　摄）

圣母大教堂（路阳明　摄）

市中心葡式建筑（路阳明　摄）

街景（来晓娟　摄）

首都海湾（路阳明　摄）

地狱之口（来晓娟　摄）

蓝湖（路阳明　摄）

出版说明

　　《列国志》编撰出版工作自 1999 年正式启动，截至目前，已出版 144 卷，涵盖世界五大洲 163 个国家和国际组织，成为中国出版史上第一套百科全书式的大型国际知识参考书。该套丛书自出版以来，受到社会各界的广泛好评，被誉为"21 世纪的《海国图志》"，中国人了解外部世界的全景式"窗口"。

　　这项凝聚着近千学人、出版人心血与期盼的工程，前后历时十多年，作为此项工作的组织实施者，我们为这皇皇 144 卷《列国志》的出版深感欣慰。与此同时，我们也深刻认识到当今国际形势风云变幻，国家发展日新月异，人们了解世界各国最新动态的需要也更为迫切。鉴于此，为使《列国志》丛书能够不断补充最新资料，更好地服务于社会各界，我们决定启动新版《列国志》编撰出版工作。

　　与已出版的 144 卷《列国志》相比，新版《列国志》无论是形式还是内容都有新的调整。国际组织卷次将单独作为一个系列编撰出版，原来合并出版的国家将独立成书，而之前尚未出版的国家都将增补齐全。新版《列国志》的封面设计、版面设计更加新颖，力求带给读者更好的阅读享受。内容上的调整主要体现在数据的更新、最新情况的增补以及章节设置的变化等方面，目的在于进一步加强该套丛书将基础研究和应用对策研究相结合，将基础研究成果应用于实践的特色。例如，增加了各国有关资源开发、环境治理的内容；特设"社会"一章，介绍各国的国民生活情况、社会管理经验以及存在的社会问题等；增设"大事纪年"，方便读者在短时间内熟悉各国的发展线索；增设"索引"，便于读者根据人名、地名、关键词查找所需相关信息。

顺应时代发展的要求，新版《列国志》将以纸质书为基础，全面整合国别国际问题研究资源，构建列国志数据库。这是《列国志》在新时期发展的一个重大突破，由此形成的国别国际问题研究与知识服务平台，必将更好地服务于中央和地方政府部门应对日益繁杂的国际事务的决策需要，促进国别国际问题研究领域的学术交流，拓宽中国民众的国际视野。

新版《列国志》的编撰出版工作得到了各方的支持：国家主管部门高度重视，将其列入"'十二五'国家重点图书出版规划项目"；中国社会科学院将其列为创新工程学术出版资助项目，王伟光院长亲自担任编辑委员会主任，指导相关工作的开展；国内各高校和研究机构鼎力相助，国别国际问题研究领域的知名学者相继加入编辑委员会，提供优质的学术指导。相信在各方的通力合作之下，新版《列国志》必将更上一层楼，以崭新的面貌呈现给读者，在中国改革开放的新征程中更好地发挥其作为"知识向导"、"资政参考"和"文化桥梁"的作用！

新版《列国志》编辑委员会
2013 年 9 月

前　言

　　自 1840 年前后中国被迫开关、步入世界以来，对外国舆地政情的了解即应时而起。还在第一次鸦片战争期间，受林则徐之托，1842 年魏源编撰刊刻了近代中国首部介绍当时世界主要国家舆地政情的大型志书《海国图志》。林、魏之目的是为长期生活在闭关锁国之中、对外部世界知之甚少的国人"睁眼看世界"，提供一部基本的参考资料，尤其是让当时中国的各级统治者知道"天朝上国"之外的天地，学习西方的科学技术，"师夷之长技以制夷"。这部著作，在当时乃至其后相当长一段时间内，产生过巨大影响，对国人了解外部世界起到了积极的作用。

　　自那时起中国认识世界、融入世界的步伐就再也没有停止过。中华人民共和国成立以后，尤其是 1978 年改革开放以来，中国更以主动的自信自强的积极姿态，加速融入世界的步伐。与之相适应，不同时期先后出版过相当数量的不同层次的有关国际问题、列国政情、异域风俗等方面的著作，数量之多，可谓浩如烟海。它们对时人了解外部世界起到了积极的作用。

　　当今世界，资本与现代科技正以前所未有的速度与广度在国际流动和传播，"全球化"浪潮席卷世界各地，极大地影响着世界历史进程，对中国的发展也产生极其深刻的影响。面对不同以往的"大变局"，中国已经并将继续以更开放的姿态、更快的步伐全面步入世界，迎接时代的挑战。不同的是，我们所面临的已不是林则徐、魏源时代要不要"睁眼看世界"、要不要"开放"的问题,而是在新的历史条件下,在新的世界发展大势下,如何更好地步入世界,如何在融入世界的进程中更好地维护民族国家的主权与独立,积极参与国际事务,为维护世界和平,促进世界与人类共同发展做出贡献。这就要求我们对外部世界有比以往更深切、全面的了解,我们只有更全面、更深入地了解世界,才能在更高的层次上融入世界,也才能在融入世界的进程中不迷失方向,保持自我。

与此时代要求相比,已有的种种有关介绍、论述各国史地政情的著述,无论就规模还是内容来看,已远远不能适应我们了解外部世界的要求。人们期盼有更新、更系统、更权威的著作问世。

中国社会科学院作为国家哲学社会科学的最高研究机构和国际问题综合研究中心,有 11 个专门研究国际问题和外国问题的研究所,学科门类齐全,研究力量雄厚,有能力也有责任担当这一重任。早在 20 世纪 90 年代初,中国社会科学院的领导和中国社会科学出版社就提出编撰"简明国际百科全书"的设想。1993 年 3 月 11 日,时任中国社会科学院院长的胡绳先生在科研局的一份报告上批示:"我想,国际片各所可考虑出一套列国志,体例类似几年前出的《简明中国百科全书》,以一国(美、日、英、法等)或几个国家(北欧各国、印支各国)为一册,请考虑可行否。"

中国社会科学院科研局根据胡绳院长的批示,在调查研究的基础上,于 1994 年 2 月 28 日发出《关于编纂〈简明国际百科全书〉和〈列国志〉立项的通报》。《列国志》和《简明国际百科全书》一起被列为中国社会科学院重点项目。按照当时的计划，首先编写《简明国际百科全书》，待这一项目完成后，再着手编写《列国志》。

1998年，率先完成《简明国际百科全书》有关卷编写任务的研究所开始了《列国志》的编写工作。随后，其他研究所也陆续启动这一项目。为了保证《列国志》这套大型丛书的高质量，科研局和社会科学文献出版社于1999年1月27日召开国际学科片各研究所及世界历史研究所负责人会议，讨论了这套大型丛书的编写大纲及基本要求。根据会议精神，科研局随后印发了《关于〈列国志〉编写工作有关事项的通知》，陆续为启动项目拨付研究经费。

为了加强对《列国志》项目编撰出版工作的组织协调，根据时任中国社会科学院院长的李铁映同志的提议，2002年8月，成立了由分管国际学科片的陈佳贵副院长为主任的《列国志》编辑委员会。编委会成员包括国际片各研究所、科研局、研究生院及社会科学文献出版社等部门的主要领导及有关同志。科研局和社会科学文献出版社组成《列国志》项目工作组，社会科学文献出版社成立了《列国志》工作室。同年，《列国志》项目被批准为中国社会科学院重大课题，新闻出版总署将《列国志》项目列入国家重点图书出版计划。

在《列国志》编辑委员会的领导下，《列国志》各承担单位尤其是各位学者加快了编撰进度。作为一项大型研究项目和大型丛书，编委会对《列国志》提出的基本要求是：资料翔实、准确、最新，文笔流畅，学术性和可读性兼备。《列国志》之所以强调学术性，是因为这套丛书不是一般的"手册""概览"，而是在尽可能吸收前人成果的基础上，体现专家学者们的研究所得和个人见解。正因为如此，《列国志》在强调基本要求的同时，本着文责自负的原则，没有对各卷的具体内容及学术观点强行统一。应当指出，参加这一浩繁工程的，除了中国社会科学院的专业科研人员以外，还有院外的一些在该领域颇有研究的专家学者。

现在凝聚着数百位专家学者心血，共计141卷，涵盖了当今世界151个国家和地区以及数十个主要国际组织的《列国志》丛书，将陆续出版与广大读者见面。我们希望这样一套大型丛书，能为各级干部了解、认识当代世界各国及主要国际组织的情况，了解世界发展趋势，把握时代发展脉络，提供有益的帮助；希望它能成为我国外交外事工作者、国际经贸企业及日渐增多的广大出国公民和旅游者走向世界的忠实"向导"，引领其步入更广阔的世界；希望它在帮助中国人民认识世界的同时，也能够架起世界各国人民认识中国的一座"桥梁"，一座中国走向世界、世界走向中国的"桥梁"。

《列国志》编辑委员会

2003 年 6 月

CONTENTS

目 录

导　　言 / 1

第一章　概　　览 / 1

第一节　国土与人口 / 1

　　一　国土面积 / 1

　　二　地理位置 / 2

　　三　行政区划 / 2

　　四　地形与气候 / 3

　　五　国旗、国徽、国歌、国鸟 / 9

　　六　人口、民族、语言 / 10

第二节　宗教、节日与民俗 / 18

　　一　宗教 / 18

　　二　节日 / 21

　　三　民俗 / 22

第三节　特色资源 / 25

　　一　名胜古迹 / 25

　　二　著名城市 / 27

　　三　建筑艺术 / 27

　　四　独特的生物资源 / 28

第二章　历　　史 / 33

第一节　葡萄牙在圣普的殖民统治 / 33

　　一　葡萄牙帝国发现并殖民圣多美 / 33

CONTENTS

目 录

二　欧洲殖民帝国对圣多美的争夺 / 40

三　葡萄牙圣普奴隶制种植园简史 / 46

四　圣普奴隶反抗活动与民族解放运动 / 50

第二节　当代简史 / 54

一　圣普解放运动执政时期 / 54

二　多党制民主化时期 / 57

三　多党制下总统轮替 / 64

四　达科斯塔再度执政 / 71

五　卡瓦略执政及当前局势 / 73

第三节　著名历史人物 / 75

一　曼努埃尔·平托·达科斯塔 / 75

二　弗拉迪克·德梅内塞斯 / 76

三　米格尔·特罗瓦达 / 76

四　吉列尔梅·波塞尔·达科斯塔 / 77

五　玛丽亚·达斯·内维斯 / 77

六　玛丽亚·西尔维拉 / 78

七　诺阿金·拉斐尔·布兰科 / 78

八　托梅·韦拉·克鲁斯 / 78

九　加布里埃尔·达科斯塔 / 79

十　卡洛斯·达格拉萨 / 79

十一　阿米恩多·瓦兹·阿莱梅达 / 80

十二　达米昂·瓦兹·阿莱梅达 / 80

十三　劳尔·布拉干萨·内图 / 81

十四　莱昂内尔·马里奥·达尔瓦 / 81

CONTENTS

目 录

十五　塞莱斯蒂诺·罗恰·达科斯塔 / 81

十六　丹尼尔·利马·多斯桑托斯·达约 / 81

十七　诺伯托·达尔瓦·科斯塔·阿莱德雷 / 82

第三章　政　　治 / 83

第一节　国体与政体 / 83

　一　国体 / 83

　二　政体及其演变 / 84

　三　总统与总理权力分配及其争议 / 87

第二节　宪法 / 88

　一　圣普宪法简史 / 88

　二　现行宪法的主要内容 / 89

　三　宪法审查与修订 / 91

第三节　选举制度 / 93

　一　总统选举制度 / 94

　二　国民议会选举制度 / 95

　三　总理选举制度 / 97

　四　地方选举制度 / 97

第四节　政府 / 98

　一　政府成员组成与任免 / 98

　二　政府职权 / 99

　三　政府成员的法律责任 / 100

　四　圣普政府情况 / 100

CONTENTS
目 录

第五节　立法机构／101

一　国民议会／101

二　国民议会职权／101

三　国民议会运行体系／104

第六节　司法机构／104

一　法院功能／104

二　法院分类／105

三　司法程序／106

第七节　主要政党和重要社团／106

一　民主独立行动党／107

二　圣多美和普林西比解放运动—社会民主党／107

三　民主统一党／108

四　争取全国民主和进步联盟／108

五　民主运动变革力量—自由党／108

六　圣多美劳工党／109

七　社会团结党—基督教民主阵线／109

八　民主党—民主联盟／109

九　人民进步党／109

十　公民发展民主联盟／110

第八节　当前政治局势与主要政治人物／110

一　当前政治局势／110

二　主要政治人物／111

第九节　军事／113

CONTENTS

目 录

第四章 经 济 / 115

第一节 经济概况 / 115

   一 独立前经济发展概况 / 116

   二 1975～2000 年经济发展概况 / 119

   三 2000 年以来经济发展概况 / 123

第二节 农业 / 131

   一 种植业 / 131

   二 畜牧业 / 133

   三 渔业 / 134

   四 林业 / 137

第三节 工业 / 139

   一 制造业 / 139

   二 能源产业 / 140

第四节 旅游业和服务业 / 142

   一 旅游业发展概况 / 143

   二 服务业发展概况 / 144

第五节 交通运输与通信 / 146

   一 交通运输 / 146

   二 通信 / 148

第六节 财政和金融 / 149

   一 财政收支状况 / 149

   二 货币、汇率和银行 / 152

CONTENTS
目　录

　　三　贸易法规、贸易惯例与贸易标准／155

第七节　对外经济关系／156

　　一　对外贸易／156

　　二　投资环境／158

　　三　外国援助／159

　　四　外债／163

第五章　社　　会／167

　第一节　国民生活／167

　第二节　医疗卫生／168

第六章　文　　化／175

　第一节　教育／175

　　一　教育概况／175

　　二　中小学教育／177

　　三　大学教育／177

　第二节　文学与艺术／178

　　一　文学／178

　　二　绘画、音乐和舞蹈／180

　第三节　体育／180

　第四节　新闻媒体／181

CONTENTS
目 录

第七章　外　交 / 183

第一节　外交政策 / 183

第二节　同葡萄牙的关系 / 186

第三节　同美国的关系 / 187

第四节　同法国的关系 / 190

第五节　同葡语国家及周边国家的关系 / 192

第六节　同中国的关系 / 196

附　录 / 203

一　西方殖民统治时期圣多美和普林西比历任执政者 / 203

二　圣多美和普林西比民主共和国总理 / 215

三　国民议会情况 / 217

四　国民议会议长 / 219

大事纪年 / 221

参考文献 / 235

索　引 / 247

导　言

　　圣多美和普林西比民主共和国（The Democratic Republic of Sao Tome and Principe），简称"圣普"，位于西非几内亚湾内。东与加蓬、东北与赤道几内亚隔海相望，距离加蓬约 400 千米，距离赤道几内亚约 225 千米，由 14 个岛屿组成，面积约为 1001 平方千米。岛上山峰林立，地表被原始森林覆盖，一片翠绿，故有"绿岛"之美称。较大的两个岛是圣多美岛和普林西比岛。两岛中央是崇山峻岭，周边是悬崖峭壁，沿海是平原。最高峰圣多美峰海拔为 2004 米，次高峰普林西比峰海拔为 948 米。两岛各有河流十几条，都发源于中部高山，形成飞瀑，呈放射状，直泻而下，汇成洪流，奔腾入海。圣普为赤道国家，属热带雨林气候，光照充足，雨量充沛，终年湿热。一年分三季，1~5 月为大雨季，6~9 月为旱季，10~12 月为小雨季。年均气温为 25℃，特别适合热带植物生长，如甘蔗、椰子、咖啡和可可生长茂盛。

　　圣普各岛原来没有居民，现有居民都是先后从外地迁来的移民及其后裔。人口有 21.5 万（2019 年统计数据），90% 是班图族，它包括 6 个族群：克里奥尔人（系欧洲白人与非洲黑人通婚的后代）、安哥拉人（系 16 世纪从非洲大陆来的安哥拉人的后裔）、佛得角人（因 1903 年非洲大旱而迁来的佛得角人及其后代）、弗洛斯人（系圣普本地获得自由的奴隶及其后裔）、通加人（系圣普本地获得自由的种植园契约劳工及其后代）、欧洲人（主要是葡萄牙人后裔）。此外，还有少量印度人和阿拉伯人。官方语言是葡萄牙语，本地人还使用圣多美语、普林西比语和安哥拉语。90% 的居民是基督徒，信仰罗马天主教，少数居民信仰伊斯兰教或非洲原始宗教。

    1470 年 12 月，葡萄牙探险家发现了圣多美岛；次年 1 月又发现了普林西比岛。1486 年，第一批葡萄牙殖民者登上圣多美岛并建立定居点。此后葡萄牙殖民者发现该地气候和土质条件适合种植热带作物，便引进甘蔗，开办种植园，圣普遂成为葡萄牙的"糖岛"。为了解决劳动力问题，葡萄牙殖民者将西非沿岸地区的黑人作为奴隶贩卖到圣普。此后，葡萄牙殖民者发现贩卖黑奴同种植甘蔗一样利润惊人，于是又将圣普作为向美洲贩卖黑奴的基地和转运站。16 ~ 17 世纪，黑奴和甘蔗成为葡萄牙殖民者垄断性致富的两大源泉。这种情况刺激了欧洲其他的殖民国家，荷兰、法国和英国接踵而至，17 ~ 18 世纪，它们为争夺圣普进行了激烈的斗争。19 世纪初，巴西的甘蔗种植业取代了圣普的甘蔗种植业，葡萄牙人又引进咖啡和可可。圣普的火山灰土质极适合咖啡、可可生长，圣普遂又成为葡萄牙的"饮料岛"。19 世纪上半叶，禁止奴隶贸易运动在世界范围内展开，葡萄牙殖民者变换手法，在西非各地招募"契约劳工"到圣普种植园劳动。"契约劳工"的劳动条件之恶劣，死亡率之高，使他们堪比"黑奴"，这实际上是变相的奴隶贸易，受到国际社会的严厉谴责。

    残酷的殖民统治激起了圣普人民的强烈反抗，1553 年，盲人约安·加托率领黑人奴隶举行暴动。为纪念这次行动，圣多美市的最大广场就以加托之名命名。1585 年，圣多美岛的安哥拉人在首领阿尔梅多的率领下发动起义，建立"安哥拉王国"，起义长达一年，沉重打击了葡萄牙殖民者。阿尔梅多被圣普人民尊为民族英雄，其肖像被印到圣普货币上，每年的 1 月 4 日被定为"阿尔梅多纪念日"。

    第二次世界大战后，圣普人民的民族独立斗争风起云涌。1953 年 2 月 3 日，圣多美岛的巴特帕地区爆发反葡萄牙殖民者的起义，遭到葡军镇压，1000 多人被杀。巴特帕大屠杀成为圣普人民反葡萄牙殖民者斗争的转折点。1960 年 6 月"圣普解放运动"的前身"圣普解放委员会"在加蓬成立，掀起圣普解放斗争的高潮。尽管葡萄牙当局予以镇压，但仍无法扑灭斗争怒火。1974 年 4 月，葡萄牙卡埃塔诺政权垮台，11 月，新政权被迫同"圣普解放运动"签订承认圣普独立的协议。1975 年 7 月 12 日，圣普宣告独立，结束了葡萄牙五个多世纪的殖民统治。

    圣普独立后，经过曼努埃尔·平托·达科斯塔执政时期（1975 年 7 月至 1991 年 3 月）、米格尔·特罗瓦达执政时期（1991 年 3 月至 2001 年 7 月）、弗拉迪克·德梅内塞斯执政时期（2001 年 8 月至 2011 年 8 月）、曼努埃尔·平托·达科斯塔再次执政时期（2011 年 8 月至 2016 年 7 月）和埃瓦里斯托·卡瓦略执政时期（2016 年 9 月至今）。在达科斯塔首次执政时期，圣普走的是一条非资本主义道路，效仿苏联，政治上实行一党制，进行中央集权管理，经济上搞全盘国有化，不允许其他经济成分存在，结果圣普政治陷入专制状态，经济每况愈下，人民日益贫困。20 世纪 80 年代末 90 年代初，东欧剧变，苏联解体，西方国家在非洲掀起民主化浪潮，特罗瓦达上台执政后，圣普成为非洲第一个接受民主化的国家，实行多党制，进行民主改革和宪法改革，推行经济自由化政策，学习前宗主国葡萄牙的政治制度和法律制度，圣普逐渐过渡为总统议会制民主共和国。但在此期间，圣普发生总统、总理权力斗争和官员腐败事件，经济没有起色，人民生活水平继续下降，罢工事件不断，甚至发生军事政变。民主化的十年没有改变国家贫穷落后的局面。正是在这样的情况下，德梅内塞斯赢得大选，上台执政。德梅内塞斯执政期间进行改革，一方面成立自己的政党，巩固自己的执政基础；另一方面大力进行港口建设和石油开发，振兴经济。但在他执政期间，精英阶层政见分歧严重，总统、总理之间的斗争尖锐，执政十年更换了十任总理，每届政府主政时间不足一年，罔谈政绩。2011 年总统选举，德梅内塞斯黯然去职，达科斯塔再度执政。达科斯塔吸取前一次执政的教训，提出了新的方针政策：将发展经济作为执政的主要目标，强调利用好石油和可可等自然资源，并大力促进旅游业发展，淡化党派作用，要求全社会团结一致发展经济，努力改善人民的生活。由于发展石油业缺乏资金和技术，可可的国际市场价格狂跌，加上下级军官和机场员工为提高工资举行罢工，圣普经济发展举步维艰。达科斯塔在 2016 年 7 月争取连任失败，卡瓦略上台。卡瓦略在此之前多次担任总理和部长职务，执政经验丰富，担任总统后决心推进改革，振兴经济。一方面加强港口和电力、石油等基础设施的建设，发展旅游业等新兴产业；另一方面为吸引外资而降低关税税率，改善投资环境，建立自由贸易区，并在政治和外交领域做出较大调整，2016 年 12 月主动与中国台湾当局"断交"，恢复与中国的外交关系。目前，国内局势稳定，经济保持一定增长，卡瓦略政府政绩显著。

但圣普仍是联合国公布的世界最不发达国家之一。

2018年10月7日，圣普举行国民议会选举，民主独立行动党虽保住了国民议会第一大党的地位，但其获得的席位并未超过国民议会席位的半数，其他政党则组成反对党联盟，其席位已超过国民议会席位半数。卡瓦略总统遂任命圣普解放运动—社会民主党主席热苏斯为总理，组成圣普历史上的第17任内阁。由于圣普解放运动—社会民主党在国民议会中处于相对劣势的位置，执政基础脆弱，在国内外政策上需要与第一大党——民主独立行动党协调立场，圣普形成了两党平衡的政治格局。因此，国际社会普遍认为，圣普的内外政策立场不太可能出现大的变革。

圣普奉行和平、中立和不结盟的外交政策，主张在和平共处、平等互利的基础上加强与其他国家的友好合作关系，维护民族独立、国家主权与领土完整。圣普与原宗主国葡萄牙关系密切，葡萄牙是圣普的最大援助国与最大外部投资国。两国签订了友好合作、经贸、文化和科技等多项协定。圣普与美国、法国的关系也很紧密，美国曾将圣普视为非洲民主化浪潮后实行民主体制的样板。随着近年来在圣普海域发现大量油气资源，圣普在美国外交中的地位迅速上升，美国石油公司已获得圣普石油的部分市场控制权和开采权。法国对圣普的影响涉及政治、经济、军事、外交和传媒等领域。圣普是"法语国家组织"成员，并定期参加"法语国家首脑会议"。圣普还因语言和历史经历相同而与非洲其他葡语国家关系密切，是"葡萄牙语国家共同体"成员。

早在圣普独立前，中国就向为民族独立而斗争的圣普人民提供了道义上的支持和物质上的援助。1975年7月12日，周恩来总理即致电达科斯塔总统，对其当选表示祝贺并对圣普独立予以承认，两国建立了外交关系。当时中国并不富裕，但仍向圣普提供了力所能及的经济援助，并帮其建成宏伟的建筑——人民宫，成立竹草编培训中心，派遣医疗队，接收留学生等。1997年5月圣普在中国台湾当局"金元外交"攻势下，违背"一个中国"原则，与中国台湾当局建立"外交关系"，中国即与圣普中止了外交关系。2013年，中国提出"一带一路"倡议；2015年，中非合作论坛约翰内斯堡峰会暨第六届部长级会议审议通过了《中非合作论坛—约翰内斯堡行动计划（2016—2018年）》。这些重大国际合作动议为非洲国家实现工业化、融入全球产业链和贸易体系、发展经济、改善人民生活提供了宝贵的机遇。2016年12月，圣普同中国台湾当局断绝了"外交"关系，同中国恢复了中断近20年的外交关系。外交关系恢复后，中国加大了对圣普的援助力度，中国向圣普派遣抗疟、电力和农业专家组，帮助圣普完成社区排水和道路整修等项目。2017年4月，双方建立了经贸联委会。2017年9月，中国商务部副部长钱克明视察了我国援建圣普的项目。2018年1月，中国外交部部长王毅访问圣普，同圣普外长和国家领导人举行会谈。在会见总统卡瓦略时，王毅表示，"中方赞赏总统先生重申坚定奉行一个中国政策。历史一定会证明，中圣普复交完全符合两国和两国人民利益。圣普同有13亿多人口的中国复交，重新回到中非友好合作的大家庭，成为中非合作论坛和中葡经贸合作论坛的新成员，将极大拓展圣普对外开展交往合作的空间，为加强中圣普友好合作提供了新的重要平台。在两国领导人关心下，一年来两国各层级交往全面加强，各领域合作全面展开，各方面力量汇聚到恢复和重建中圣普友好合作上来，实现了重要的'早期收获'"。

2018年9月5日，国家主席习近平在人民大会堂会见圣多美和普林西比总理特罗瓦达。习近平指出，"中非合作论坛北京峰会取得成功，有力证明了几乎所有非洲国家都是中国的好朋友。我们欢迎圣多美和普林西比回到中非友好合作大家庭。2016年12月中圣普复交以来，两国各领域合作取得丰硕成果，充分证明双方复交完全符合两国人民根本利益。中方赞赏总理先生坚持一个中国原则，积极推动对华友好合作，中国将是圣普发展道路上值得信赖的好朋友、好伙伴，我们愿支持圣多美和普林西比的经济社会发展，继续同圣普在涉及彼此核心利益和重大关切问题上相互支持。芝麻开花节节高。我们相信两国关系在一个中国原则基础上一定会不断迈上新台阶，造福两国人民"。特罗瓦达表示，"热烈祝贺北京峰会取得成功。这是圣多美和普林西比首次参加峰会，我们期待同各方一道，为构建更加紧密的中非命运共同体做出贡献。圣多美和普林西比钦佩习近平主席提出的中非合作举措，感谢中国始终坚定地同非洲人民站在一起。事实证明，圣普同中国复交的决定完全正确。圣多美和普林西比坚定恪守一个中国原则，致力于与中国建立紧密关系，愿深化双方经济社会领域互利合作，助力圣普的发展"。

2018 年 9 月 5 日晚，国务院总理李克强会见特罗瓦达，并共同见证《关于合作设立圣多美和普林西比大学孔子学院的协议》的签署。

2018 年 12 月 3 日，国务院总理李克强致电热苏斯，祝贺他就任圣多美和普林西比总理。李克强在贺电中表示，中圣普复交以来，两国关系快速发展，双方政治互信不断加深，各领域合作全面展开，成果惠及两国人民。中方愿继续同圣普方一道努力，落实好中非合作论坛北京峰会成果，推动中圣普全面合作伙伴关系不断取得新进展。

2019 年 3 月 27 日，国务院总理李克强在海南博鳌会见来华出席博鳌亚洲论坛 2019 年年会的圣普总理热苏斯。热苏斯表示："第一次来中国，就来到了美丽的海南，很高兴，就像回家了一样。"热苏斯在博鳌镇沙美村进行了深入考察，详细了解沙美村的教育、医疗、产业等发展情况。热苏斯说："我很高兴看到海南省通过多年的努力实现了经济快速发展，提高了百姓生活水平。与此同时，海南非常注重保护生态，我们希望学习借鉴这一经验。"

本书对圣普的历史、政治、经济、军事、社会、文化和外交等方面做了较为详尽的介绍，期望读者对这个有着独特色彩的非洲国家有比较全面、深入的了解。本书力求做到资料准确翔实、文笔朴实流畅，可读性强。对于一些不易理解的问题，本书用注释予以补充说明。本书适合国际关系专业和其他研究非洲问题的学生、相关研究人员等阅读，并可作为赴非旅游、务工、经商和从事外事工作人员的重要参考读物。

在本书写作过程中，笔者吸纳了 2007 年出版的《赤道几内亚 几内亚比绍 圣多美和普林西比 佛得角》一书中有关圣多美和普林西比的部分内容，参考中华人民共和国外交部网站、中华人民共和国商务部网站和其他一些网站的相关资料。中国社会科学院西亚非洲研究所朱伟东研究员、詹世明副研究员、赵茹林副研究馆员、沈晓雷副研究员为本书的资料收集提供了宝贵的帮助，在此一并致谢。

由于笔者水平有限，加上在国内找到有关圣多美和普林西比的资料异常困难，因此本书难免有疏漏和错误之处，敬请广大读者批评指正。

李广一　陈传伟

第一章

概　览

圣多美和普林西比民主共和国（The Democratic Republic of Sao Tome and Principe，República Democrática de São Tomé e Príncipe，简称圣普或圣多美和普林西比）地处北纬 0°21'，东经 6°44'，四面环海，是大西洋袖珍岛国。第一大岛圣多美岛位于大西洋中心赤道边缘，且靠近零度经线，恰好位于地球地理中心点和大西洋中心点，故被称为"世界中心"之国。圣普地理位置偏僻，但风光独特。

当地采用格林尼治标准时间（GMT），与格林尼治时间同步，比北京时间晚 8 小时。

第一节　国土与人口

一　国土面积

圣多美和普林西比主要由圣多美岛、普林西比岛及其附属岛屿等共 14 个岛屿组成，总面积约为 1001 平方千米，是非洲面积最小国家塞舌尔（约 455 平方千米）的两倍多，为非洲面积第二小国。其中圣多美岛面积约为 859 平方千米，普林西比岛面积约为 142 平方千米，另外几个主要岛屿罗拉斯岛（Rolas，位于圣多美岛南方，赤道正中）、卡罗索岛（Cabras，位于圣多美岛东北方）、博姆博姆岛（Bombom，位于普林西比岛北方）、本杰克岛（Bone Jockey Cape，位于普林西比岛南方）、帕德奥提萨斯岛（Pedras Tinhosas）、阿加森特岛（Adjacent）的面积只有十几平方千米，目前均无常住人口。

这些海岛均是火山岛，茂密森林覆盖着火山口或裸露火山岩。① 从地质角度看，圣普从海底"拔地而起"，由海底火山喷发物堆积而成，因而各岛山峰林立。地表被植被覆盖，一片翠绿，热带雨林覆盖率在 75% 以上，圣普因而也有"绿岛"的美誉。

二　地理位置

圣多美和普林西比位于西非几内亚湾内，属袖珍岛国。圣多美岛、普林西比岛相距 150 多千米，其余 12 个岛屿分布在两大岛周边。该国东与加蓬、东北与赤道几内亚隔海相望，距离加蓬 400 千米，距离赤道几内亚约 225 千米。

圣普群岛是几内亚群岛的一部分。几内亚群岛在几内亚湾呈线状分布，较大的岛有 4 个，除圣多美岛和普林西比岛外，还有位于普林西比岛东北方向的费尔南德波岛、位于圣多美岛西南方向的安诺本岛（均属赤道几内亚）。圣多美和普林西比海岸线长 220 千米。从空中俯瞰，全国 14 个岛屿自东北向西南排列整齐，圆形岛屿在碧蓝大海的映衬下，宛如蓝色绒毡上一颗颗硕大的翠珠。

三　行政区划

圣多美和普林西比面积不大，行政区均设在两个大岛。圣普共有 7 个地方行政区（大区）：阿瓜格兰特（Agua Grande）、梅索西（Me-Zochi）、坎塔加洛（Cantagalo）、考埃（Caue）、伦巴（Lemba）、洛巴塔（Lobata）和帕盖（Pague）。

除帕盖在普林西比岛（普林西比岛自 1995 年 4 月 29 日起实行自治，建立自治区）以外，其余六个地方行政区均设在圣多美岛。

---

① 《世界知识年鉴》编辑部编《世界知识年鉴·2001/2002》，世界知识出版社，2001，第 528 页。

四 地形与气候

1. 地形地貌

圣普处在非洲大陆板块与大西洋板块的交叉碰撞边缘，板块碰撞引发火山喷发，火山喷发出来的岩浆冷却后堆积形成的各岛均小而高峻。3000多万年以前的地质年代第三纪期间，大西洋海底火山喷发，在非洲边缘隆起一座火山即喀麦隆火山，在海洋里则堆积起几内亚群岛（包括属于赤道几内亚的 10 个岛屿和组成圣多美和普林西比的 14 个岛屿）。海底再次下沉时，整个地层向西南倾斜。现代地理学通过一些明显标志证实了这些倾斜地层的存在。正是由于这一原因，圣多美岛西南海岸的海水比西北海岸的海水深 900 多米。圣多美和普林西比诸岛上的岩石均为具有玄武岩构造的火山岩。海岸的大部分地方为黑色火山岩石，不适合人类居住，海岸上有许多火山石沙滩，呈黑色，这里成为休闲、旅游的佳处。岛屿边缘的海湾多呈掌状。一些海湾水深浪静，远洋船只常在这里靠岸停锚，进行修整和补充淡水。

圣多美岛呈椭圆形，中西部高，四周低，岛上山脉主要有两个走向：一类从北向南；另一类是从西北向东南。圣多美岛中央高峰林立，海岛沿岸多是悬崖峭壁，高逾千米的山峰有 10 余座，其中最高的圣多美峰海拔高达 2004 米。这些山峰均由受侵蚀严重的玄武岩构成，散乱的山峰和险峻的峡谷使这里崎岖而迷人。玄武岩和花岗岩同属于岩浆岩（也叫火成岩）：玄武岩属于喷出型岩浆岩，具有致密状或泡沫状结构；花岗岩属于侵入型岩浆岩，具有明显的结晶，如石英、长石、云母等。圣多美岛上的许多山峰峰顶是火山口，一般被认为是一些死火山，但在最近的地质年代，这些火山曾经活动。在岛屿南部，这些罕见而陡峭的山峰千姿百态，为神奇的自然景观，最令人称奇的就是格兰达峰（当地人称其为大狗峰），在遥远的海上，它看起来像引颈眺望的少女，已成为不要靠近南部海域以免触礁的标志物。

普林西比岛呈不规则四方形，岛上热带气候带来的大量降水改变了岛上的原始地貌，山脉走向深受河流和瀑布侵蚀的影响。普林西比岛为周边深度切割台状海岛，地貌十分独特。山脉多由响岩①构成，陡峭而崎岖。从空中俯视，普林西比岛犹如一块墨绿色巨石矗立在湛蓝的海洋之中。岛上的山脉大致是东西走向，与圣多美岛并不相同。另外，当地气候因地形不同而迥然不同。普林西比岛上的普林西比峰的海拔为948米，帕帕盖奥峰（Pico Papagaio）的海拔为680米。这个岛上的岩石明显分成两种：北部是古老的玄武岩，地势平坦，经风化后适合种植作物；南部则是响岩。

其余小岛均呈现不同的火山岛特征，四季常青，森林密布，但除了玄武岩外，矿产资源稀缺。

2. 河流

圣普各岛上山峰陡峭，地势崎岖，雨量充沛，四季多雾，孕育出大小河溪逾百条，并形成众多飞瀑。

在圣多美岛上，主要河流（当地人称河流为阿瓜斯，Aguas）有16条，大多发源于圣多美岛的中部高山，河流的流量和长度大致相同，形成的飞瀑呈放射状，汇成条条溪流，奔流入海。东南部的奥格兰德（Io Grande）河是这里最长的一条河流，有三条支流，总长度为23.4千米。除此之外，比较有名的河流还有三条，即阿拜德（Abade）河、奥拉（Oura）河与乔格（Manue Jorge）河。普林西比岛上也有10多条较长的河流，最长的河流为帕帕盖奥（Papagaio）河，这条河流经圣托·安东尼奥市（Santo Antonio），长约8.9千米。这些河流由于落差大，水流湍急，并不适合航行，但适于建造小型水电站。过去葡萄牙人在这些水流湍急、落差惊人的河流两岸建立了许多榨糖厂。目前，这些河流是大种植园的边界，依旧为一些加工工场提供动力来源。圣普地下淡水资源丰富，在山上和山下的许多地方，挖掘2~3米，便有清泉溢出。受人类活动影响，河流下游被污染，寄生虫和传染病源较多。

3. 土壤

这里的基层土壤多为酸性红壤，表面为风化的黑色火山灰质黏土，整

---

① 一种很少见的碱性喷出岩。用锤击打，叮当作响，故得此名。浅绿或浅褐灰色，主要成分为碱性长石，似长石和碱性暗色物质。

体上呈黑色，是富含铁和其他矿物成分的玄武岩受雨水侵蚀之后形成的。温暖、潮湿的气候，富含丰富矿物质的土壤，使这些岛屿上的土地松软湿润，异常肥沃。早在16世纪，葡萄牙人就这样描绘：（圣多美和普林西比）土壤呈现棕色或者黄色，异常肥沃。由于这里的气候十分湿润，降水通常发生在夜间，因而这里的土壤从不会干燥成粉末状，永远保持一种软蜡状。在这样的土壤条件下，无论种植什么都会丰收。但由于岛屿上山脉众多，土壤受河流侵蚀，只有不到一半的土地适于耕种。由于各地受雨水冲刷的程度不同，不同地区的土壤中的矿物和腐殖质成分略有不同。岛上的土壤分布图同岛上的降水图大体接近。圣多美岛的北部降水较少，因而土壤中所含的矿物和腐殖质成分较少，相对干燥贫瘠。较肥沃的土壤大多分布在岛屿的中部，这里有数百万年形成的腐殖质，十分肥沃，特别适合热带雨林生长。在一些险峻山峰地区，尽管也能生长热带雨林，但土壤形成时间相对较晚，受侵蚀多，相对贫瘠。另外，岛上居民的生活和其他活动也影响生态环境，如大片森林被砍伐，改种经济作物。许多地区（特别是靠近海滩地区）的土地受海浪冲击，岩石裸露，土壤流失，十分贫瘠。

4. 气候

圣多美和普林西比为赤道国家（面积为10多平方千米的罗拉斯岛恰好位于赤道），属热带雨林气候，光照充足，雨量充沛，终年湿热。圣多美和普林西比平均降水量见图1-1；圣多美和普林西比平均光照时间和日平均温度见图1-2。

圣普主要岛屿位于热带海洋之中，气候受大西洋影响。常年气温在25℃~30℃，气温年变幅很小（一般不超过3℃），沿海低地年平均气温为25℃。每年3月最为炎热多雨，7月较为凉爽干燥。圣普划分季节的标志不在于气温的高低，而在于降水量的多少。一年分为"三季"：两个雨季、一个旱季。每年1~5月为大雨季，6~9月为旱季，10~12月为小雨季。年平均降水量为1000~2500毫米。圣普降水量同热带湿润的海洋气团和干热的撒哈拉沙漠热带大陆气团移动有关。下半年锋面向北移动，在6~9月，南风越吹越强，气候干燥而凉爽，几乎每天可以看到蓝天白云，很少有暴风雨，但昼夜温差很大，这个季节称为风季或旱季。当热带气团

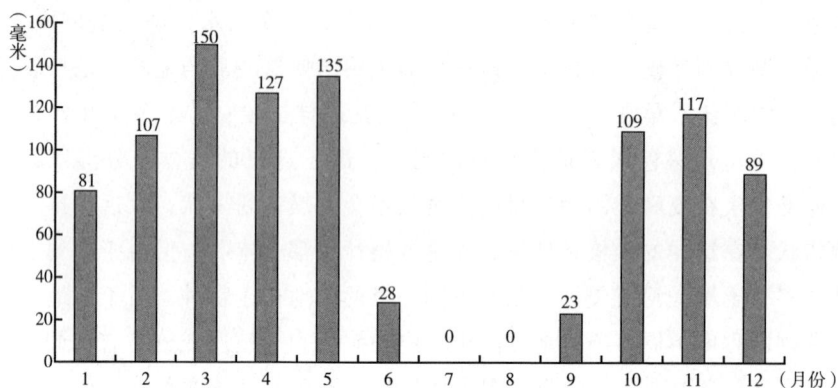

图 1－1　圣多美和普林西比平均降水量

资料来源：笔者依据 http：//www.africaguide.com 中的相关资料绘制而成。

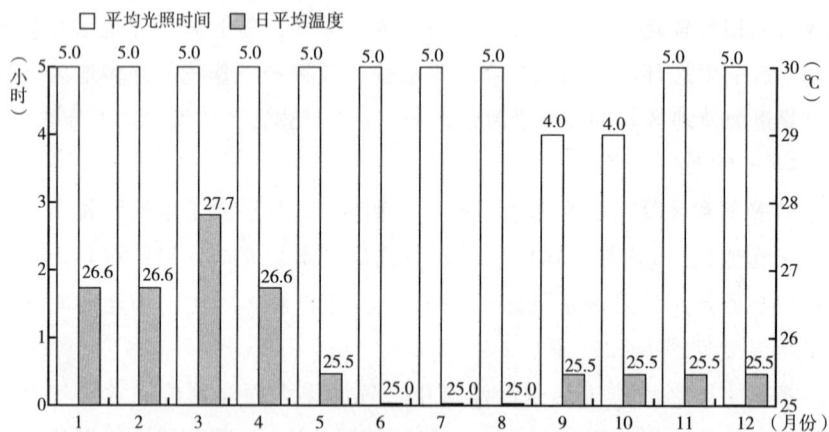

图 1－2　圣多美和普林西比平均光照时间和日平均温度

资料来源：笔者依据 http：//www.africaguide.com 中的相关资料绘制而成。

锋面从 9 月开始向南移动（降水量逐渐增多）时，来自撒哈拉沙漠的热带大陆气团位于热带湿润的海洋气团之上，导致气温上升，常伴有暴风和暴雨天气。从 1 月开始，降水量逐渐增多，随后空气湿度逐渐提高，3 月湿度最大、雨量最多，初来觉得十分不适，这个季节持续至 5 月下旬，这个季节被当地人称为大雨季。6~9月为旅游旺季。

圣普各岛降水量、气温、植被因地势、朝向、海洋洋流不同而存在较大差异。圣多美岛属大西洋赤道带，是低气压带，又是南北信风的辐合带，风力微弱、风向不定（被称为无风带），同时上升气流强盛，多对流性云系降水，该岛年降水量大，成为大西洋中的多雨带。普林西比岛北边是副热带高压带，气流以下沉辐散为主，云雨稀少，天气晴朗时蒸发旺盛，一般降水量为500~1000毫米，高压中心（大西洋东部亚速尔群岛附近）海域年降水量只有100~250毫米，大大少于蒸发量，该岛成为大西洋中的干燥带。从副热带高压带下沉流向赤道低压带的气流形成了信风带，该岛因位于北半球，处于东北信风带。信风风向稳定、风力较大（3~4级），为大西洋洋流形成和维持的动力。大西洋洋流南北各有一个环流。北部环流由北赤道暖流、墨西哥湾暖流、加那利寒流组成。南部环流由南赤道暖流、巴西暖流、西风漂流、本吉拉（Benguela）洋流组成。圣普北部受环流影响大，在洋流、大气环流、海陆轮廓因素综合作用下，赤道逆流由西向东至几内亚湾形成几内亚暖流，它的强度很大，使几内亚湾内常年存在一个热低压，这有助于热带季风的形成和维持。

几内亚暖流不仅对圣普气候影响很大，而且对圣普早期历史，甚至对奴隶贸易和种植园经济发展产生影响。洋流在北半球夏季时向西南流，在北半球冬季时向西北流，具体表现为从非洲大陆边缘向大西洋深处流动，而且暗流湍急，一般人工船和动力帆船很难到最近的大陆靠近。殖民者到来之前，西非土著从大陆登上圣多美岛遇到的最大障碍就是复杂的洋流。同样道理，圣多美岛上的黑人奴隶也很难借助简单的渡海工具向大陆逃亡。在北半球夏季时，来自南方的本吉拉寒流自南向北流动，暖寒流交汇，渔业资源、追逐鱼类而来的掠食鸟类和海洋掠食者极多，为岛上提供了丰富的食物，这里也成为海上观鲸的最佳场所。独特的海上枢纽位置，使这里成为进入几内亚湾从事海上贸易的理想中转站。商船在小岛北部停泊，随着向东流动的海流驶向大陆，盛行东南风使这个航程大大缩短。另外，在这里占优势地位的东南风使从非洲大陆到印度洋的船只很难在这里靠岸，强劲的海流也给前往尼日尔河三角洲的商船造成了不小的麻烦。葡萄牙殖民者看中了这个独特的位置，把罪恶的奴隶贸易的中转站和据点设在这里。

尽管圣多美岛面积较小，但中部众多的高山对气候产生重要影响，岛上不同地方的气候迥异。从南方来的潮湿气团被山脉抬升，这使沿圣多美峰四周的地方的降水量较多。山脉同时造成了一些"雨影区"，这使北部台地沿岸的降水量成比例减少。因受大西洋热湿气候影响，该岛西南坡的年降水量可达5000毫米，东南沿海低地长年降水。圣多美峰及其周围地区的年降水量为4000毫米，同时整个南部和西南部地区的降水量超过3000毫米，北部地区的降水量是840毫米。普林西比岛的情形与圣多美岛相似，南部山区年平均降水量超过3860毫米，而北部海滨地区年平均降水量只有1090毫米。尽管这里不会出现长期不下雨的现象，但任何显著低于平均水平的年降水量，都会对热带作物种植业产生十分不利的影响。

全国海拔低的地方的年平均气温为25℃，1500米以上的地方的年平均气温为18℃。圣多美和普林西比的气候特别适合热带植物生长，1500米以下地区的植被是郁郁葱葱的热带雨林，再往上则是高山树林，这里常年云雾缭绕。由于温度随海拔的上升会下降，降水图、气候图同当地的等高线图十分接近。

圣普周边的大西洋水文特征与海洋盐度具有明显的区域特性。在大气环流直接作用下，在南北副热带海区各形成一个巨大的反气旋型环流系统，北大西洋为顺时针环流，南大西洋为逆时针环流。在两大环流系统之间的海区有一支赤道逆流，其流向与南北信风带相反，从西向东流。在北大西洋的中纬度海区和南大西洋的高纬度海区，又各形成一个完整的副极地气旋型环流。大西洋表层海水平均盐度为35.9‰，圣普以北属副热带海域，因蒸发强盛，降水量少，这里的海水平均盐度高达37.3‰，而亚速尔群岛西南的信风带内海水的平均盐度达到37.9‰，南纬10°～20°海区海水的平均盐度达到37.6‰。因年降水量多于年蒸发量，圣普赤道海区海水的平均盐度降至35.0‰左右。

五　国旗、国徽、国歌、国鸟

国旗。呈横长方形，长与宽之比为 2:1。由红、绿、黄、黑四色构成。靠旗杆一侧为红色等腰三角形，右侧为三个平行宽条，中间为黄色，上下为绿色，黄色宽条中有两颗黑色五角星。绿色象征农业，黄色象征可可豆和其他自然资源，红色象征为独立自由而斗争的战士的鲜血，两个五角星代表圣多美、普林西比两个大岛，黑色象征黑人。

国徽。中间的盾形图案上有一棵热带棕榈树，象征这个岛国的经济作物。盾形上端有一颗五角星，其上方的饰带上写着"圣多美和普林西比民主共和国"，盾形两侧各有一只地方珍禽（左边是俗称黑风筝的圣多美鹫，右边是稀有的灰鹦鹉），象征圣多美、普林西比两个大岛，其下方的饰带上用葡萄牙文写着"团结、纪律、勤劳"。

国歌。国歌名为《完全的独立》（*Independência Total*），杜·埃斯品图·桑托填词，曼努尔·伊·埃美德谱曲。歌词大意为：

完全独立，是人民壮美的歌曲，完全独立，是战地神圣的旋律。在民族的斗争中奋起，誓言不会忘记，为着主权国家圣多美和普林西比。战士在沙场上没有武器，火焰燃烧在人民的精神里，集合的子弟来自不朽的祖国各地。

完全独立，完全而且彻底，英雄人民的携手合力，和平、进步、极乐的国家要建立。

完全独立，是人民壮美的歌曲，完全独立，是战地神圣的旋律。在民族的斗争中奋起，誓言不会忘记，为着主权国家圣多美和普林西比。

完全独立，是人民壮美的歌曲，完全独立，是战地神圣的旋律。劳动、斗争。斗争并且胜利，我们以巨人的脚步进取，在非洲人民的改革运动里，升起我们的国旗。人民的声音响起，响起并团结一起，希望的心脏跳动得强劲有力，在险境要当个英雄儿女，英雄献身让国家再昂然屹立。

完全独立,是人民壮美的歌曲,完全独立,是战地神圣的旋律。在民族的斗争中奋起,誓言不会忘记,为着主权国家圣多美和普林西比。

国鸟。国鸟为非洲灰鹦鹉(Psittacus Erithacus, Grey Parrot)。非洲灰鹦鹉属于大型鹦鹉,是典型的攀禽,对趾型足,两趾向前,两趾向后,适合抓握,鸟喙强劲有力,可以食用硬壳果。尾巴短,头部圆,面部长毛,喜攀爬,不善飞翔。非洲灰鹦鹉是已知的几种可以和人类真正交谈的动物之一,这也使它们成为知名度较高的宠物鸟,因此它们被滥捕,濒临灭绝。主食各类种子、花蜜、浆果等,为普林西比岛独有物种。

六 人口、民族、语言

圣普所有居民均是外来移民及其后裔,由于移民是分散逐步进入,因此没有一个族群占据绝对优势。相比非洲大陆,这里没有那么多的部落、种族和宗教争执,反而有更多的通婚情况,具有宽容、多元化优势。

1. 人口

圣普全国总人口为21.9万人(2020年)。人口非常年轻,超过60%的人口在25岁以下,这能够保证国家人口不断增长。预计到2030年,该国人口将超过30万人。男性人口数量占比(49.5%)略低于女性人口(50.5%)。人口密度约为170人/平方千米(2019年)。其中19万多人生活在圣多美岛,1万多人生活在普林西比岛。对于当地人预期寿命,女性高于男性,2019年平均寿命为70.4岁,高于非洲平均水平,圣普是非洲长寿国之一。圣普人口年龄结构见图1-3。

15世纪70年代以前,圣普各岛均为无人荒岛。从1470年开始,葡萄牙航海家发现该群岛,对这里殖民,向这里移民,人口数量和结构变化很大。在葡萄牙殖民时期,殖民者从非洲大陆把大量黑人奴隶运到这里,一部分留下,成为种植园的奴隶劳工;另一部分被贩卖到美洲各地。由于恶性传染性疾病的影响,同时大批流动劳工输入,因而圣普人口数量并不是沿直线增长的。

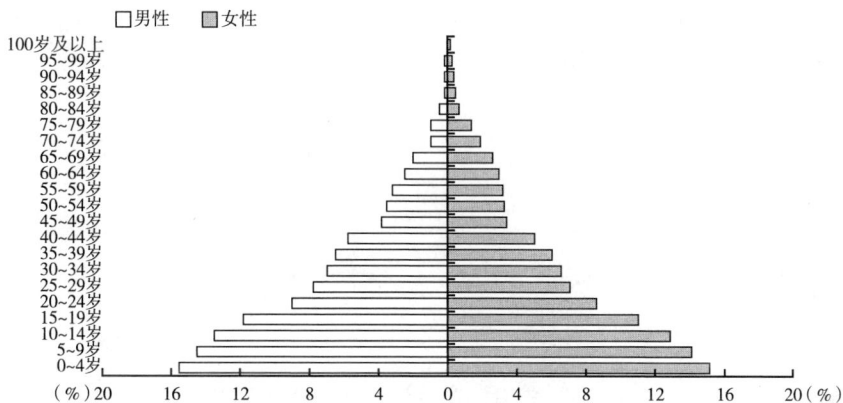

图 1 – 3　圣普人口年龄结构

注：0 ~ 14 岁：41.85%（男为 42781 人/女为 41354 人），15 ~ 24 岁：20.68%（男为 21070 人/女为 20507 人），25 ~ 54 岁：30.82%（男为 30454 人/女为 31509 人），55 ~ 64 岁：3.81%（男为 3515 人/女为 4140 人），65 岁及以上：2.83%（男为 2523 人/女为 3172 人）（2017 年，估计数据）。

资料来源：笔者依据 The World Factbook 中的资料整理。

1815 ~ 1860 年，人口稳定在 10000 ~ 13000 人，其中一半是奴隶。1860 ~ 1875 年，圣普契约劳工（一种变相的黑人奴隶，殖民者通过"代理人"与之签约，实际契约从未履行）人口增长，这次增长是伴随咖啡种植业的繁荣和第一批种植园的开发而发生的。随后，白人的数量从 272 人增加到 741 人。到 1895 年，可可种植的繁荣使该国人口再次增长：白人的数量增加到 1500 人，是 1875 年的两倍；1910 年，契约劳工的数量增加到 16000 人，增加了 115%。1878 ~ 1909 年，虽然黑人奴隶数量急剧增加，但到 20 世纪第一个 10 年以后，全国的总人口数量才开始迅速增长。圣普的总人口在 18 世纪后半期迅速减少，这主要是因为甘蔗种植园产业转移至美洲，出现经济萧条，黑人奴隶减少。契约劳工数量的增长是人口增长的主流，1921 年，契约劳工数量达到顶峰，为 38697 人。在 19 世纪与 20 世纪之交，获得解放的奴隶（自由人）达到 19433 人。1820 ~ 2000 年圣普总人口数及契约劳工数见图 1 – 4。

　　契约劳工输入的一个重要后果就是当地人口中的男女比例严重失衡。

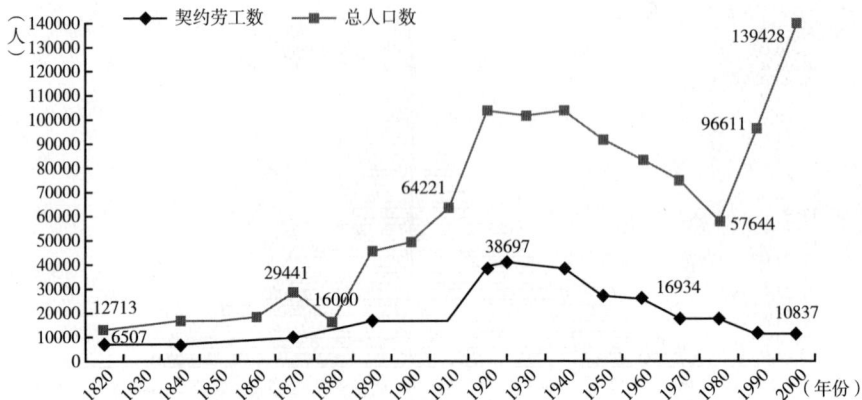

图 1-4 1820～2000 年圣普总人口数及契约劳工数

资料来源：笔者依据各类资料整理而成，主要资料来源为：（1）联合国人口司，《世界人口展望》；（2）联合国统计司，《人口和生命统计报告》（不同年份）；（3）圣普国家统计局人口调查报告和其他统计出版物；（4）欧盟统计局，《人口统计》；（5）太平洋共同体秘书处，《统计和人口计划》；（6）美国人口普查局，国际数据库。

1867 年的数据显示，在全殖民地的非欧洲人口中，女性只占 34%，到 1930 年，这一情况有了些许改观，圣多美岛女性占 40.6%，普林西比岛女性占 32.4%。女性人口过少导致全国人口出生率过低。到 1983 年，该国的人口比例基本平衡，女性人口占总人口的 50.3%。契约劳工的大量输入同时改变了当地的人口金字塔形结构。1940 年，15～65 岁的人口占总人口的 74.3%；1950 年，这一年龄段的人口占总人口的 68.9%；1983 年，这一年龄段的人口仅占总人口的 53.6%。目前，这一情况已经有所改观，全国男女比例基本持平，2020 年全国男女人口之比为 0.98∶1。

死亡率过高也是影响岛上人口数量的一个因素。16 世纪的文献记载，当地居民经常忍受不了发热病的痛苦，对于第一次坐船到这里的外来人口而言，第一次发热病发作是致命的。除了发热病之外，岛上的流行病还有疥疮、梅毒和从欧洲大陆带来的致命性的天花。过去，欧洲管理人员和传教士大多会在短期内死亡，死亡率高达 105‰，非洲劳工的免疫力稍好，但死亡率也较高。疟疾是岛上居民的主要杀手，其他由于饮水不洁引起的痢疾、腹泻等疾病也十分严重。种植园工人中流行的疾病主要是肠胃病、肺病、糖尿病、梅毒。

人口增长方面，普林西比岛的变动不大。在 1960 年的人口普查中，普林西比岛有人口 4574 人，比 1844 年的人口少了 10 人。因为在这段时间内，普林西比岛上人口的规模满足了种植园对劳工的需求，契约劳工数量占岛上人口总量的 80%。1983 年，普林西比岛上的人口估计有 5600 人。在普林西比岛，昏睡病是当地人畜的头号杀手。这种病是在 1822 年引进加蓬牛时从非洲大陆带来的，这种病第一次引起人类死亡是在 1859 年。19 世纪后半期，受种植园经济衰落的影响，加上外部人口对当地疾病的恐惧，人们不愿前往普林西比岛，普林西比岛人口大量减少。1844 年，普林西比岛上有 1122 名土生普林西比人，到 1912 年，只有 550 人。这种病第一次引起人们的注意是在 1901 年，当时一个从葡萄牙去安哥拉的医疗代表团参观了该岛，这种病引起团员的注意。1908 年，又有一个医疗代表团到达普林西比岛，他们为控制这种病用尽各种办法，甚至包括消灭所有野猪和清除灌木，但效果并不明显。后来，种植园主使用了一种办法，即使用人工粘蝇纸。他们给工人穿上一种黑色的衣服，然后再在黑色的衣服上涂上黏性材料；工人到处移动，粘住传播昏睡病的萃萃蝇（tsetse fly，又称舌蝇）。当时，岛上人口的死亡率高达 200‰。1911 年，第三个医疗代表团专门来到岛上，为救治疾病竭尽全力。这次采取的措施效果明显，人口死亡率从 164‰ 下降到 57‰。1914 年底，医疗代表团宣布该岛的萃萃蝇灭绝。然而，由于新的契约劳工的到来，这种病并没有绝迹，1950 年，昏睡病再次发作，幸而并没有造成大批人口死亡。几十年里，本地感染人口有 1 万多人。

从 20 世纪 40 年代开始，圣普的人口自然增长速度较快，主要原因是葡萄牙殖民当局采取了一定的保护居民健康的措施。二战后，圣普人口死亡率依然较高（1945~1949 年人口死亡率为 34.2‰），但随后迅速下降。从 20 世纪 50 年代开始，人口出生率超过死亡率。1960~1964 年，人口死亡率为 19‰；1985 年，人口死亡率仅为 9.8‰，同时出生率上升很快。1972 年，人口出生率达到 45‰，但 1985 年人口出生率下降到 36.3‰。

圣普独立以后，人口增长迅猛。1975年，全国人口为8.2万人，1981年为9.6万人，1990年为11.7万人。2002年7月，全国总人口为14.4万人，人口出生率为42.3‰，人口死亡率为7.32‰，婴儿死亡率为47.5‰，净输入人口增长率为-0.315%。2004年，0~14岁人口占总人口的47.7%，青壮年劳动力为1.5万人，15~64岁人口占总人口的48.4%，65岁及以上人口占总人口的3.9%；人口平均年龄为16.1岁，其中男性平均年龄为15.5岁，女性平均年龄为16.7岁；人口增长率为31.8‰，人口出生率为41.36‰，人口死亡率为6.89‰，婴儿死亡率为47.5‰，净输入人口增长率为-0.272%。2004年7月，全国有150842人。2005年7月，全国人口有154615人。2013年，全国人口有187045人。2014年，全国人口有191266人。2015年，全国人口有195553人。各方面情况正朝着积极方向转变，2015年平均寿命在68岁以上。婴儿死亡率约为38.36‰。

圣普人口增长率高于世界平均水平，但低于撒哈拉以南非洲国家。当地每个妇女平均生育5.8个孩子，人口增长过快已经造成严重的社会负担。

主要行政区人口数量（2012年）大致如下：阿瓜格兰特为8.3万人，梅索西为4.6万人，坎塔加洛为1.8万人，考埃为0.6万人，伦巴为1.5万人，洛巴塔为2万人，帕盖为0.7万人。主要城市人口数量（2012年）如下：圣多美（首都）为6.5万人（2017年），腾达德（Trindade）为1.9万人，内维斯（Neves）为0.1万人，圣塔纳（Santana）为1.1万人，博姆博宾（Bombin）为0.78万人，圣托阿玛罗（Santo Amaro）为0.78万人，圣安东尼奥为0.75万人。

首都圣多美所在的阿瓜格兰特行政区常住人口有8万多人（2017年），约占全国总人口的1/3，与之毗邻的三个行政区梅索西、坎塔加洛、洛巴塔的人口占全国总人口的1/2。全国超过80%的人口居住在首都周围，他们可以享受到城市发展带来的好处。

2. 民族

圣普90%的人口为班图人，其余多为不同族群的混血后裔，还有大约1500名葡萄牙人、一些印巴人及他们与非洲人的混血后裔。

随着中国与圣普恢复外交关系，在这里投资建设超大型深水港口，当地有接近 1000 名中国人，他们大多从事贸易、基建、医疗、服务等行业的工作。

从 1485 年开始，葡萄牙鼓励本国人殖民圣多美和普林西比，首批殖民圣普的是来自马德拉群岛的葡萄牙人。葡萄牙人身体强壮，免疫力强，同英国人、法国人相比，更愿意娶黑人为妻。为了开发甘蔗种植园，葡萄牙殖民者从非洲大陆购买和劫掠了上万名黑人，在此后长达 5 个世纪的时间里，这些人互相通婚，逐渐形成了圣多美和普林西比的居民——圣多美人和克里奥尔人（Creoles）。圣多美人为非洲黑人之间通婚的后裔，占总人口的 85%，克里奥尔人为葡萄牙人和非洲黑人的混血后裔，占总人口的 12%。他们普遍健壮高大，爆发力出众。美国黑人大多是西非黑人后裔，与他们血缘相近。在很多方面，圣多美和普林西比同分布在大西洋对面的西印度群岛的国家一样，具有多族群社会。长期的殖民混杂使从民族和种族角度具体区分圣多美和普林西比全国人口十分困难，圣普人口大致分为六个族群。

黑白混血人（当地人称之为土地的孩子，葡萄牙语为 the Filbos da terra、children of the land 或 mulattos、bobos，英语为 Freeman），即克里奥尔人。他们是欧洲白人（主要是葡萄牙人）与非洲黑人通婚的后代，是当地富裕阶层。19 世纪后半期，许多葡萄牙人来到圣普，这些人在葡萄牙并不是有身份的人，多是一些文盲和囚犯，与黑人通婚后，生下了克里奥尔人。1975 年圣普独立后，欧洲白人种植园主、殖民当局的工作人员都离开了圣普，但他们的后代克里奥尔人留了下来。葡萄牙人称他们为本地人（Naturais，Natives），而他们称自己为土地的孩子。20 世纪初，许多克里奥尔人依然是种植园主，也有不少克里奥尔人成为政治家、诗人、作家、记者，甚至有的克里奥尔人担任总统、总理，或者成为葡萄牙议会议员、律师，但大部分克里奥尔人依然贫困。

安哥拉人（Angolaros）。他们是安哥拉人的后裔。根据当地的沉船传说，16 世纪早期，一艘运送安哥拉奴隶的船只在圣多美岛南部触礁沉没。贩运奴隶的欧洲殖民者沉入海底，而许多奴隶却幸存了下来。幸存者逃亡到圣多美岛南部群山中的一个峡谷并建立了村庄，在那里饲养猪等家畜，种植香蕉，并在近海捕鱼。在整整一代人的时间里，这些人和岛上北部的种植园主都没有意识到对方的存在。过了很久，从北部逃亡的奴隶来到南部，加入安哥拉人之中，安哥拉人意识到北部种植园的存在，北部种植园主开始向南部拓展，在当地与安哥拉人争夺土地，抢掠妇女和食物。1900年，安哥拉人总数已经达到1900人。20世纪初，安哥拉人自认为是一个独立的集体，有自己的文化（如语言）和职业（从事运输和捕鱼等工作）。随着人们对鱼类、船只货运需求的增长，克里奥尔人和佛得角人也开始从事货运工作。他们与安哥拉人产生了激烈的竞争，矛盾尖锐。独立之前，安哥拉人逐渐成为渔民的同义词。一项语言学的调查显示，20世纪60年代，全国有超过7000人讲安哥拉语，但独立的安哥拉社区已不复存在，安哥拉人逐渐同其他族群混居在一起。

佛得角人（Cape Verdians）。由于1903年非洲大旱，他们来到圣多美。许多佛得角人同种植园"代理人"签订短期（2～3年）契约，他们的工资高于契约劳工，他们希望有一天能够重新回到佛得角。他们的受教育程度也高于契约劳工，并掌握一定的技术。他们大多举家移民而来，这一点也是他们区别于契约劳工的地方，但由于多种原因，相当多的佛得角人留了下来。圣普独立以后，他们取得了公民权。1981年的人口普查数据显示，全国有4865人具有佛得角血统。普林西比岛佛得角裔人口比例更高，在90%以上。

弗洛斯人（Forros）。他们为获得"自由"的奴隶及其后代，他们的祖先主要是由欧洲奴隶贩子早期从西部和中部非洲绑架和诱骗而来的黑人奴隶和契约劳工[①]，他们的社会地位高于后来的黑奴。过去一直生活在社会的最底层，忍受着殖民者残酷的剥削。由于殖民者最初输入的奴隶多为男性，后来有一些女性被卖到这里，以便繁衍人口。尽管男女比例失调，但还是有一些黑奴建立了永久性的居住点，形成种植园的黑人社区。废除

---

① 前者指由西方殖民者从安哥拉、刚果（布）、莫桑比克等国输入的奴隶，后者指废除奴隶制时获得自由的黑人奴隶的后代。他们可以同 the Filbosda terra 互换称呼。

奴隶制后，葡萄牙殖民者不能公开输入奴隶，于是变换手法，通过"代理人"同输入的黑人签订契约，这些黑人被称为契约劳工。1910 年以前，从未有一个黑人（无论是奴隶，还是契约劳工）能够离开圣普，返回家园。契约劳工的契约一般为期 5 年，也有的短一些。到达该岛后，这些人被分成小组，然后被分给各个种植园主。这些劳工多从事种植园的日常工作，常受到种植园主的虐待和殴打，生活极为悲惨。契约劳工主要是莫桑比克人和安哥拉人。这两类劳工的数量大致相同，但莫桑比克人的待遇稍好，这是因为圣普要同南非的金矿竞争契约劳工（其中莫桑比克人多是被判刑的囚犯）。文献记载，没有任何葡属几内亚工人到这里成为契约劳工。1910 年以后，部分契约期限已满的契约劳工被遣返，但大部分契约劳工及其后代留了下来。

通加人（Tongas）。原意为"不知道血统"（Unknown Orign）的人，主要指出生在种植园的各种契约劳工的混血后代。开始，通加人被称为半奴隶（Semi Servile），并自动归他出生地的种植园主所有。20 世纪 20 年代，通加人同种植园主重签合同是违法的，因此许多人通过逃亡成为自由人（弗洛斯人）；30 年代，有 10% 的种植园工人是通加人。独立后，留在圣多美的通加人被解放，许多通加人从事管理和技术工作。他们保留了非洲的舞蹈、音乐、风俗传统，逐步与弗洛斯人成为圣多美人的主体，形成了克里奥尔社会。

欧洲人，他们主要是葡萄牙人后裔，大约为 4000 人，在圣普独立后留居在当地。

除此之外，其余族群（如印度人、阿拉伯人）总数不超过千人。

3. 语言

圣多美和普林西比官方语言是葡萄牙语，法律文书以葡萄牙文颁布，政治活动中也主要使用葡萄牙语。圣普是葡萄牙语国家共同体的创始国，葡萄牙语把葡萄牙同过去的殖民地紧密联系在一起。

当地人讲三种不同的克里奥尔语方言，即本地化的葡萄牙语，分别是圣多美语、安哥拉语、普林西比语。在圣多美，人们一般使用前两种语言；在普林西比，人们一般使用后一种语言。这三种语言之间有密切的联

系，因为它们都是掺杂了不同地区班图语词语的葡萄牙语。圣多美语中
93%的词语源于葡萄牙语，但语法与发音受两种西非语言的影响较大：一
是西非的贝宁语和尼日利亚语，二是刚果（布）语。克里奥尔语方言形
成于葡萄牙殖民早期，清楚地反映出岛国居民与刚果（布）和贝宁的密
切关系，因为这两个地区是圣多美和普林西比黑人奴隶的主要输出地。圣
普人口中持不同方言的克里奥尔语人数见表1-1。

表1-1　圣普人口中持不同方言的克里奥尔语人数

单位：人

年份	人数	葡萄牙语	圣多美语	普林西比语	安哥拉语	佛得角语
1981	96661	60519	54387	1533	—	—
1991	117504	94907	69899	1558	—	—
2001	137599	136085	99621	3302	—	—
2011	187356	170309	62889	4224	11413	14725

资料来源：Kathleen Bceker, *Sáo Tomé and Príncipe*：*The Bradt Travel Guide*（Bradt Travel Guides Ltd. , UK；The Globe Pequot Press Inc. , USA）。

近年来，法国对圣普的影响较大，出资在各类学校加强法语教育，圣
普中学生普遍能够使用法语。英语在当地的影响有限，极少人能使用。

第二节　宗教、节日与民俗

一　宗教

圣普居民中90%为基督徒，其中绝大多数圣普居民信仰罗马天主教
（福音派或第七日复临教会），与葡萄牙教会保持密切关系。少数人信仰
伊斯兰教或非洲原始宗教。

圣普有漫长和原始的基督教传统，这与早期葡萄牙殖民者狂热的宗教
情绪密切相关。近代早期，欧洲历史处在一个重要时期：工商业兴起、发
展，使以自然经济为基础的欧洲封建社会逐渐瓦解。新航路的开辟引起了

商业革命、价格革命，人们从土地的束缚、封建人身附庸关系的羁绊和封闭的封建城堡中走出来，进入城镇和工商业中心，投身市场；商品经济迅速发展并以外向型、开放型特征极大地促进生产力发展，逐渐取代自然经济，推动欧洲国家积极进行殖民扩张。地处伊比利亚半岛的葡萄牙发展迅速，经济上与西班牙并驾齐驱，成为欧洲经济强国；政治上与西班牙一起成为欧洲强权；文化上成为欧洲宗教文化中心之一，宗教情绪狂热。

葡萄牙有强烈的宗教输出意识传统。在中世纪的欧洲，几乎人人都是教徒，教会是最有势力的封建主集团，也是封建主阶级进行精神统治的有力工具。自 8 世纪以来，葡萄牙长期受阿拉伯人控制，经过数代人的努力才收复失地。葡萄牙的胜利，被认为是精神凝聚的胜利，是宗教的胜利。形势的发展，使葡萄牙逐步成为欧洲传统宗教中心。葡萄牙站在反宗教改革的立场上，积极维护天主教在欧洲的地位和权威，与宗教改革运动对立而行。

随着 15、16 世纪开始向海外进行的殖民扩张，葡萄牙先后在非洲、亚洲、美洲建立大量殖民地。在东方的战略要地选择上，除了贸易要求外，葡萄牙充分考虑宗教因素。经过 200 多年之久的反穆斯林"再征服运动"，他们的基督教信仰更正统，传教精神更狂热。15 世纪以来，天主教会日益腐败，成为欧洲国家资本主义发展的障碍，相关国家开展了反对罗马天主教会的社会运动，这也是一场在宗教改革掩饰下的政治运动，即宗教改革运动。15 世纪晚期，葡萄牙已经建立了中央集权的政权，加上地理位置优越（濒临大西洋），航海知识丰富，造船技术较高，国家有力量组织大规模的远洋航行，天主教也随之传播到亚洲、美洲和非洲等地。勇敢又富冒险精神的欧洲水手们，除了对知识的渴望和对财富的追求外，还有一种更"崇高"的目标——找到未知世界的基督教友，以及把上帝的圣意带给遥远地区的异教徒。葡萄牙的宗教情结使他们对宗教有无限的崇敬之情，葡萄牙成为狂热的基督徒的代名词。他们在国内掀起了宗教狂热运动，并积极向东方传播天主教，力图扩大天主教的影响范围，使穆斯林和其他异教徒皈依天主教。

传教士积极向外输出宗教意识形态，为其对外殖民打下了坚实的文化

基础。欧洲的水手得到葡萄牙皇室的支持,急欲寻得一条直达东方的海路,葡萄牙因此成为第一个开始进行航海探险的国家、欧洲最热衷于向外进行基督教宣传的国家和最早向海外派遣天主教传教士的国家之一。天主教传教士随着第一批殖民者来到圣多美岛。1519 年,圣多美岛就建立了奥古斯汀教堂。1535 年,圣多美成为丰沙尔主教辖区的主教中心,也是整个西非地区教会事务的中心。随后,教会在圣多美建立了许多教堂,并成立了牧师会。1571 年,圣多美教区划归里斯本。1594 年,刚果河流域建立了自己的主教区,圣多美的中心地位开始下降。在此期间,圣多美建立了 8 个教区,其中 2 个在首都,6 个在不同的种植园。直到今天,这些教区依然是岛上人口聚集的中心。16 ~ 17 世纪,随着大批契约劳工的到来,非洲原始宗教开始在圣普传播。由于“犹太婴儿”①(Jewish Baby)事件的影响,圣多美的牧师对基督教信仰的忠诚受到教皇的质疑,进而影响圣多美地区教士地位。

1677 年圣多美教区划归巴西利亚(Bahia)主教区,用以强调这些岛屿同巴西的密切关系。18 世纪,意大利基督教会向全球传教,其中的教士多来自葡萄牙和巴西,但圣多美的教士多为当地人。1710 年,圣多美教会中的 10 个牧师会成员中有 5 个是当地人,这是因为欧洲牧师不如当地人更加适应气候变化。1800 年,圣多美当地最后一位主教去世,教皇没有再任命新的主教,从那时起直到 1944 年,这里的“主教”一职一直空缺。

独立后的 1976 年,圣普又建立了主教区,并任命了新的主教。1981 年,全国进行了宗教调查,9.6 万多人中有 8.5 万人是基督徒,0.74 万人是非教徒(pagan),0.43 万人是“新非教徒”(neopagan,指信仰马克思主义者)。在圣多美和普林西比,洗礼和葬礼通常都举行宗教仪式,但结

---

① 15 世纪末、16 世纪初,欧洲兴起排犹浪潮。天主教会为了防止新一代犹太人信仰犹太教,把大约 1000 名“犹太婴儿”(2 ~ 10 岁)从他们的父母身边抢走,并将他们送到圣多美岛,向他们灌输天主教信仰。这些“婴儿”中的一些因感染热带病死亡,有 600 多名幸存者。虽然该教区的人此时没有很深的希伯来传统,但后来深受犹太文化和犹太教的影响,教皇因此怀疑该教区教士对上帝的忠诚程度,相关教士受到严厉处分。

婚仪式就明显少一些。

独立以后，圣普在国家体制上实行政教分离，教会不再具有官方地位。平常教堂里就有很多人，而且每到星期天，许多重要人物也会到教堂做弥撒。在圣普，很少有人谈论关于新教的事。非洲福音传教会曾在当地秘密传教，并且建立了两座新教教堂，其中一个在圣多美岛阿登蒂斯（Adentist）小镇教堂开办了一所学校，当时，岛上 10% 的学生在那里接受教育。

圣普国民中，一个人有多种宗教信仰十分平常。非洲传统习俗较天主教更有影响力，当地人希望能保留多种信仰。

二　节　日

圣普当地节日可以分为三类：一是国家性或国际性节日，二是宗教节日，三是不同族群的民俗节日。

新年，1 月 1 日。这是圣普最重大的节日。当地人会在清晨到海里洗个澡，然后穿上崭新的衣服，在海滩或者街头载歌载舞庆祝，互致祝福。

英雄节，2 月 3 日。为了纪念 1953 年 2 月 3 日巴特帕（Batepá）大屠杀[①]牺牲烈士而设立的纪念节日。当天人们会以讲故事、献花圈、举行长跑等形式纪念。

国际劳动节，5 月 1 日。这是国际性劳动者节日。

国家独立日，7 月 12 日。纪念 1975 年 7 月 12 日摆脱葡萄牙殖民统治，实现国家独立，常举行演讲和特色文化活动。

建军节，9 月 6 日。在首都举行群众性游行和阅兵活动。

农业改革节，9 月 30 日。纪念 1975 年国内最大的种植园实现国有化，国家在经济上摆脱殖民统治。

阿尔及尔独立协议节，11 月 26 日。庆祝 1974 年 11 月 26 日代表圣普人民的圣普解放运动同葡萄牙殖民者签订《阿尔及尔协议》，为独立铺平

---

① 1953 年 2 月 3 日，圣多美岛巴特帕地区发动了反对葡萄牙统治的起义，遭到葡萄牙军队的血腥镇压，1032 人被杀害。

了道路。

圣多美发现日，12月21日。纪念葡萄牙殖民者发现圣多美岛。

复活节，4月13~16日。为了纪念耶稣被罗马统治者钉死在十字架后重新复活的宗教节日。

圣诞节，12月25日。宗教节日，纪念耶稣诞生。

菲罗瑞普欢乐节[①]（Auto de Floripes）。普林西比岛首府圣安东尼奥每年的8月中旬都会举行菲罗瑞普欢乐节。节日期间，整个小城变成了舞者欢乐的海洋，吸引了世界其他地方的众多游客。圣多美和普林西比最高面值的纸币（50000多布拉）背面图案即菲罗瑞普欢乐节表演场景。

三 民俗

作为移民国家，圣普的民俗体现了多元文化的特征。当地民俗以白人的风俗为主，黑人的风俗也得以保留。但在白人和黑人之间，文化差别十分明显。当地人把白人（无论来自哪个国家）统称为布兰科斯（Brancos）或者哥伦布（Colomba）。葡萄牙礼仪深刻影响圣普的社会习俗。

圣多美和普林西比素以礼仪之邦著称，圣普人从小就受到宗教、礼节、语言等一系列严格教育。在外交场合，圣普人行握手礼，采用国际通用称谓。圣普人热情好客，不论在城市还是在乡村，对来访的客人都热情接待。当地人着装休闲，但比基尼只能在海滩或游泳池穿。游客不能拍军事设施、政府办公地点。合影前应先征求别人的同意，当地人乐于与人合影。在圣普，热情的主人会为客人准备具有当地特色的水果宴会和独特的蜗牛饭。

圣普人民的生活节奏缓慢。相比其他西非国家，这里的男女老少着装整齐。圣普环境优越，人民乐观：在河床上洗涤、晾晒衣服，远远望去，

---

① 这源于一种流行了500年的街头音乐舞蹈剧，情节来自欧洲中世纪查理大帝时期（约800年）的传奇故事。当时，来自北非的阿拉伯人入侵南欧和葡萄牙、西班牙，建立摩尔人政权，对西欧的基督教世界构成直接威胁。摩尔公主菲罗瑞普对一位基督教骑士一见钟情，背叛其父，执意要与基督教骑士结为连理，上演了类似"罗密欧与朱丽叶"的浪漫爱情故事。表演者身着中世纪武士行头，穿绿装者扮演基督教武士，穿红装者扮演摩尔武士，载歌载舞，场面热闹。

花花绿绿，蔚为壮观；孩子们快乐戏水，享受着欢乐时光。当地人的口头禅为 Leve-Leve，意思是慢点、慢点，也即"放轻松，一切都很好！"。在圣普，你会被这种无处不在的民族情绪感染。没有必要为任何事情忙得团团转，无须匆忙追赶行程，可以悠闲地享受宁静的生活：白天去沙滩晒晒太阳，晚上去酒吧喝几口……

圣普的政治与社会环境相对安稳，人们可以安心在夜间外出，如在沙滩上赏月散步。当地人会用葡语"Amigo！"（"朋友！"）大声问好。岛上居民熟识：几乎每个村子都有认识的朋友，到处都有远房亲戚。当地的主要生产工具是像我国农民砍甘蔗时用的刀，当地人劳作时会持这种刀，平时很多人也会随身携带。

圣普各岛四季水果飘香，繁花似锦，人们无须为饮食担忧。与非洲大陆贫瘠平原上的同胞不同，圣普人以硬得像棒子的木蕉（本地香蕉多达 7 种）、清香淡甜的面包果①和烤得焦黑的现捞海产品为主食，除此之外，当地人常食用百香果、山竹、鳄梨（牛油果）、甜番薯（木薯）、玉米和椰子，也食用少量蔬菜，如西红柿和洋葱。圣多美人的主要肉食是海鲜，尤其是鱼，他们将鱼肉搭配淀粉类主食吃。当地餐厅的烹调方式多以烧烤为主，葡萄牙式餐饮风格很流行，在中国澳门风行的那种蛋挞很受当地人欢迎，当地特色食品蜗牛饭深受游客欢迎。面包店的罐头食品来自葡萄牙，非常昂贵。由于食物中淀粉含量较高，圣多美的中年女性很富态。普林西比的蔬菜种类不多，西红柿、洋葱、马铃薯为大宗消费品，肉类有猪肉、牛肉、羊肉、鸡肉等。由于 1979～1985 年非洲猪热病暴发，当地禁止食用猪肉。除此之外，食物大多需要进口，在首都市场中可以买到日本

---

①　当地人的主食，一种在葡萄牙语中被叫作面包树（frutapao）的果实。这种面包树是一种高大乔木，树叶宽大，形状如手掌，成熟的果实有柚子那么大，产量较大，每棵成树能挂果 200 多个。将其放在炭火上烤熟，剖开后，果实呈土黄色，发出阵阵香气，松软可口（既像面包又像熟芋头），据说它的淀粉含量非常高，达到 80%。这种面包树属于桑科、波罗蜜属，拉丁文学名为 Artocarpus altilis。非洲另一种面包树即猴面包树（monkey-bread tree）属于木棉科、猴面包树属，拉丁文学名为 Adansonia digitata，又名波巴布树，有 10 余种。坦桑尼亚的马赛马拉大草原分布着大量猴面包树，树干膨大，枝叶稀疏，能贮水，耐干旱。

捐助的大米、从巴西进口的鸡腿和当地人栽种的"迷你"胡萝卜、青椒和卷心菜。青椒和胡萝卜都为一个鸡蛋大小，卷心菜则常常为一个拳头大小。当地人喜爱辛辣口味，不习惯偏甜的食物。大多食物被佐以自制的辣椒香料酱（用辣椒、洋葱、橄榄油、本地香料调制），味道香辣！虽然圣多美和普林西比盛产优质咖啡，但大多当地人不喜欢喝咖啡，反而比较爱喝茶。

圣多美人嗜酒成风，圣多美岛盛产甘蔗酒、棕榈酒，且每年进口大量的酒（主要是葡萄酒、啤酒和威士忌）。独立后不久，在民主德国的援助下，圣多美岛建立了一家啤酒厂。目前，圣多美人在节日和聚会时常常品尝棕榈酒。

圣普的婚俗与非洲大陆类似。男人可以合法地娶两个或两个以上妻子，一大家子人群居的情况也很普遍。1950 年，弗朗西斯科·若泽·特恩雷罗统计得出，38.5% 的圣普家庭是一夫多妻。在圣多美，性别差距依然存在。无论成年女子还是女童，经常打着赤脚走在街上；圣普女性衣着随便，用一块方巾包裹头部，用一块花布缠身。上学时，男生穿着鞋袜，成年男子经常上着衬衣，下穿长裤。

女性的合法结婚年龄为 14 岁，男性的合法结婚年龄为 16 岁，女性初次生育年龄平均为 19.4 岁。依据天主教传统，圣普禁止同性恋，人工流产非法，生育不受任何限制，一家有十几个孩子的情况十分常见。在教堂结婚，要受教义的约束（天主教禁止离婚），因此很少有人在教堂举办婚礼。

圣普有独具特色的文化活动。遇到节日或者宗教活动，圣普人着盛装跳舞庆祝（有时还表演由民间传说改编的传统戏剧）。当地舞蹈主要有三种类型：本土化的葡萄牙舞（Tchiloli）、刚果舞和非洲传统舞蹈（Kizomba）。在普林西比，有一种慢德克莎（Slow Dexa）舞，与葡萄牙北部著名的米尼奥（Minho）舞十分相似：热情奔放，富有活力。这大概是因为之前的殖民者来自葡萄牙北部。这种舞在当地种植园工人中十分流行。

圣多美有一个节日叫跳火节（时间为每年春分，可能是祭祀原始宗教中本地神的节日），每到这天，聚会之地燃着火堆。很多人聚在一起喝酒，唱歌跳舞，赤脚在火上踩来踩去。少数人如神附体，在跳跃的同时不断扭动抽搐：开始是偏偏倒倒地扭来扭去，后来就坐在地上或倒在地上滚来滚去。当身体触到火或压在烧红的木炭上时，这些人也全然不予理会。因此，跳火节过后，医院里总有不少烧伤病人。人们称这种舞蹈为圣普"摇摆舞"。

总体而言，圣普文化是吸收了很多葡萄牙文化特质的非洲移民文化。

第三节　特色资源

一　名胜古迹

圣普国家博物馆。位于圣多美市内，是葡萄牙殖民者建于 15 世纪的殖民总督府圣塞巴斯蒂安（Fort São Sebastião）古堡遗址。它由坚硬的岩石砌成，高 10 多米，各处布置着火炮，入口狭小，门后有一门小炮作为最后一道防护屏障。这里易守难攻，内部有小教堂、餐厅、厨房、起居室和卧室等，现在放置着一些文物展品，如许多葡萄牙殖民时代的器物、产自中国的青花瓷器，还有一个海龟标本室；外部有三尊发现圣多美和普林西比的葡萄牙航海家的石雕像（部分五官因被破坏而缺失）。

赤道纪念碑。位于圣多美岛南部的罗拉斯岛所在的赤道线上，最大的特色是这里是最接近零度经线、纬线的陆地（世界的中心，真正的零度地点在海中）。这里有一个硕大的地球仪和世界地图，是游客必到的地方。

圣多美圣母大教堂。圣多美城内最有名的建筑，建于 16 世纪，典型的哥特式教堂，整个教堂为纯白色，共二层，上覆红顶，规模不大，装饰不豪奢。从正面看，双塔耸立，四周绿草如茵，朴素而庄重。在礼拜天，信众集聚在此处，这里圣歌悠扬，场面感人。

大狗峰。当地人称之为 The Pico Cão Grande。大狗峰位于圣多美岛南部国家公园，该峰像一个针形石柱矗立在岛上，如同热带雨林中的黑塔，周围乌云环绕。大狗峰海拔为 1038 米，远远高于周边山峰（海拔平均为 668 米），外形特殊，十分醒目。大狗峰实际上是一个火山口，由喷射的炽热岩浆凝固而成。经过风雨侵蚀，由于同一时期的火山堆积物已消失，它便突兀而出。1975 年，一支葡萄牙登山队首次登上火山口，随后一支日本登山队成功登顶。2016 年 6 月，英国登山者 Gareth Leah 和墨西哥登山者 Almad 在这里探索建立了第一个攀登路线。路线非常漫长，对攀登技术要求很高。他们花了四周时间才完成。其中最困难的部分是在第一个 100 米，之后的难度大大降低。由于山峰遍布苔藓，水分含量高，攀登更加困难。此外，很多毒蛇生活在石峰空隙，使登山充满危险。

博卡德（Boca de Inferno）地狱之口。在圣多美岛南部几英里（1 英里相当于 1.609344 千米）处的罗拉斯岛，有一个活火山口，当地人称其为博卡德地狱之口。这里有一种神奇的自然现象：在大片峡谷中，遍布着正在喷发的火山口，溪水灌进窄长沟壑中的火山口，遇到炽热岩浆，形成巨大的水柱，喷射到空中，宛如地狱之火。场景极富冲击力，这种现象在别的地方很难看到。

普林西比岛。该岛碧海蓝天，绿树婆娑，空气十分清新，是稀有鸟类和海洋生物的天堂。1822 年，"新英格兰号"船长乔治·豪兰德记载：（普林西比岛）是一个最美丽、最具有浪漫主义色彩的小岛，从远处看，岛中央有一座尖锥一样的高峰，突兀地耸立在一些小山之中。普林西比岛周边为火山喷发形成的台地。台地被流水切割成陡峭的峡谷和险峻的悬崖，环绕着整个小岛，直通大海。由于海水的不断冲刷，一些悬崖已被深深侵蚀，千奇百怪。整个岛屿，甚至伸入海洋的岬角，都布满了森林。这些森林是如此的茂密，以至于人们无法落脚。森林中的大树上缠满了各式各样的藤蔓，只有在中部的一些高耸入云裸露的岩石山峰上没有树木生长，这些山峰看起来好像一些巨大的古代城堡的遗址。普林西比岛比圣多美岛更纯净，圣安东尼奥市位于这座岛上，人口大约为 7500 人，游客称之为世界上最小的城市。粉刷的木质房屋干净整洁，普林西比人生活很是惬意。① 普林西比岛以"充满异国情调的天堂岛"闻名于世。

---

① 南非亿万富翁和太空旅行者马克·沙特尔沃思准备租用这座岛。作为农学家和建筑家，他梦想着把普林西比岛变成一个持续存在的孤岛"天堂"——到处种满可可和咖啡的热带雨林迪士尼。

二　著名城市

圣多美是圣普首都和最大港口，坐落在圣多美岛东北部的恰维斯湾畔，是全国的政治和经济中心，有公路通往岛上其他地方。1485 年，葡萄牙殖民者开始在这里建立殖民总督府。市区面积不大，步行两个小时即可走完。圣母大教堂对面是总统府，附近还有市民广场。由于地处赤道，一年内有半年下雨，气候湿润，树木终年青翠，街道整洁，极少有高楼大厦，幽静朴实，既有海滨城市的风貌，亦有田园乡村的宁静，堪称美丽而幽静的花园城市。市中心的独立广场是每年举行庆典的地方。圣母大教堂是市内有名的建筑。圣多美有不少公园。最高的建筑是一座白色的七层楼房，其余建筑都是带有庭院的平房或环海而筑、红顶白墙的二层小楼，它们掩映在片片椰林之中。全国唯一的一所大学位于该市。因圣多美岛为火山岛，故圣多美有"火山城市"之称。圣多美依山傍海，风光绮丽，为游览胜地。

圣安东尼奥是普林西比岛首府，面积不大。在葡萄牙殖民时期，其曾作为圣多美和普林西比殖民总督首府。圣安东尼奥位于普林西比岛东北角帕尔红塔河畔（the Palhota River），人口不足万人。圣安东尼奥以独特的殖民文化和教堂闻名。教堂建于 1947 年，是圣普最大的天主教教堂。这里举办的菲罗瑞普欢乐节非常有名，吸引了众多游客。圣安东尼奥街道比较原始，向北通向海滨，向南通向山脉。这里有一所小学、一个小型广场。

三　建筑艺术

圣普国小人少，实力有限，高层建筑极少。标志性建筑多由国外援建或者是殖民时代的遗存。

16 世纪，殖民者最早在恰维斯湾建立了一个小城镇，这里有大教堂、教区教堂、商业楼以及两座城堡，它们是用木材修建起来的，后来被大火烧毁，但当时建筑的风格为圣多美后来的建筑所借鉴。那个时期最好的建筑是殖民总督府（圣塞巴斯蒂安古堡）及里面的四方军营和指挥部。独立后，改建为博物馆，这一建筑具有较好的防热性，其中有一座小教堂对外开放，目前成为旅游的热点地区。19世纪末期，富有的种植园主在圣多美市中心建了很多漂亮的房子，欧式风格建筑同具有当地风格的建筑很好地融合在一起：宽大的走廊和阳台、高高的屋顶、柱廊、庭院花园、法式风格的复折式屋顶和百叶窗。

圣普种植园中的建筑布局很有特色。建筑是四方形的，正面是种植园主的房间，其他三面分别是工人的房子、干草堆、仓库。种植园主从房间里可以看到整个种植园的情况。目前，许多种植园工人依然生活在20世纪初种植园主为契约劳工建立的窝棚里。窝棚是立方形的，四边敞开，不加封顶。窝棚外面工人做饭、洗衣的地方是葡萄牙殖民者建造的。

在比较偏远的地方，由于被种植园主剥夺了土地，渔民只能聚集在一起，把房子建在高腿柱上，这些房子可以防潮，还可以防鼠。低层多用水泥和方木建造，建筑者先用小木材打造骨架，再用钉子钉上木板以作为内部的隔层。所有房子用棕榈叶或者木瓦和起皱的铁皮覆盖屋顶和走廊，厨房是独立隔开的，一般距离房子几步远。

中国大力向圣普提供经济援助，建成并移交议会大楼、竹草编培训中心等6个建筑，它们已成为该国的亮点。

四　独特的生物资源

圣普岛屿美丽怡人，遍布火山遗址，植被茂密。不管是步行、乘坐汽车还是骑自行车探访圣多美和普林西比，都会被大自然的力量震撼。这里的人行道上树木参天，很多路面被树根弄裂了，遒劲的树根强行钻出坚硬的混凝土路面。

圣普各岛覆盖着茂密的热带雨林，物种丰富。由于远离大陆，圣普有许多独特的动植物种类，形成动植物稀有种群。这里有900多种独特的树种，其中，130多种十分稀有，地面植被中占主导地位的物种是茜草科植物，它有10000多个种类。圣普兰花有100多个品种，许多是稀有品种。另外，圣普还有一种驰名的稀有玫瑰品种——瓷玫瑰。这里的热带雨林盛产名贵木材，尤其是非洲乌木、豆科紫檀等。在葡萄牙人把欧洲、亚洲、美洲的一些植物引进非洲时，圣多美是第一个试种这些植物的地区。圣普曾经试种小麦和葡萄，但产量和质量不佳。柠檬树、腰果树、香蕉树、面包树、椰子树非常适应这里的气候，生长良好。后三类作物直到今天依然是岛上居民的食用作物。甘蔗是第一批引进的经济作物，在16世纪早期，它已是岛上的主要经济作物。目前，岛上已无人再为商业目的种植甘蔗，甘蔗呈野生状态，遍布全岛，当地人用甘蔗酿造烈性的甘蔗酒。葡萄牙人曾经种植过生姜、罗望子（味酸，常用作清凉轻泻的饮剂）、古柯、梓树（用作防腐涂料）。目前，圣普各岛盛产特色香料，但输出量不多，当地人利用植物的药效治病。据18世纪初的普林西比的文献记载：在梓树林中有一条小道，通向当地官员的别墅，这些树长势极佳，它们的树皮（用来提炼梓油）的质量绝不亚于来自印度的这种树皮。

在热带原始雨林，巨大的藤本植物缠绕大树，使其"窒息"死亡：大片古老的可可树和咖啡树由于没有得到长期养护，在厚厚的葡萄蔓藤包围下很快"窒息"死亡。在很多地方，几乎不能辨认出哪里是废弃的种植园。沿着盘山公路，可以看到青绿紫红的美人蕉、漫山遍野的咖啡树、沉甸甸的可可豆、水蜜桃、波罗蜜、香蕉、椰子等，凡是热带有的天然果树在这里都有。当听到从树丛中传出的叽叽喳喳的鸟鸣声，看到徜徉在林间羽毛斑斓的飞禽，人们仿佛会忘却劳累、陶醉、沉浸在"孤岛"美景之中。站在800米高的山顶远眺2000余米的圣多美峰及其周围山峦，薄雾从早到晚连绵不断，笼罩着一抹神秘的色彩。近看，在圣普享有盛誉的圣多美瀑布由百余米高的峭壁顶端飞流直下（由于山顶常年雨水不断，圣多美瀑布终年奔泻不息）。耳闻瀑布撞击磐石的巨响，举目看到翻飞飘溅的水雾，一阵小雨过后，悠然间出现一道彩虹横跨在瀑布之上，令人赞叹，如临仙境。不过，令人不安的是，岛上的热带雨林已经被破坏。自20世纪以来，岛上众多雨林被砍伐（热带种植园建立在这些土地上），由于人口剧增，土地有限，这一问题日益严重。

圣多美岛的四周是郁郁葱葱的椰林，它们犹如一列列荷枪实弹的哨兵，把圣多美岛团团围住。圣多美岛的椰子叫海椰子或双椰子，是棕榈科植物。虽然名叫椰子，但树与果实的外形和普通的椰子树与椰子不同。圣多美岛的椰子树干笔直，高达约 30 米，雌雄异株，雄株花序从叶腋处萌生，一个花序约有两米长；雌株上有巨大的果序，一串有三五个果实。椰子全身是宝，椰汁甘甜爽口，清凉解毒；椰肉不但营养丰富，而且具有解毒、消炎等功效。椰干在全岛出口产品数量中排第二位，每年约有 3000 吨。在圣多美岛内陆地区，椰林并不多见，取而代之的是人工种植的可可树。这里的可可树四季常青，终年开花。翡翠色叶子和黄色花朵蔚为壮观。黄色小花的直径为 1 厘米左右，结出的果实串珠似的悬挂在树干上，一棵树能结 100～150 个果实。可可树开的花不大，但结出的果实能有一斤来重。生产可可使这个岛的人获得巨额收入，当地人亲切地把可可称为"绿色的金子"。

普林西比岛的物种尤为丰富。普林西比岛处于孤立隔离的位置，具有独特的环境，这里有很多稀有植物种类，其中有些植物种类和附近地域发生联系。普林西比岛动植物区系的发育史可追溯到白垩纪。普林西比岛一直处于热带气候条件下，植物的生长环境优越，种类异常丰富。热带雨林中主要的科属有：豆科的合欢、短盖豆、苏木等属；梧桐科的蝴蝶树、非洲梧桐等属；楝科的非洲楝、非洲桃花心木等属；大戟科的血桐、瓦帕卡大戟等属；桑科的非洲毒箭木、榕等属；山榄科的金叶树属；榆科的非洲朴属等。

第一批葡萄牙水手登上圣多美岛时，岛上覆盖着"美丽、高大、繁茂的热带雨林，这些热带雨林同埃塞俄比亚和几内亚的热带森林一模一样"。一份 16 世纪的资料这样描绘这些热带雨林：这里的树是如此繁茂、如此高大，几乎要触到蔚蓝的天空。早期殖民者为了进行勘探，砍伐了岛上的这些巨木，留下了一些有关巨大树木的令人惊讶的数字。他们用一棵树建造了两艘适合进行远洋航行的大帆船，这棵树的直径是 21 英尺（约合 6.40 米，当时的人是如何把这些树伐倒依然是一个未解之谜）。据记载，这棵树就生长在首都圣多美附近，应该是欧卡（Oca）树。目前，这种树遍布全岛，是为可可树遮阴的优良树种。由于种植园的过度开发，交通便利地区的树木被大量采伐，在交通不便地区，还保留着部分天然林。自 1520 年开始，由于甘蔗种植园的不断扩张，海岸附近的热带雨林急剧减少，但在圣普两岛中部山区和南部部分山区，热带雨林保留了下来。特瑞诺（Francisco Tenreiro）估计，即使在甘蔗种植的高峰期，甘蔗种植园的面积也没有超过圣多美岛的1/3。19世纪，由于可可种植园迅速扩张，圣多美岛的热带雨林开始受到毁灭性破坏。目前，偏远山区还存有部分从未被人类破坏的原始雨林。另外，由于可可树和咖啡树都需要一些大树来遮阴，各地有不少巨大的热带乔木得以幸存，这些不同科属的乔木成为圣多美珍贵的林业财富。政府为保护环境和维持生态平衡，已禁止采伐热带乔木。

鸟类的天堂。圣普拥有895种陆地植物与297种陆地动物，具有特殊的植物群落和动物种群，鸟的种类密度是世界著名的鸟类天堂中国台湾的4倍。圣多美岛有18种独有的鸟类，普林西比岛有7种独有的鸟类。鸟类学家列出岛上有鸟类105种，如果加上迁徙的候鸟，那么鸟类会超过200种。在圣多美的热带雨林中，许多鸟是当地独有的鸟类品种。另外，圣多美岛有12种独有的鸟类亚种，而普林西比岛有9种独有的鸟类亚种。用动物学的术语讲，这些鸟类能证明该岛与非洲大陆存在隔离关系，尽管这里距离大陆最近的地方只有200多千米。更令人称奇的是，尽管两岛仅仅相距150多千米，岛上鸟类的栖息地大致相似，但鸟的种类大为不同。在圣普有记载的35种雀形目鸣禽中，仅有5种是两岛共有的，另外有3种分属于不同的亚种。为什么两岛相距如此之近，气候差别不大，生物的进化途径差别如此明显？这需要人们不断去探索。由于人类破坏环境，圣普已有两种独有的鸟类濒临灭绝。普林西比岛上的一种非洲鹦鹉亚种灰鹦鹉，目前还十分常见，但其已被列入濒危物种名单，《濒危野生动物国际贸易公约》禁止进行灰鹦鹉贸易。

野生动物资源。在第一批葡萄牙水手登上圣多美岛时，无论在河水中，还是在陆地上，两栖类和爬行类动物都很多，鳄鱼、蜥蜴均随处可见。丛林中到处都有毒性极强的黑色眼镜蛇。目前，岛上的鳄鱼已经十分稀少，但黑色眼镜蛇还十分常见，在南部热带丛林中，种植园工人为了驱蛇，常常焚烧大片热带植物。除此之外，绿树蛇、绿海龟在岛上也十分常见，这里有很多重要的鸟类生活区，大量迁徙鸟类在这里活动。岛上有很多独有的珍稀鸟类品种：在圣多美岛，圣多美王子鸟（Prinia）十分常见，圣多美鸫鸟（Thrush）、黑冠织布鸟（Black-capped Sperirop）、圣多美织巢鸟在种植园的树丛中均可以见到，例如大织巢鸟在岛上南部地区十分常见；在普林西比岛，除了灰鹦鹉外，普林西比独有的金黄色织巢鸟、柠檬鸽（Lemon Dove）、叫声像婴儿啼哭的鸫鸟（Dohrns Thrush-babbler）也可以见到。在这两个岛上，均有一种叫作黑风筝（当地人叫作 Falcao）的鹫，它们以动物尸体残渣为食物。这种鸟其实是一种鹰，常懒懒地在圣多美的港口上空盘旋。圣多美的鹫和普林西比的帕帕加奥鹦鹉（Papagaio）分别是圣多美岛和普林西比岛的吉祥鸟。这里既有陆地物种也有海洋物种。这里是大西洋海流交汇之地，饵料丰富，每年吸引大量海洋生物，特别是鱼群来此觅食，与此同时，追踪而来的大量掠食性鲨鱼、鲸及大量褐燕鸥（Anous Stolidus）等海鸟也到达此地。圣普的鱼类资源十分丰富，盛产沙丁鱼、鲐鱼、飞鱼、旗鱼、鳟鱼、鳕鱼。全球海洋中生存着 8 种海龟，这里就有 5 种：棱皮龟、橄榄绿鳞龟、大海龟、绿海龟、黑海龟（太平洋丽龟）。最重的绿海龟重 400 公斤，轻一点的橄榄绿鳞龟重 30 公斤左右。所有海龟都被列为濒危动物。

第二章

历　史

圣多美和普林西比 500 多年的发展历史，是一部被开拓的殖民史，也是一部非洲黑人血泪斑斑的被奴役史。1470 年，葡萄牙探险者发现了圣多美岛，随后又发现了同属于几内亚群岛的圣普各岛屿，并开始在这里进行殖民开拓。16 世纪，圣多美作为葡萄牙的海外殖民地，是世界上产糖量最多的地区，圣多美成为西方殖民国家大规模开辟热带种植园的"样板"。1975 年，圣多美和普林西比摆脱葡萄牙的殖民统治，获得了独立，成为一个拥有独立主权的微型岛国。

第一节　葡萄牙在圣普的殖民统治

在葡萄牙人发现几内亚群岛之前，没有人在圣多美和普林西比定居。殖民者的到来，使这里开始发展和繁荣，但他们也带来了罪恶和剥削，打破了这里千万年来世外桃源般的宁静。

一　葡萄牙帝国发现并殖民圣多美

圣多美和普林西比没有早期人类活动，历史进程同非洲大陆的差异明显。非洲大陆没有一个地方像这里一样如此早地被殖民者和种植园主占据。16 世纪在这里发生的一切，到 17～19 世纪时又在非洲大陆和美洲大陆重演。

葡萄牙帝国（葡萄牙语：Império Português），是世界历史上第一个全球性殖民帝国，也是欧洲建立最早、持续时间最长（1415～1999 年）的殖民帝国①。对于葡萄牙的崛起，15 世纪的亨利（又名恩里克）王子②贡献甚大。流行于 14 世纪的传染病——黑死病（鼠疫）夺去了欧洲 2400 万人的生命，葡萄牙人以强壮的体魄和强大的免疫力避免了这次浩劫。由于从东北部西班牙城市通往葡萄牙的商路被限制，输入葡萄牙的生活必需品（如香料、糖、金银制品）数量急剧减少，价格暴涨，人们的生活水平下降。更为严峻的是，由于欧洲金矿的稀缺，葡萄牙铸造货币的黄金几乎完全依靠进口。而黄金供应的不足，使市场上的货币成色下降，信用降低，将葡萄牙的经济逼入绝境，葡萄牙进入了伊比利亚经济危机时期，面临社会动荡等严重问题。免受鼠疫灾害的葡萄牙人口急剧增加，国内种种矛盾高度激化。从 15 世纪开始，葡萄牙不断沿大西洋海岸探险，这既是为了打破阿拉伯人对通往东方航道的垄断，又是为了传播天主教教义，同时寻求向外扩张，转嫁经济危机。寻求实现海上发展成为葡萄牙求取生存机会的唯一手段。

征服休达标志着葡萄牙成为海上强权，殖民者首开贩奴纪录③。1415 年，葡萄牙士兵占领了北非港口城市休达，并在 1418 年击败了企图夺回休达的摩尔人。一年后，亨利王子船队在风暴下驶进马德拉群岛，于 1427 年发现了亚速尔群岛。葡萄牙殖民帝国因而开始发迹。葡萄牙船队于 1434 年和 1445 年相继到达非洲的保加多尔角、塞内加尔和佛得角。葡

---

① 1975 年，葡萄牙国内发生政变，葡萄牙政府逐步放弃海外殖民地。葡萄牙所属的非洲殖民地独立为莫桑比克、安哥拉、几内亚比绍、圣多美和普林西比等国；对于亚洲的殖民地，葡萄牙于 1975 年撤出东帝汶，此时，葡萄牙的殖民体系已经形同瓦解。澳门于 1999 年 12 月 20 日正式回归中华人民共和国。自此，统治 500 多年的葡萄牙殖民体系正式结束。

② 亨利王子（1394 年 3 月 4 日至 1460 年 11 月 13 日），全名唐·阿方索·恩里克（O Infante Dom Henrique Duque de Viseu），葡萄牙亲王、航海家，信仰天主教。葡萄牙国王 King John I 的第三个儿子，即某些文献中的恩里克王子。他以具有雄才大略、开拓进取的精神著称，是葡萄牙崛起过程中的关键性人物，也是地理大发现时代被大书特书的人物。在他的支持下，葡萄牙船队在非洲西海岸至几内亚一带，掠取黑人、黄金、象牙，并占领马德拉群岛等。

③ 葡萄牙原是一个蓄奴的国家，奴隶被限于家用，因而需求量不是很大。由于贵族之家以蓄奴为时尚，运奴有利可图，葡萄牙人在非洲沿岸找到了获得奴隶的地区并发展了一套获得奴隶的"贸易"方法。

萄牙从独霸非洲的野心出发，自新航道开辟伊始，便对非洲展开了经济、政治、文化领域的全面侵略。1469～1474年，葡萄牙同整个几内亚湾的贸易量还赶不上里斯本贸易商在佛得角的贸易量。由于教皇子午线①限制了西班牙人到非洲劫掠黑人，这就为葡萄牙人贩卖黑奴提供了垄断的机会，特别在西非，自布朗角以南一直到圣多美岛南部都有葡萄牙人的商站，他们与当地酋长建立了奴隶贸易关系。随后，葡萄牙开始大力发展航海学校，加强对国民的地理学、航海学、造船知识教育。一个世纪后，葡萄牙终于成为欧洲首个打通印度航线的国家。葡萄牙航海家，如迪亚士、达·伽马，以及为西班牙国王服务的斐迪南·麦哲伦创下了不朽的航海历史。葡萄牙帝国实力在16世纪到达顶峰。葡萄牙殖民者沿非洲西北海岸南下，先后占领了马德拉群岛、加那利群岛、佛得角群岛，于15世纪后期发现了圣普所在的几内亚群岛，在西非大陆塞拉利昂、象牙海岸、黄金海岸、奴隶海岸、刚果王国和安哥拉设立商站，逐步开展殖民活动。

　　1470年12月21日，葡萄牙探险家、洛美总督皮德罗·埃斯科巴（Pero de Escobar）和加奥·圣塔伦（Joao de Santerem）在勘察几内亚群岛时发现了圣多美岛。因为这里拥有郁郁葱葱、层峦叠嶂的自然风光而称该岛为"绿岛"，后改称其为圣多美岛。1471年1月1日，他们还发现了安诺本岛（属赤道几内亚）。在以后的时间内，并没有人移民到这里。因而有人怀疑这里是在1479年发现的。② 1471年1月17日，这两名葡萄牙

---

①　教皇子午线是由教皇仲裁，西班牙和葡萄牙在世界上划分势力范围的分界线。1494年6月7日，葡萄牙国王加奥二世与西班牙女王伊莎贝尔一世在罗马教皇亚历山大六世的调解下，签订《托德西利亚斯条约》，确定以佛得角群岛以西2200海里处的"教皇子午线"为界，界东即非洲地区属葡萄牙，界西即美洲地区属西班牙。教皇子午线限制西班牙人到非洲劫掠黑人。葡萄牙这个昔日的欧洲弱国，在人类历史上第一次与以前的宗主国西班牙一道，共同垄断欧洲以外的世界，并瓜分了世界。自此，葡萄牙殖民帝国如日中天。

②　关于葡萄牙人早期的探险活动，参见 Bailey W. Diffie，George D. Winius，*Foundations of the Portuguese Empire 1415 – 1580*（Minneapolis：University of Minnesota Press，1977）。关于几内亚群岛的发现过程，详细情况参见 Viriato Lampos，*Os Dias de Descobrimento das Ilhas de S. Tome e Principe*，*E Lementos da Historia da Ilha de S. tome*，*Centro de Estudos de Marinha*（Lisbon，1971），p. 688。

探险家又发现并登上了圣多美岛北方的普林西比岛。因这一天为天主教的安东尼奥日（英文译为"安东尼日"，Saint Anthony），而为其定名"圣安东尼奥岛"。后来葡萄牙国王将该岛及岛上的全部财产赐予葡萄牙王子，遂将其改名为圣普林西比岛，即"王子岛"。目前，岛上最大的城镇圣安东尼奥仍保留原名，圣普国家博物馆门前专门为这几名航海家树立了雕像。当时，几内亚群岛是葡萄牙国王加奥二世（Joao Ⅱ）的私产。1475年，费尔兰德·珀（Fernando Po）作为洛美总督，沿着喀麦隆海岸探险，发现了更靠近海岸的高耸岛屿，为其取名美丽岛（Formosa），现称比奥科岛（属赤道几内亚）。这些群岛被发现并被占领后，由于地理位置重要，不仅是向大陆或者向南扩张的基地，也是葡萄牙进一步向东方航行的中转补给站。

1485年，葡萄牙国王加奥二世为了加强同非洲刚果王国的联系，以准予无偿占有和开垦土地及允许同非洲大陆进行自由贸易等特权为条件，鼓励殖民圣多美和普林西比。同年，圣多美首任总督加奥·德派瓦（Joao de Paiva）接受葡萄牙国王的任命。1486年，第一批殖民者在加奥·德派瓦的率领下，登上了圣多美岛北部海滩的安纳姆博（Anambo），建立定居点。岛上充沛的雨水和肥沃的土地尤其适宜种植甘蔗，对葡萄牙冒险家颇具吸引力。1492年，在欧洲"排犹浪潮"中，欧洲基督教势力把许多犹太孤儿（2～10岁）送到圣多美岛，这些孤儿大部分患病死去，但还是有600多名活了下来，他们后来成为圣多美岛上白人的主体。还有一些欧洲的罪犯被流放到这里。殖民者为了更多繁育人口，甚至为每一个罪犯购买了女黑奴做妻子。之后，圣多美逐步建立正式的行政管理机构。

1493年，具有葡萄牙皇家血统的达卡米哈（Alvaro da Caminha）取得了圣多美的领地专属权。他组织大批欧洲移民在恰维斯湾登陆，并建立了圣多美小镇。最初，葡萄牙人从安哥拉、莫桑比克和佛得角等地掳掠大批奴隶，这些奴隶在圣多美岛上开辟热带种植园。殖民者很快发现，贩卖黑奴同种植甘蔗一样，利润惊人。1493年，圣多美领地的殖民者获得了同包括尼日尔河三角洲在内的西非进行贸易的特权，同时可以同刚果王国进行贸易往来。圣多美岛上的殖民者不顾葡萄牙王室禁令，发明了一种可以深入内陆河流的小船并利用地理优势，不断深入西非内地，进行探险和贩卖黑奴。他们很快熟悉了几内亚湾周围非洲大陆的每一条河流，进而成为非洲大陆各地进行贸易的中间商。

葡萄牙在圣普及大西洋中的岛屿实行总督制，由葡萄牙王室委任和特许葡萄牙殖民总督在这些岛屿进行统治，总督享有贸易垄断权。

16 世纪初，教皇子午线限制西班牙人进入非洲，为葡萄牙人贩卖黑奴提供了垄断的机会，特别在西非，自布朗角以南一直到圣多美岛都有葡萄牙人的贸易区，他们与当地酋长建立了奴隶贸易关系。西班牙在美洲的殖民地奴役印第安人失败以后，采纳了天主教神父的建议，转而奴役非洲的黑人。西班牙国王正式颁发执照，允许商人在缴纳一定数量的捐税后，把西非黑人输往西属美洲殖民地，葡萄牙人的贩奴活动有了广阔的市场。16 世纪，葡萄牙人在非洲西海岸的贩奴活动主要集中在两个地区：一个是上几内亚，即从佛得角群岛到塞拉利昂沿海，佛得角群岛中最大的岛屿圣地亚哥岛曾经是进行几内亚奴隶贸易的中心；另一个是刚果河河口及其以南地区。从 16 世纪开始，圣多美岛取代其他据点成为几内亚湾沿岸乃至安哥拉的贩奴基地。西非土著黑人高大健壮，熟悉热带作物种植技术，适应热带气候，有天然的优势。在被运到美洲以后，由于人生地疏、不易逃亡，而且价格低廉、数量巨大，他们成为开发美洲的理想人力资源。葡萄牙商人不断向西属美洲殖民地输入黑奴，西非的埃尔米纳堡以奴隶贸易为主，圣多美岛也成为葡萄牙人向西班牙殖民地输出黑奴的中心。1551 年，里斯本有奴隶市场六七十个，待运的黑奴在 1 万人以上，奴隶已成为葡萄牙人从非洲运走的主要"商品"。16 世纪 20 年代，一些黑奴被运到圣多美，开垦甘蔗种植园。到 16 世纪下半期，土生的一代白人已经可以说圣多美语，适应了圣多美的气候，圣多美成为全球性蔗糖供应基地。为维持种植园劳动力稳定，吸引外部移民，1515～1517 年，葡萄牙国王曼努埃尔一世（Dom Menuel Ⅰ）给予第一批黑奴及其子女自由权，他们被称为弗洛斯人。

为巩固葡萄牙特权，圣多美岛与普林西比岛分属不同总督管理。

圣多美和普林西比

1500 年，普林西比岛被葡萄牙政府授予卡内罗家族（The Carneiro Family），卡内罗家族缴纳一定税金（糖税）后，在该岛定居。1503 年，安诺本岛被授予米罗家族（The Mello Family），但直到 19 世纪末，这里仍然无人居住。1504 年，圣多美的黑奴贸易外包给普林西比总督安东尼奥·卡内罗（Antonio Carneiro），他通过向葡萄牙王室缴纳年税，从而取得奴隶的专卖权。此后，卡内罗家族在普林西比建立了统治机构。1753 年以前，普林西比岛与圣多美岛互不统属。1951 年，圣多美岛与普林西比岛共同组成葡萄牙海外省，直至独立。

圣多美的葡萄牙殖民者很早就在残酷的奴隶贸易中占据主导地位。16 世纪初，不仅葡萄牙商人，而且一些应刚果王国国王阿方索之邀的葡萄牙传教士、教师、工匠（裁缝、制鞋匠、泥瓦匠、制砖工）等，都以帮助刚果王国发展经济为名行贩奴之实。殖民者之间的竞争十分激烈，宗教有时成为殖民的工具。葡萄牙移民利用天主教对基督教和其他宗教教徒进行大肆迫害，其中甚至包括葡萄牙人。葡萄牙移民向里斯本指控圣多美存在"秘密犹太教"，这实际上是在指控政治反对派，因为圣多美没有犹太人。1526 年，刚果王国国内局势变得很糟，刚果王国国王阿方索写给葡萄牙国王的信中说："这个国家的每个角落都有很多商人。他们将毁灭这个国家。人们每天在遭受奴役和劫掠，甚至贵族和王室成员也不能幸免。"①1510 年，有 5000～6000 名黑奴被囚禁在圣多美以用于出售，1516 年，4072 名黑奴被输入圣多美。1512 年，葡萄牙王室通过建立皇家种植园控制黑奴，并逐步垄断圣多美同刚果王国的黑奴贸易。这一做法威胁到圣多美当地殖民者的利益，因为这些殖民者的财富来自使用黑奴的甘蔗种植园。以圣多美为基地的葡萄牙贩奴商人不断扩大活动范围，深入圣萨尔瓦多内地，甚至在扎伊尔河（刚果河）流域的斯坦利湖及南方的恩东戈诱捕黑奴。

随着移民和非洲黑人奴隶的增多，以及圣普经济地位的日趋重要，葡萄牙政府开始加强统治。1522 年，葡萄牙正式宣布圣多美和普林西比两

---

① Jan Vansina, *Kingdoms of the Savanna* (The University of Wisconsin Press, 1966), p. 52.

岛为王室直属殖民地，两岛由王室管理。16 世纪 20 年代，从贝宁湾、刚果王国、安哥拉等地运来的黑奴，或留在圣多美当地种植园工作，或被转运到黄金海岸、马德拉群岛、佛得角群岛和葡萄牙本土。16 世纪 30 年代，部分黑奴被转运到美洲。从 16 世纪中期开始，圣多美成为葡萄牙向非洲贩运黑奴的主要转运站。其间，葡萄牙人在大西洋开辟了两条主要航线：一条以圣多美岛为中心，将黑奴运往巴西；另一条以佛得角为中心，将黑奴运往西印度群岛。基于掠夺奴隶的需要，葡萄牙人占领了安哥拉，葡萄牙拥有巴西这个容纳奴隶最多的市场，所以它的奴隶贸易额一直很稳定，不会因为殖民霸权的衰落而减少。在非洲的霸权体系被摧毁以后，葡萄牙仍把安哥拉和莫桑比克两地作为获取奴隶的主要地区。相关资料统计，1486～1641 年，葡萄牙从安哥拉运走奴隶达 138.9 万名，仅 1575～1591 年，从安哥拉运往巴西的奴隶就达 10400 人，1680～1836 年增至 200 万人。如果把私人偷运及从刚果王国输出的奴隶计算在内，那么就有 300 万人，当然这只是粗略的估计。至于葡萄牙从莫桑比克（在 16～17 世纪还包括莫桑比克以北的东非沿岸）运走多少奴隶，难以估计。葡萄牙虽然最早从事奴隶贸易，却最晚组建与之相关的合股公司。在西欧各国竞相进行奴隶贸易以后，葡萄牙缺少可以交换奴隶的货物，但葡萄牙对黑奴的剥削丝毫没有放松，巴西和葡属非洲的种植园广泛使用黑奴劳动，对黑奴的剥削达到敲骨吸髓的地步，甚至黑奴在港口候船时，也被要求修建公共工程。

圣多美岛在 1530～1560 年达到繁荣的顶点，是当时葡萄牙王国主要的海外领地之一。1522～1573 年，圣多美岛由王室直管。奴隶和甘蔗是两大财富之源。柯廷（Curtin）估计，在整个黑奴贸易期间，葡萄牙向圣多美输入了 10 万多名奴隶。1576 年，葡萄牙人为了就近关押黑奴，在罗安达湾建立了圣米格尔堡（作为基地），从此，刚果河河口以南的黑奴被直接从这里贩运到美洲，而不再经过圣多美岛转运，圣多美岛的地位开始下降，葡萄牙把首府搬到了普林西比岛。16 世纪中叶以后，从葡萄牙大规模入侵安哥拉和莫桑比克时起，葡属非洲的统治中心即逐渐转移到安哥拉和莫桑比克。

二 欧洲殖民帝国对圣多美的争夺

整个16世纪，圣多美和普林西比种植园充满了活力，但这又是一个令人恐惧的时代，欧洲各大殖民帝国在这里展开了残酷的竞争甚至发生战争。

葡萄牙在以圣普为代表的几内亚湾群岛开发渔业资源、同非洲大陆地区进行贸易、兴办奴隶制种植园、贩卖黑奴，它们给葡萄牙带来大量利润。在葡萄牙的这种垄断性殖民活动持续了一个世纪后，欧洲其他国家开始与之进行竞争。在葡萄牙衰落的过程中，欧洲其他国家开始加大对圣普的争夺力度。

1. 葡萄牙殖民帝国的衰落

从16世纪中期开始的100多年里，圣多美的甘蔗种植业及相关产业日渐凋敝，贩卖奴隶成为殖民者的重要生财之道。1580～1640年葡萄牙与西班牙合并，这给葡萄牙在西非的贸易垄断地位以致命打击。庞大的殖民帝国被其他国家逐渐肢解，葡萄牙在圣多美岛的垄断地位逐步丧失。一是巴西种植园崛起后替代了圣多美的"糖岛"地位。二是葡萄牙人在安哥拉内陆找到了更大的奴隶来源，并建立了新的转运据点。葡萄牙衰落的标志是两场损失惨重的战役：1578年摩洛哥北部的阿尔卡塞尔·吉比尔战役（Battle of Alcácer Quibir）和1588年西班牙征服英格兰的战役（西班牙无敌舰队在英吉利海峡损失殆尽）。葡萄牙当时与西班牙王朝组建伊比利亚联盟（Iberian Union，1580～1640年），并向西班牙舰队提供船只。三是1755年11月1日里斯本发生大地震，葡萄牙多个重要城市被毁灭，从此一蹶不振。拿破仑战争（Napoleonic Wars）期间（1803年5月13日至1815年11月20日），葡萄牙本土被占领，1807年，葡萄牙王室逃往巴西。1822年，葡萄牙最大的殖民地巴西宣布独立，葡萄牙的实力进一步被削弱。从19世纪中期到20世纪50年代末期，近200万名葡萄牙人离开欧洲到巴西和美国谋生。

2. 荷兰殖民者征服圣多美

同葡萄牙进行奴隶贸易竞争的首先是荷兰。独立后的荷兰，很快便成为西欧的一等强国，在商业、海洋运输业、金融业都拥有绝对优势，成为海上霸主，一举打垮了葡萄牙在非洲的霸权。荷兰崛起后，西欧国家对非洲的殖民侵略接踵而至。荷兰商船沿非洲西海岸不断前进，并在黄金海岸建立了商站。

16 世纪末，荷兰人趁葡萄牙实力衰落之际，两度袭击圣多美。1626 年荷兰封锁了圣多美。当时的海上殖民力量还有法国和英国。葡萄牙为了对付荷兰，邀请英国"进驻"圣多美。1630 年，圣多美实际上被英国控制，而且在当时只能用船只同外部保持联系。17 世纪早期，葡萄牙在西部非洲有四块殖民地：一是佛得角和上几内亚湾，这个地区捕获奴隶的数量有限，对满足巴西庞大的需求无足轻重，荷兰殖民者毫无兴趣；二是黄金海岸，这里对荷兰非常有吸引力，其很早就在此建立了据点，并逐步排挤葡萄牙；三是几内亚群岛，这里是葡萄牙重点防卫的地区，不仅产糖，而且是贩运奴隶的基地，意义重大；四是安哥拉和刚果王国，这里有三个据点，90% 被运往巴西的黑奴是从这里捕获的。17 世纪中期，荷兰进入劫掠非洲的极盛时期，一度占领安哥拉，进攻葡属东非，在资本原始积累时期，它已在好望角建立了开普殖民地。葡萄牙把奴隶贸易外包给个别商人，但他们根本不是荷兰特权垄断公司（荷属西印度公司）的对手，在欧洲其他国家陆续加入竞争行列之后，葡萄牙被排挤出西非市场。当时对奴隶贸易的竞争集中在几内亚湾一带：自布朗角到刚果河河口。由于黄金海岸和奴隶海岸沿海地区人口众多、文明程度较高、商业发达，易于获得所需奴隶，而前往美洲的航船又需要经过这一带，因此对这一地区的竞争最为激烈。17 世纪下半叶，随着拉丁美洲种植园的发展，由于位于欧洲通往印度、西非、美洲的航道上，圣多美和普林西比成为殖民者进行"三角贸易"的远洋船队的抛锚地，即贩卖黑奴的中转站、黑奴储运中心。荷兰在这些地区拥有 40 多个堡垒和商站，并把从葡萄牙人手中夺来的埃尔米纳堡作为大本营。荷兰拥有的商船吨位占当时欧洲总吨位的3/4。荷兰约有 15000 艘船，利用这一优势，荷兰的贩奴船四处活动，出现在美洲的多个港口，并向法属和英属殖民地输入奴隶。虽然当时西班牙没有承认荷兰独立，但西班牙的殖民地不得不接受由荷兰输入的奴隶。西印度群岛中的荷属殖民地已成为荷兰在美洲运输和分配黑奴的中心。被大量输入圣多美岛的奴隶种植甘蔗、棕榈树，发展商业，使圣多美岛的经济有了一定发展。荷兰的奴隶贩子先把成千上万名来自非洲大陆的黑人运到圣多美岛，再将其运到美洲，其中不少人在这里被折磨致死。

贩卖奴隶的暴利使英国、法国、瑞典、丹麦等纷纷在西非建立堡垒和商站，列强之间对此展开激烈的争夺。荷兰由于国土面积较小，综合实力有限，不久之后被英国取代，逐渐被排挤出非洲大陆，但是直至19世纪，它在西非沿海仍保有12～13个商站。此外，荷兰还曾一度占领毛里求斯岛（1598～1712年称摩里斯），并将其作为从马达加斯加岛掠取奴隶的根据地。荷兰进行奴隶贸易的时间仅次于葡萄牙，它究竟从非洲运走多少奴隶难以估计。在殖民者的残酷虐待下，来到圣多美岛上的奴隶没有一个返回家乡，因为这无异于踏上"不归路"，当时，非洲人听到"圣多美"就会产生恐惧感。

1648年10月，圣多美岛和普林西比岛重归葡萄牙，但葡萄牙殖民帝国的威风不再。葡萄牙在非洲遇到挑战，便把殖民中心转向更为广阔和富饶的南美大陆。巴西种植园的发展使葡萄牙逐渐恢复实力，有了巴西的支持，葡萄牙实力大增。另外，前殖民总督皮埃尔·特罗瓦达和他的妻子恰维斯（圣多美市所在的海湾以她命名）组织力量驱逐荷兰人。1648～1709年，葡萄牙王室依然把这两个岛作为王室领地直接管理，但这两个岛的发展情况远远不如过去。

3. 法国对圣多美的殖民统治

波旁王朝亨利四世即位后，主动结束了困扰法国的三十年战争，令法国的经济得以复苏。路易十四亲政后，专制王权进入极盛时期。路易十四加强封建中央集权统治，大力削弱地方贵族的权力，促进资本主义工商业发展。同时，路易十四通过与哈布斯堡家族进行战争，使法国陆上边疆不断延伸，法国也在海外加大了同西班牙、葡萄牙的争夺力度。在对西非的奴隶贸易竞争中，法国扮演了重要角色。法国早在资本原始积累时期便已觊觎葡萄牙在非洲的殖民地，先是夺取马达加斯加岛，占领留尼汪岛，此后又入侵塞内加尔，建立圣路易堡，并将其作为继续扩张的中心。1709

年，法国夺取了荷兰在非洲西岸的一些据点之后，顺便从葡萄牙手中夺取了圣多美岛，同时以果雷埃岛为军事据点，不断派出探险家、商人和传教士深入塞内加尔内地。进入自由资本主义时期后，法国除扩大在西非的侵略范围外，还占领了阿尔及利亚，并企图控制埃及和渗入埃塞俄比亚等地区。法国殖民者凭借善于拉拢当地上层人物、学会当地语言的本领，骗取塞内加尔、象牙海岸、达荷美、尼日尔和加蓬等的酋长与其签订许多条约，巩固了在塞内加尔的殖民统治，奠定了侵略西非的基础。此时法国开始萌生把塞内加尔与阿尔及利亚连接起来、霸占西北非洲一大片领土的野心。18 世纪中叶，法国奴隶贩子运走的非洲奴隶估计每年为 36000 ~ 45000 人。法国商人除了把西非奴隶贩运到美洲外，还从东非沿岸及马达加斯加岛把奴隶运往毛里求斯和留尼汪岛，仅在基尔瓦一地，法国在三年内就运出奴隶 15 批，平均每批为 280 人。奴隶贩运大大促使法国里昂、波尔多和南特等港口繁荣。圣多美岛作为奴隶转运中心的地位进一步巩固。

18 世纪，法国卷入一连串战争。1715 年，葡萄牙趁机重新占领圣多美岛。1702 年的西班牙王位继承战争、1740 年的奥地利王位继承战争、1754 年的七年战争大大消耗了法国的实力，在七年战争结束的时候，法国的实力大衰，丧失大部分海外殖民地，但法国在圣普依然保留进行奴隶贸易的特权。在路易十五统治时期（1715 ~ 1774 年），虽然法国的经济有所发展，但专制王权日趋衰落。新兴工商业阶层日益感到政治地位与经济实力不相称，对关卡制度、行会条例和不公平的征税制度极为不满，尤其反对贵族和教士拥有贩奴特权，要求分享贩奴利益。北美独立战争时期，法国的贩奴活动重趋活跃，乘机从圣多美把大量奴隶运往美洲，并一直持续到 19 世纪。拿破仑战争期间，圣多美是世界上最大的奴隶转运市场。1809 ~ 1815 年，有将近 33000 名奴隶被送到圣多美岛，其中绝大部分被转运到巴西和古巴。据不完全统计，几个世纪里，仅从佛得角群岛运到圣多美待售的奴隶就有 13 万人，远远超过当时圣多美和普林西比的总人口数。

4. 英国在圣多美的奴隶贸易

英国商人从 16 世纪中叶起就在西非进行贸易，后来在西非建立了商站和堡垒。1651 年，英国从荷兰手中夺取圣赫勒拿岛并将其作为中转站，继而夺取了荷兰的开普殖民地。1689～1815 年，英法发生七次战争，有时西非会成为战场之一，塞拉利昂以西到喀麦隆一带几乎为英国独霸。在对奴隶贸易的竞争中，虽然在时间上英国从事罪恶的贩奴活动较葡萄牙、荷兰和法国要晚且短，但由于英国拥有世界范围内的海上霸权，在美洲占有广大殖民地，国内迅速完成资本的原始积累，出现了资本主义手工业工场，这为其贩奴和蓄奴创造了条件，英国仅从非洲运走的奴隶就比其他国家运走的总数多 4 倍，成为奴隶贸易的罪魁祸首。许多英国城市的发展和繁荣是和奴隶贸易紧密联系在一起的。例如，利物浦在 1700 年不过是一个港口小城市，人口勉强达到 5000 人，而到 18 世纪 70 年代则变成拥有几万人的大城市，港口停泊着几百艘商船。英国奴隶贩子为扩大奴隶市场，获得更多利润，极力向其他国家的殖民地输入奴隶。另外，英国对西班牙的"契约"特权垂涎已久。[①] 1713 年的《乌得勒支条约》使英国终于如愿以偿向西属美洲殖民地输入奴隶，这不仅使英商向西属殖民地贩运奴隶合法化，而且在代理人的"契约"掩护下，英商可以输出其他利润丰厚的违禁商品。"契约"规定，英国能够运输的奴隶数目每年为 4800人，30 年为 144000 人，实际上，英国每年所运奴隶数目高达 15000 人。在从非洲贩卖的黑奴中，英商贩卖的数目占一半以上，其中一大半通过圣多美转运。到 18 世纪后半期，英国的奴隶贩运达到了极盛时期，而且在美国独立使其丧失大片殖民地后，奴隶贸易也未衰退。

5. 美国与圣普的奴隶贸易

美国是转运到圣多美的黑奴的最大买主，也是废除奴隶制最晚的国家。在贩运黑奴的国家中，美国后来居上。美国大量使用黑奴，美国奴隶贩子的罪恶活动在黑奴贩卖史上也占有重要地位。早在 1638 年，英属北美殖民地新英格兰的商人就用船只从事黑奴贩运活动。17 世纪末，纽约州贩运的

---

① 1513 年，西班牙国王正式颁发执照，允许商人在缴纳一定数量的捐税后，把西非黑人输往西属美洲殖民地。不久之后，这个办法就发展为臭名昭著的、被称为"契约"的贩奴特权。

奴隶不仅可以满足本地的需要，而且可以把部分黑奴运往南部各州。南部各州经济的发展完全依靠剥削黑人的劳动，这为大西洋奴隶贸易提供了广大市场，南部各州商人积极进行奴隶贩卖。南卡罗来纳州在 17 世纪中叶制定的法律鼓励输入黑奴：凡输入男奴 1 名的移民可以得地 20 英亩（相当于80937.13 平方米）、输入女奴 1 名的移民可以得地 10 英亩（相当于40468.56 平方米）。北美殖民地的若干州对被贩卖而来的奴隶课以重税，这并不是为了反对奴隶制，而是为了鼓励获得免税优待权的本地商人自行贩运奴隶，同时这样可以增加州的财政收入。英国取消"皇家非洲公司"的贩奴垄断权和从西班牙取得"契约"特权刺激了北美殖民地奴隶贩子的活动。美国独立后，《独立宣言》并未谴责贩奴行为，也未触动奴隶制，奴隶贩子的活动更加猖獗。美国在南北战争后期宣布废止奴隶制，将"废奴"载入宪法，明令禁止奴隶贸易，但在此时这只不过是一纸空文。美国与英国一起在非洲沿海搜捕贩奴船，美国贩奴船在英国的掩护下明目张胆地航行，美国贩奴船继续出没于西非沿岸和西印度群岛。1792 年，美国种植园主改种棉花并增辟土地，扩大经营范围；1803 年，美国从法国购得"路易斯安那"，对黑奴的需求量急剧增加，贩奴活动有增无已。19 世纪上半期，欧洲的奴隶贸易接近尾声，美国的贩奴活动却变本加厉。官方法律制裁和舆论谴责都没有阻止美国商人广泛地进行黑奴贩运。据美国驻哈瓦那领事的报告，美国船只经常通过圣多美把黑奴运到古巴，然后将其转运到美国大陆，其中运往得克萨斯州的黑奴每年达 15000 人，另外，墨西哥湾的贝岛经常有大量黑奴待运。最令人难以置信的是，在许多国家通过禁止贩卖奴隶法令近 50 年后，美国奴隶贩子和奴隶主竟公开提出废止禁止贩卖奴隶法令，力争把从非洲贩运奴隶的活动合法化。在美国政府的纵容和奴隶贸易高额利润的刺激下，美国的奴隶贸易猖獗一时。尽管黑奴的死亡率高得惊人，但在美国独立后，黑奴的数量还是直线上升。据估计，1760 年，美国黑奴为 70 万人，1830 年超过 200 万人，1860 年则已超过 400 万人，由此推论，在殖民列强从非洲运走的黑人奴隶中，有 5% 是由美国奴隶贩子运出的（这一估计比较客观，不会偏高）。被贩卖到美洲的黑奴主要被劫掠自西非，通过圣多美转运，这给圣多美带来了充满罪恶的"繁荣"。

6. "奴隶贸易"给非洲带来深重的灾难

殖民者在长期贩卖黑人的过程中，逐渐形成了一套一本万利的"奴隶贸易制度"。他们贩运奴隶一般具有"三角航程"：一艘载运廉价商品的商船从欧洲港口出发，到达非洲西海岸，这被称为"出程"；这艘商船从非洲圣多美满载黑奴，横渡大西洋，驶往美洲，这被称为"中程"；用奴隶换取美洲殖民地的原料和金银后，商船返回欧洲，这被称为"归程"。欧洲资本家从"非洲黑人的血浆"中榨取了巨额利润。一次"三角航程"通常需要6个月，奴隶贩子可做三笔买卖，获得100%～2000%的利润，例如，美国巴尔的摩的一条名为"爱神号"的贩奴船的建造费为3万美元，第一次出航就赚得20万美元；英国贩奴船"企业号"，一次载运362个奴隶，得净利24430美元，平均贩卖每个奴隶可得净利约67美元。由于奴隶的卖价一般为买价的50倍，许多奴隶贩子跑了几趟"三角贸易"，回到欧洲变成巨富。

从16世纪初到19世纪末的奴隶贸易，给非洲大陆带来了极其深重的灾难，被运送到美洲的黑奴至少有1500万人（考虑到因"猎奴战争"互相残杀死亡的、从内地到沿海途中被折磨致死的，以及在横渡大西洋时被抛入大海等而死亡的奴隶，实际数目更多）。据统计，17～18世纪，非洲人口占当时世界总人口的1/5，而20世纪初则下降为1/13。奴隶贸易和"猎奴战争"使原来繁华的城市变为荒凉的村落，道路遭到破坏，甚至整个部落灭绝，这使非洲农牧业和手工业完全衰落。奴隶贸易和"猎奴战争"还破坏了非洲各族人民发展的正常进程，影响了民族国家的形成。1791年8月23日，黑奴在圣多明各岛（现海地和多米尼加共和国）起义，废除横跨大西洋的贩奴贸易的斗争从此开始。后来，联合国教科文组织把8月23日作为"贩卖黑奴及其废除的国际纪念日"。西方崛起的秘密说穿了就是两个字——"抢劫"，对外抢劫财富，对内抢劫人民。

殖民者在圣多美岛的贩奴历史就是西方罪恶的真实见证。

三　葡萄牙圣普奴隶制种植园简史

葡萄牙殖民者殖民圣普各岛期间，利用当地独特的自然条件，开设奴隶制种植园，获得巨额财富，进行奴隶贩卖并屠杀了大量黑人奴隶，充满了殖民罪恶。

　　葡萄牙殖民者开辟甘蔗种植园。1486年，第一批葡萄牙探险者在圣多美岛的北部海滩定居。面对欧洲消费者对蔗糖的大量需求，占领印度果阿的葡萄牙殖民者把印度的甘蔗引种到圣多美，这里的气候和土壤条件非常适合甘蔗生长，可以随时种植，四季均可收割。葡萄牙殖民当局把国内的政治犯和其他罪犯流放到这里种植甘蔗，建立了大批早期种植园。随着甘蔗种植园经济的兴起，葡萄牙人开始从非洲大陆劫掠黑人，使其在甘蔗种植园工作，甘蔗种植园的规模不断扩大，这里很快成为葡萄牙的"糖岛"和"热带乐园"。17~18世纪，由于荷兰和法国的争夺与战争破坏，圣多美的种植园经济持续低迷。美洲加勒比和巴西地区新辟的甘蔗种植园蓬勃发展，圣多美的地位开始下降。1754~1852年，葡萄牙殖民者将圣多美和普林西比首府从圣多美岛迁移到普林西比岛的圣安东尼奥。奴隶贸易重新兴起。

　　咖啡和可可种植园重振圣多美经济（这一时期被称为葡萄牙第二次殖民时期）。从19世纪早期开始，咖啡和可可被引入圣多美和普林西比，这里肥沃的火山土极适合它们生长。① 随后这里发展了与之相关的大型种植园及加工业。从印第安人统治的阿兹特克时期开始，中美洲就种植可可，但是仅限赤道以北18°和以南15°的一小块地区。19世纪早期，欧洲人被咖啡和可可的"神奇"吸引，其成为上至贵族教士、下至平民劳工的日常消费品，他们对咖啡和可可需求量逐渐增多。1820年，普林西比出产了第一批可可豆。可可可以很好地适应普林西比的条件时，就被扩种至圣多美。葡萄牙殖民者占据大片肥沃的土地，建立超级可可种植园，但黑奴依然一无所有。

　　殖民者的"糖岛"和"热带乐园"是非洲人的屠场和人间地狱。那

---

① 参考保罗·理查德森于2003年出版的《嗜好：在地球上搜索巧克力》。原产美洲的可可豆一旦经过长途运输就会失去繁育能力，但是一个叫若昂·巴蒂斯塔·席尔瓦的巴西人在尚未出现便携式温室的条件下，携带可可豆穿越大西洋，奇迹般地保持了可可豆的繁育能力。这至今还是个谜。

些被劫掠来的黑奴，没有任何人身权利和自由。在殖民者的眼里，他们只不过是会说话的牲畜。他们中的许多人因过度劳累或被非人的生活条件折磨而死，有的则在皮鞭或枷锁中丧生。1910 年之前，到达圣多美和普林西比的非洲黑奴多死于热带疾病和殖民者的虐待，没有一个能活着回到非洲大陆。葡萄牙当局把本国罪犯也流放到圣多美岛，他们至死不能回归故里，因此，这些葡萄牙人把圣多美岛之行视为畏途，久而久之，圣多美岛又被称为"死亡之岛"①。

19 世纪上半期，国际上把奴隶贸易视为非法。当时，圣多美和普林西比的可可生产正处于顶峰时期，每年需要 4000 多名劳工，这样的话，全国劳工总数要保持在 30000 ~ 40000 人。为了补充劳动力，葡萄牙殖民者变换手法，通过代理人从安哥拉、佛得角、莫桑比克等地招募大批"契约劳工"，来圣多美和普林西比的咖啡种植园、可可种植园工作，这实际上是变相的奴隶劳动。这些契约劳工到来之前，必须同中介组织（Curador）② 签订契约。根据圣普殖民当局在 1903 年通过的法案，契约期限一般为 5 年，到期后可以延长。每个契约劳工的部分收入被存入遣返基金。设立这个基金实际上是殖民当局减少应支付的工资和降低劳工生活水平的借口，因为在当时没有一个劳工被遣返。劳工被运送到圣多美和普林西比以后，就被分配到各个种植园或者其他商业部门。

同南非的矿山对劳工的需求相比，圣多美和普林西比并不是一个大雇主，岛上恶劣的生活条件使这里臭名远扬，不可能有劳工自愿到这里劳动。但非洲大陆恶劣的自然条件还是把不少人赶到这里。1903 年，佛得角发生干旱，成千上万名赤贫的农民被迫到海外寻找生路，其中 5000 人来到圣多美和普林西比种植园，同种植园代理人签订了短期（一般为 2 ~

---

① 对于圣多美岛为"死亡之岛"，还有另外一种说法。在当时天主教盛行的欧洲，人们相信在作恶者死后，灵魂将被打入地狱。在其将死之时，地狱之神就派出使者，将其灵魂捉住，让其飞向南方（据说地狱的出入口就在南方的某个岛上）。葡萄牙人来到圣多美之后，发现在圣多美峰有一个类似黑洞的火山口，他们认为这就是地狱的门户。这一说法颇为荒谬，但这未尝不是该岛往日历史的真实写照。

② Curador，首次成立于 1875 年，是一个官方中介组织。名义上，其负责保障劳工的福利，安排遣返劳工；实际上，它是种植园主控制、压榨契约劳工的帮凶。

3 年）契约。另外，也有一些中国澳门人、利比亚人、加蓬人来到这里，他们主要是在船上或码头工作。这里最多的契约劳工来自安哥拉，除新签约的劳工外，大部分劳工是 19 世纪被贩卖到这里的奴隶及其后代，他们在获得"自由"后，为了生存，再次同原来的种植园主签订契约，成为现代奴隶制下的契约劳工。值得一提的是，来到此处的中国澳门劳工留下了珍贵的资料。

圣多美和普林西比的现代奴隶制在 19 世纪末 20 世纪初受到国际社会的强烈谴责。这里的卫生条件极差，人口死亡率较高，契约劳工的生存状况引起国际社会的关注。自 1893 年普林西比可可繁荣以来，契约劳工的死亡率高达 200‰，是正常水平的 5 倍。另外，这里的种植园违反契约的现象十分严重，大部分契约劳工在契约存续期间死亡，没有死亡的也未能返回故乡。葡萄牙殖民者的某些做法激起了国际社会的义愤。1909年，安哥拉宣布禁止圣多美和普林西比在安哥拉招募契约劳工。葡萄牙殖民者一方面伪善地修改了契约，把契约期限缩短为 3 年，遣返部分劳工；另一方面开始建立新的招募基地。1910～1917 年，葡萄牙殖民者从莫桑比克招募了 20000 名劳工，从佛得角招募了 8000 名劳工，以增补普林西比种植园劳工。在此之前，普林西比广泛流行昏睡病，劳工大批死亡。从 1921 年开始，契约期满后续约被视为非法，劳工被遣返的情况逐渐普遍。不过，由于非洲大陆自然灾害频繁，劳工还是被不断输入这里。1919～1922 年，干旱使 7500 名佛得角人来到这里寻找生路。1941～1949 年，15000 名佛得角人来到这里谋生，这种状况一直持续到圣多美和普林西比独立。总体上看，由于圣多美和普林西比可可、咖啡种植业的衰退，来到这里的劳工不断减少。1921 年，这里有契约劳工 38000 人，1940 年减少为 28000 人，到 1954 年，仅有 17000 人。弗朗西斯科·若泽·特恩雷罗在《圣多美岛》（*A Ilha de Sao Tome*）中记载："那里有两个世界，一个是奴隶的世界，也就是黑人的世界；一个是奴隶主的世界，也就是欧洲白人主导的世界。"

黑奴和契约劳工的血汗养肥了葡萄牙殖民者。种植园经济的繁荣使葡萄牙殖民者名扬世界，他们对圣普各岛的种植园加大投资力度，甚至专门修建了铁路。从圣普各岛的殖民遗迹可以看到当年这里的繁华。

四 圣普奴隶反抗活动与民族解放运动

非洲黑人热爱自由独立,不屈服于殖民奴役。西方殖民主义者进行的惨无人道的奴隶贸易激起了非洲人民的反抗。圣普人民在席卷整个非洲的反殖民求解放的革命浪潮中觉醒,最终挣脱殖民枷锁,实现独立。

非洲黑人不仅在非洲大陆反抗"猎奴战争",而且在囚奴黑牢中和贩奴船上掀起暴动,反对罪恶的奴隶贸易。1730年,"小乔治号"贩奴船载运96名奴隶,其中男奴为35名。在驶入大西洋的第6天,奴隶无法忍受虐待,砸断镣铐,举行暴动。奴隶们拨转船头,驶回非洲大陆,在登岸后全部逃亡。随着民族解放运动的不断高涨,非洲人民终于挣脱了殖民枷锁,获得了民族独立和政治自由。圣普人民也在民族解放浪潮中实现了独立。

从圣多美和普林西比的热带种植园经济发展情况来看,这里一直是葡萄牙殖民帝国的重要一环。按照常理,这里应该建立与其对帝国贡献相符的公共事务工程、服务和行政体系,以促进发展。但事实上,这里的基础设施和管理制度在世界上臭名昭著:全部土地从来没有经过测量;道路从来没有经过整修;公共健康设施匮乏;公共安全问题严重;逃亡的奴隶和"自由"劳工四处漂泊,时常抢劫种植园。健康问题更为糟糕,首都圣多美就是典型。自1852年重新成为首府以来,这里从未建立过任何卫生设施。葡萄牙当局把圣多美和普林西比人视为罪恶的阶层,根本不愿改善这里的生活环境。城市周围有终年不干的污水沼泽,臭气熏天。城市主要的饮用水源——阿瓜·格兰达河被严重污染。城市曾流行过致命的发热病、疟疾、性病、肠胃病等。当然,富有的种植园主阶层在欧洲地区(如里斯本)、巴西购买了不动产,他们很少在圣多美和普林西比生活。

残酷的殖民主义统治和恶劣的生活条件激起了圣多美和普林西比人民的强烈反抗。1553年,盲人约安·加托和黑人奴隶先后组织领导了起义。

为纪念这次起义,圣多美市最大的广场就以加托命名。

　　1585 年,居住在圣多美岛的安哥拉人在首领雷·阿尔梅多(Rei Amador)的率领下向圣多美市发起进攻,并建立"安哥拉王国",其存续时间长达一年,沉重地打击了葡萄牙殖民者。1693 年,葡萄牙人从本土派了一支远征军征服并屠杀了这些安哥拉人。这个故事在圣多美流传甚广,阿尔梅多被视为当地的民族英雄,他的肖像被印到了圣普的货币上。每年 1 月 4 日被定为阿尔梅多纪念日。18 世纪,葡萄牙殖民当局在圣多美东南部地区设立了一个安哥拉人"酋长"专区,由安哥拉人担任酋长。1815 年,当地还建立了一个安哥拉人教堂,当时安哥拉人估计有 332 人。1875 年,这个地方被一个种植园主占领,其在此开辟新的种植园。安哥拉人被驱赶到海边的一个狭长的峡谷中生活,从此,安哥拉人开始以捕鱼为生,同时帮助种植园主转运货物。每个安哥拉家庭均有一个领导者,他们负责同当地种植园主谈判和进行交易。尽管安哥拉人没有土地,也不愿从事田间的劳作,但他们可以从事砍伐森林、捕鱼、运输等繁重的劳动。

　　由于一度被邻国西班牙兼并,与其他新兴殖民帝国如英国、荷兰和法国竞争,葡萄牙帝国开始走向衰落。18 世纪后,葡萄牙加强对巴西及非洲殖民地的统治,巴西殖民者带给葡萄牙的黄金重新振兴了这个帝国。但无奈的是,1755 年灾难性的大地震使葡萄牙首都里斯本的国际地位下降,加上 1822 年巴西的独立和 1890 年英国打击葡萄牙在非洲的扩张企图,都使葡萄牙帝国趋向衰亡。

　　在反殖民主义高涨的 19 世纪,葡萄牙几乎失去了其在南美洲和亚洲的全部领地。为了改变不利局面,葡萄牙把殖民政策投放到非洲,对佛得角、圣多美和普林西比、几内亚比绍、安哥拉和莫桑比克进行直接控制。1820 年,葡萄牙实行君主立宪制。1910 年 10 月 4 日,以葡萄牙烧炭党人协会主席多斯桑托斯为首的共和党人,在部分卫戍部队的支持下于里斯本发动起义,从两艘巡洋舰上对王宫进行炮轰,得到人民群众的响应。1911 年 8 月,葡萄牙立法议会通过共和国宪法,巩固了共和制。1926 年 5 月,卡尔莫纳元帅发动军事政变上台,建立了军事独裁政府。1928 年,葡萄牙殖民者迫于圣多美和普林西比人民的斗争压力，推行新政，在圣普组建新政府，实行部分自治。葡萄牙第二共和国时期，萨拉查成为独裁者，对内推行法西斯专政，对外追随德、意法西斯，帮助佛朗哥军队进攻西班牙共和国政府。第二次世界大战时，葡萄牙名义上保持中立，实际上亲近轴心国，二战后于1949年4月加入北大西洋公约组织，同年6月接受"马歇尔计划"，并试图在圣普维持殖民统治。

第二次世界大战后，民族独立运动在非洲大陆蓬勃发展，圣多美和普林西比人民开始觉醒，进行反殖民活动。葡萄牙殖民者在当地采取族群治理的办法，把土生圣普人称为弗洛斯人，意思是自己内部人，以区别于契约劳工。弗洛斯人属于奴隶后代，是土生的混血人，但不是完全意义上的公民，在经济上被边缘化，不能拥有土地，只能接受葡语教育。同时，总督卡洛斯·格古里奥（Carlos Gorgulho）加强了对黑人反抗运动的武装镇压。由于缺乏教育（直到1952年当地才开设中学教育课程），弗洛斯人没有机会进入殖民地政府部门，地位低下。葡萄牙曾经尝试抵抗殖民地人民发起的非殖民化运动，并因此爆发了殖民战争（1961～1974年）。为了维持殖民统治，葡萄牙当局于1951年宣布取消圣多美和普林西比王室殖民地，改称其为圣多美和普林西比海外省，由总督直接控制。在总督管理下，葡萄牙白人享有政治经济特权，黑人无任何政治经济权利。为了弥补劳工的不足，葡萄牙殖民者强迫当地黑人在种植园劳作。虽然葡萄牙在1876年正式废除奴隶制，但强迫劳动的做法仍在继续。来自安哥拉的契约劳工对被强迫劳动与恶劣的工作和生活条件表示不满，偶尔发生骚乱。1953年2月3日，圣多美岛巴特帕地区发动了反对葡萄牙统治的起义，遭到葡萄牙军队的血腥镇压，1032人被杀害，这就是圣普历史上有名的巴特帕大屠杀。在以后的20年内，圣普没有公开出现反对力量，但大屠杀刺激了当地作家和知识分子的爱国热情，他们中的许多人在争取民族独立的过程中扮演了重要角色。该事件成为圣普反对葡萄牙殖民统治的转折点。争取独立运动的政治家和学生开始在海外建立基地，他们在加蓬集中，葡萄牙的殖民统治已无法继续下去。

20世纪50年代后期，殖民地独立运动席卷整个非洲。1960年6月，圣多美和普林西比解放运动（The Movement for the Liberation of Sao Tome and Principe，MLSTP，简称圣普解放运动）的前身圣多美和普林西比解放委员会（The Committee for The Liberation of Sao Tome and Principe，CLSTP，简称圣普解放委员会）在加蓬成立，掀起了圣多美和普林西比人民反对葡萄牙殖民统治、争取民族独立解放的高潮。在圣普解放委员会的领导下，当地人民争取独立的斗争迅速发展而且富有成效。1962 年，圣普解放委员会得到联合国的承认。从此，圣多美和普林西比人民的斗争得到国际社会的广泛支持。20 世纪 60 年代末，葡萄牙社会主义和反对殖民主义的先驱乌里奥·索里（Múria Soare）逃亡到圣多美，开始组织、联络当地青年和知识分子调查巴特帕大屠杀，并向国际社会公开真相，当地人逐渐觉醒。为反抗葡萄牙的殖民统治，圣多美和普林西比多次发动起义。在殖民体系面临重大危机的背景下，1974 年 4 月，葡萄牙国内的一批中下级军官发动政变，推翻了卡埃塔诺（1968～1974 年，Marcello Caetano）的法西斯政权，新政权宣布实行非殖民化政策。卡埃塔诺法西斯政权在很大程度上是在非洲大陆殖民地（包括几内亚比绍、莫桑比克和安哥拉）解放战争的打击下崩溃的。佛得角、圣多美和普林西比的独立使葡萄牙其他殖民地的人民受到极大鼓舞，在内外革命力量的配合下，葡萄牙当局被迫让步，决定放弃所有海外殖民地。

1974 年 11 月，作为圣普人民的唯一合法代表，圣普解放运动与葡萄牙当局在阿尔及利亚签署《阿尔及尔协议》。12 月，圣普成立了以莱昂内尔·马里奥·达尔瓦为总理的过渡政府。在 1975 年 7 月举行的新的立法议会选举中，圣普解放运动获得了全部 16 个席位。为避免受到清算，葡萄牙人迅速撤离，几乎没有带走任何东西，包括房子、家具、拖拉机，但对种植园进行了大肆破坏。获得解放的将近 80000 名奴隶的后代和契约劳工对摆脱了种植园严格制度的生活完全没有经验，对于圣普人来说，走完全自主的道路充满艰辛。

1975 年 7 月 12 日，圣多美和普林西比宣告独立，结束了葡萄牙 500 多年的殖民统治，建立了独立的国家，定国名为圣多美和普林西比民主共和国。曼努埃尔·平托·达科斯塔当选首任总统。

第二节 当代简史

独立之后,圣普人民缺乏独立的治国经验。苏联向圣普提供了多方面的援助,圣普人民模仿社会主义苏联建设了自己的国家。令人遗憾的是,受多方面因素制约,圣普依旧没能改变单一种植的经济结构,陷入贫困之中。1991年,执政党主动变革,走上多党制民主化道路。在多党制民主体制下,几个主要政党势均力敌,政府频繁更迭、社会动荡、经济发展缓慢。经过20多年的探索,圣普在政治上逐步走上正轨,但经济依旧面临重重困难。

一 圣普解放运动执政时期

1975年7月12日,圣多美和普林西比宣告独立。圣多美和普林西比解放运动在反对殖民统治、建立独立国家的过程中,功绩显著,深受人民爱戴和支持。独立之初,其作为唯一的合法政党,担负了领导人民建设国家的重任。曼努埃尔·平托·达科斯塔作为该党创始人和独立之父,担任首任总统。

圣普独立后,达科斯塔和他的战友满怀激情建设新的国家,但国家经济体系伴随殖民体系也开始崩溃。西方国家抛弃了这个偏僻的岛国,不愿提供援助,同时圣普失去了原有的出口市场。圣普解放运动执政领导层为避免新生国家崩溃,决定走一条"非资本主义道路",待各方面成熟时建设社会主义国家,开始效仿苏联进行中央集权管理。达科斯塔是民族解放的斗士,在民主德国学习期间,接受了社会主义和民族独立思想。政治上,推行比较激进的政策,对反对派施以高压,排除异见人士,其中包括独立运动时期的领导人,甚至取消了总理这一职位,由总统领导一切。圣多美和普林西比解放运动是执政党和全国唯一政党,其党章规定:"圣普解放运动是反对新殖民主义和帝国主义的民主力量的革命阵线,将领导人民建设一个没有人剥削人的合理的新社会,但目前需要有一个非资本主义道路的过渡时期,长远目标是建设社会主义国家。"外交上，奉行不结盟政策，愿意在和平共处五项原则的基础上与其他国家发展关系；反对帝国主义和种族主义，主张各国的事务由各国人民自己管理，反对外来干涉；主张非洲团结，支持非洲民族解放运动；主张建立国际经济新秩序。这一时期，达科斯塔和圣普解放运动一直与苏联、中国、民主德国和古巴保持密切联系。经济上，实行国有化政策。政府接收了28家原为葡萄牙人所拥有的种植园，并将其改成国营企业，主张优先发展农业并大力发展旅游业。葡萄牙人在当地遗留了一些基础设施，但由于缺乏资金和人力资源来维护和保养，基础设施水准迅速下降。同一时期，国际可可价格暴跌，圣普需要大量进口食品，而且农业和制造业产品也需要进口，经济十分困难。在达科斯塔的领导下，国家以民生为导向，建立了优良的卫生和教育体系，直到今天，其依然继续为国家服务。

在困难面前，圣普解放运动领导层发生分歧，分为两派：一派以当时的总书记达科斯塔和外事书记特罗瓦达为首，因有海外留学经历，其被称为国外派；另一派则以桑托斯夫人等4人为首，其被称为国内派。经过较量，以桑托斯夫人为首的4名国内派成员被开除出政治委员会。但特罗瓦达和达科斯塔也分道扬镳，实行多党制后，他们分别成为不同政党的核心人物。

达科斯塔执政时期。在制宪议会上，达科斯塔当选总统兼革命武装力量总司令，同年12月兼任农业、土地改革和国防部部长。1977～1978年兼任劳工和社会安全部部长。1978年2月至1982年兼任领土整治部部长。1979年兼任国家安全部部长。1979年3月特罗瓦达的总理职务被撤后，兼任代理总理，同年4月取消总理职位，1979年4月9日至1988年1月8日兼任政府首脑。

达科斯塔进行政治与经济转轨尝试。由于经济日益困难，1985年，达科斯塔承诺在政治上和经济上尝试进行改革，逐渐脱离社会主义阵营。从1987年起，开始执行经济结构调整计划，逐步向私有化转轨，但收效甚微。由于面临国内外压力，1987年10月，圣普解放运动中央委员会宣布进行政治和宪政改革。这次改革是限定在一党专政下的改革，包括进行普遍、直接选举国家元首；秘密投票选举国民议会；允许同一政党内有不同政治观点存在等。1988 年 1 月，重新设立总理这一职位。1988 年 3 月，多斯桑托斯（Afon sa dos Santos，圣普解放运动前成员）带领44 名流亡海外的反对派武装人员从喀麦隆出发，组织武装登陆，企图颠覆达科斯塔政权。但这次行动"拙劣"，所有人员均被逮捕。1989 年 9 月，多斯桑托斯被判处 22 年有期徒刑，其余人员均被监禁，后被驱逐，但国内民主化进程由此开始。

苏联解体后，西方国家在非洲大力推广西方民主化模式。在非洲民主化浪潮中，圣多美和普林西比解放运动的执政地位受到冲击。1989年底，由于经济日趋困难，圣普解放运动内部出现纷争，达科斯塔在执政党会议上宣布引入政治多元化政策和市场经济。1990 年，圣普成为第一个接受民主改革和宪法改革的非洲国家，准备直选总统，在全国实施多党民主制。1990 年 8 月，经圣普解放运动中央委员会提议，72%的国民议会代表同意，圣普实行新的宪政体制。1990 年 8 月，全民公决通过新宪法，其中规定："圣普是一个独立的主权国家，是建立在基本人权基础上的民主法治国家。政教分离、司法独立、保障人权和多党民主。总统和议会由普选产生。"新宪法限制了总统任期和连任次数，根据规定，"总统是国家元首、武装力量总司令，由普选产生，任期为5 年，可连任一届。总统有权任免总理、解散国民议会以及颁布法律、法令和命令等。"1990 年 9 月颁布新宪法和政党法，实行多党制。同年10 月，执政党改旗易帜，修改党章和党纲，接受社会民主党的原则，并将党名改为圣普解放运动—社会民主党，达·科拉斯博士接替达科斯塔担任党的总书记。1990 年多斯桑托斯（已被赦免）将全国抵抗阵线改造为基督教民主阵线（PDC）。另外，民主联盟（CODO）——三个过去被流放的反对派联合党派——在涅托（Albertino Neto）的领导下成立。对执政党最大的挑战来自丹尼尔·利马·多斯桑托斯·达约领导的民主统一党—思索小组（PCD-GR），这是由之前圣普解放运动内持不同政见者组建的，其中一些成员是年轻而独立的专业人士。

在 1991 年 1 月 20 日举行的新一届国民议会选举中，民主统一党—思索小组得到 54% 的选票，获得 33 席，而圣普解放运动—社会民主党仅获得 30.5% 的选票，获得 21 席。民主联盟获得了剩余的 1 席。2 月，在丹尼尔·利马·多斯桑托斯·达约的领导下，组成新政府，以为即将到来的总统选举做准备。

1991 年 3 月 3 日，圣普历史上首次民主化总统大选举行。共有 5 名候选人参选。达科斯塔为参加竞选而辞去总统职务，并退出圣普解放运动—社会民主党，后来又宣布放弃总统竞选。圣普解放运动—社会民主党没有提出新的总统候选人，除米格尔·特罗瓦达外，剩余的三个候选人中又有两个宣布退出。前总理米格尔·特罗瓦达从 1986 年起流亡海外，回国后组建了民主统一党—思索小组，这次作为独立候选人参选，并当选圣普首任民选总统，4 月 3 日宣誓就职，组建了以丹尼尔·利马·多斯桑托斯·达约为总理的新政府。

达科斯塔领导下的圣普解放运动（圣普解放运动—社会民主党）执政期间，政治上不够民主，经济上控制过严，同时由于受到政治民主化、丢失可可和咖啡等国际市场的冲击，出口收入锐减，圣普经济困难，引发人民不满。这一时期，圣普建立了远超其他非洲国家的卫生和教育体系，国民社会保障体系比较健全。1981 年，国内生产总值为 11 亿多布拉（约合 2760 万美元）；1990 年，国内生产总值为 4000 多万美元。圣多美和普林西比依然是世界上最不发达的国家之一。

二　多党制民主化时期

1991 年 3 月，圣多美和普林西比举行独立后的首届多党制总统大选，执政多年的达科斯塔宣布退出选举，从而使反对党候选人、前总理、民主统一党—思索小组候选人米格尔·特罗瓦达当选新一届总统。圣普正式进入多党制民主化时期。

特罗瓦达执政以后，进行改革：实行总统、国民议会、政府和法院四权分立制；健全法制体系，精简机构；整顿经济秩序，推行企业私有化和市场自由化政策。执政党民主统一党—思索小组认为，1990 年宪法授予总统的权力过大，应通过修改宪法限制总统的权力，这直接导致发生政治危机。

1992年初，总统与总理之间的合作关系破裂，一场政治危机即总统权力危机发生。与此同时，作为获得经济援助的前提，国际货币基金组织和世界银行在1991年提出的紧缩财政措施对圣普来说过于严厉，圣普人民的生活水平急剧下降，民众对政府的不信任增加。1992年4月，该国发生了两次大规模的民众示威活动，反对过于严厉的经济调整计划。1992年4月，特罗瓦达总统解散了丹尼尔·利马·多斯桑托斯·达约政府。理由是政府成立一年来，人民生活水平持续下降，国内生产总值只有5000万美元，而外债高达2.5亿美元。由于债务过多，圣普无法参加许多国际会议和国际组织的活动。丹尼尔·利马·多斯桑托斯·达约被解职后，执政的民主统一党—思索小组召开中央全会，研究成立新政府的问题。当时党内分为两派：以国民议会领袖诺伯托·达尔瓦·科斯塔·阿莱德雷和政治委员会成员阿尔塞米罗·多斯普拉塞雷斯为首的一派认为，民主统一党—思索小组放弃权力，让反对派组阁；另一派即多数派则主张，成立民主统一党—思索小组政府，但吸收被公认为有才干的无党派人士入阁。最终，多数派获胜。4月27日，民主统一党—思索小组推荐诺伯托·达尔瓦·科斯塔·阿莱德雷为总理。由于对诺伯托·达尔瓦·科斯塔·阿莱德雷在担任上届政府的财政和经济部长时执行的财经政策的不满，以前的执政党此时的反对党圣普解放运动—社会民主党组织了多场示威活动，要求罢免他的总理职务。另外，新总理和总统在内阁成员，特别是外交、国防和司法部部长的人选上争执不下。总统坚持让总统府秘书长担任外交部部长，但总理对外交（包含国际合作事务）大权坚持不让步。最后，总统特罗瓦达做出让步，结束了这场政治危机。

1992年9月6日，在独立后的第一次地方选举中，执政的民主统一党—思索小组遭遇重大挫折，在61个席位中仅获得15席，未能获得全国七个地区的行政首长职位。相反，圣普解放运动—社会民主党分别获得了38席和5个职位。民主独立行动小组分别获得剩余的8个席位和1个职位。然而，政府拒绝接受反对派提出的"政府辞职，建立一个新的民族团结政府或者举行新的国民议会选举"的要求。

1994 年初，总理同总统的关系再度恶化。民主统一党—思索小组政府指责总统特罗瓦达有预谋、有组织地破坏政府制定的政策，导致双方关系再度紧张。特罗瓦达总统解散了诺伯托·达尔瓦·科斯塔·阿莱德雷政府，理由是"制度的冲突"。作为这一决定的证明，总统指控执政党忽视公民投票决定，试图以议会制（国家元首总统虚设）代替半总统制（国家元首总统享有行政权）。随后，特罗瓦达总统又解散了国民议会，并宣布在 10 月 3 日举行新的国民议会选举。在这次选举中，圣普解放运动—社会民主党获得了决定性胜利，一举夺得 27 个席位，仅差 1 个席位即过半数。民主统一党—思索小组和民主独立行动党均获得了 4 个席位。这次公民的投票率仅为 50%，反映出人民对民主化的失望及对这个国家的社会和经济前景的悲观看法。新内阁在 10 月底成立，成员几乎都是圣普解放运动—社会民主党成员。

经济社会问题。由于历史和政治原因，曾有大批圣多美人逃到加蓬，并在那里生活。1995 年 2 月初，加蓬政府称，到 2 月底以前，仍没有合法身份的外国移民将被驱逐出境。圣普政府为此向国际社会呼吁提供国际援助，以解决 6000 ~ 7000 名将从加蓬回来的圣多美人的生活问题。3 月，大约 1500 名圣多美移民被遣返。4 月，由于对政府挪用国际社会为他们提供的援助感到不满，大约 50 名移民试图占领总理办公室，在政府让步后，这一事件得以平息。

1995 年 2 月中旬，为了缓解不断上涨的生活支出造成的社会紧张氛围，政府宣布国民工资提高 64% ~ 90%，并且规定公共和私有部门必须在月底前完成这一任务。2 月底，为了减轻世界银行冻结资金给政府造成的困难，政府宣布实行严厉的经济控制措施，如燃料价格提高 25%、解雇 300 多名公务员、提高利率。

1995 年 3 月，普林西比举行了自治后的首次选举：选举 7 名地方立法议员组成地方立法议会，选举 5 人组成地方政府。这次选举是依据 1994 年国民议会通过的法案进行的。在这次选举中，圣普解放运动—社会民主党获得了绝对的胜利，民主统一党—思索小组和民主独立行动党并没有提出自己的候选人，但坚持支持当地的反对派组织。4 月，地方自治政府开始运作。1995 年 3 月底,当地政府同安哥拉的一家企业(The Wello Xaoier Group)达成了一项协议。该协议允许其控制阿尔格雷(Porto Alegre)可可种植园,并赋予其优先购买另外四个非农业公司的经营权。另外,当地政府还授予其设立离岸银行的特权。这项协议在全国激起了广泛的抗议。特罗瓦达总统和反对党坚决拒绝这一协议,在抗议声中,这家企业并没有得到协议中涉及的好处。1996 年初,这家企业获得了阿尔格雷可可种植园的经营管理合约。

1995 年 6 月,国家电台工人发动了数天的罢工,要求增加工资 300%,警察控制了该电台,罢工失败。受这次罢工的影响,政府暂缓实施给银行工作人员增加工资 350% 的决定,并成立了一个委员会重新审查政府行政人员的工资水平。随后几个月,社会持续动荡,因为教师、医生也发动罢工,要求增加工资,改善工作环境。

1995 年 8 月 15 日,圣多美和普林西比发生了一起不流血的军事政变。该国大约 30 名士兵在 5 名军官的带领下,发动政变,控制了总统府,拘捕了总统特罗瓦达、总理卡洛斯·达格拉萨和国防部部长保利诺。政变军人宣布成立由年轻军官组成的 5 人委员会,接管政权,并在全国实行宵禁。委员会领导人阿梅尔达上尉在全国广播电视讲话中表示,军队希望恢复国家尊严,并为解决持续困扰这个国家的经济和社会问题做出贡献。这次政变的原因在于,一方面,特罗瓦达总统认为,军队一直支持左翼社会党—解放运动,便提出削减军队人数的决定,这引起军人不满;另一方面,总统的经济改革措施没有成功,导致发生政治冲突和民众骚乱。军人希望亲自掌舵,让国家摆脱危机。[①] 军人政变由于同时代潮流相悖,受到国际社会的联合抵制。美国政府立即批评政变者,要求他们恢复民选政府,否则将取消对该国的发展援助;要求推翻第一任民选政府的反政府军交出政权。法国对政变后的形势表示关注,要求政变者"尊重宪法的合法性"。政变者既面临广泛的国际社会压力,又缺乏建立军事政权的专业水平,同时由于国内各个政治阶层的代表均拒绝与军人

---

① 路透社圣多美 1995 年 8 月 15 日英文电。

站在一起。一个星期后，政变走入死胡同。政变者开始向政府和各政党妥协。在安哥拉外交部部长的调解下，国民议会在8月21日晚通过了一项赦免政变者的法令，军人把政权还给了文官政府，"体面"地结束了这次政变。特罗瓦达的总统职务得以恢复。他发布命令，对政变者实行大赦。随后，特罗瓦达总统改组了武装力量。

民族团结政府的建立。1995年12月底，阿米恩多·瓦兹·阿莱梅达被任命为总理，组织领导民族团结政府。新内阁包括6名成员：4名民主独立行动党代表、1名圣普解放运动—社会民主党和民主联盟党（PDSTP—CODO）代表、1名民主统一党—思索小组成员。但民主统一党—思索小组拒绝加入新政府。面对1995年政变，圣普民主体制经受住了考验，选举机构和管理机构也被证明富有韧性。当然，也有一些学者质疑这是否真的意味着未来实行民主制度能够取得成功。圣普民主体制初步建立后，新的政治文化逐步形成，在模仿西方模式后，从政成为圣普的职业选择，多党制选举成为常态。

1996年2月，在国家选举委员会的提议下，总统选举由3月推迟至6月30日举行。为迎接总统选举，圣普解放运动—社会民主党推举达科斯塔为该党总统候选人，维乌斯被推举为总书记。4月，特罗瓦达在民主独立行动党的支持下，参加总统选举。在总统选举的第一轮投票中，无人取得绝对多数。在7月21日举行的第二轮投票中，特罗瓦达的得票率为52.7%，达科斯塔的得票率为47.26%。特罗瓦达获胜，蝉联总统。达科斯塔承认失败，但他认为在这次选举中有许多不符合法律的地方，并提起诉讼。8月初，高等法院宣布不受理达科斯塔的诉讼，并提议寻求国际法律仲裁。8月20日，达科斯塔出人意料地撤回了诉讼。9月中旬，阿莱梅达内阁被解散，因为他所在的圣普解放运动—社会民主党指责他领导的这届内阁腐败无能，并接受反对党民主统一党—思索小组的资助。11月中旬，以圣普解放运动—社会民主党为主的新政府成立，内阁由9名成员组成，劳尔·布拉干萨·内图任总理，新内阁包括5名圣普解放运动—社会民主党成员、3名民主统一党—思索小组成员、1名独立人士。民主独立行动党依然拒绝加入新政府。特罗瓦达提出各党和解的主张，呼吁各党在国家面临严重危机的情况下以国家利益为重，共渡难关。

1996 年 11 月，内阁向国民议会提出限制总统权力的议案，这个议案的内容是成立一个国家最高委员会，总统在解散国民议会前必须征得它的同意；总统不能同时直接制定外交政策和进行外交活动。与此针锋相对，特罗瓦达提出重新审查宪法，认为应加强总统权力，并建议用总统制代替半总统制政体。

1997 年 4 月，为了结束政府与总统之间无休止的政治斗争，加强民族团结和实现政局稳定，特罗瓦达总统与前总统达科斯塔举行了一次讨论会，特罗瓦达总统提议建立民族团结会议，实现相互妥协，以解决国家面临的难题。

1997 年 4 月，燃料价格上涨 140%，同时食品和其他消费品等的价格也急剧上涨。圣多美市发生了普遍性的暴力抗议活动。数百名反政府示威者阻塞交通，安全部队动用武力加以驱散。

1997 年 5 月，特罗瓦达总统宣布与中国台湾当局"建交"，遭到内阁、国民议会和各党派的强烈反对。内阁和国民议会为表明态度，先后通过决议，反对同中国台湾当局"建交"。圣多美和普林西比政府在发表的声明中称："总统同台北签署的建交公报对本国无益，因为台湾承诺要给的 3000 万美元绝对无法弥补原来从中国友好、有成果的合作关系中蒙受利益的损失。"① 特罗瓦达总统则颁布总统令确认"建交"。在中国台湾问题上的严重分歧进一步加剧政府内部、政党内部和党派之间的矛盾。为弥合分歧，1998 年 3 月，在特罗瓦达总统的倡议下，召开了民族团结与重建会议。总统、国民议会议长、总理签署协议，承诺按宪法规定处理相互关系。会议暂时缓解了各方矛盾，但在修宪和民族团结政府任期等问题上未取得突破。

1998 年 3 月中旬，3750 名公务员组织了一次有限的罢工，要求政府支付拖欠的工资。1998 年 5 月，机场安保军警阻止并扣留了准备参加非洲开发银行会议的财政计划部部长本菲姆（Acacio Elba Bonfim），他们要求其发放许诺增长的工资。在总理和国家安全部部长做出新的承诺后，这

---

① 中国台湾《联合报》1997 年 5 月 12 日报道。

一问题才得到解决。

圣普解放运动—社会民主党重掌政权。1998 年 11 月 8 日举行国民议会选举，圣普解放运动—社会民主党大获全胜，在国民议会中拥有的议席占绝对多数（拥有 55 席中的 31 席），民主独立行动党获得 16 席，民主统一党—思索小组获得了剩余的 8 席。这是政变后举行的第一次真正的竞争性选举，对国家的民主化进程至关重要。选举的主要议题包括勘探近海石油和进入法郎货币区。圣普解放运动—社会民主党认为政府应把工作重点放在改善经济条件和保持政治稳定上。国际观察员监督了这次投票。1999 年 1 月 5 日，新政府成立，吉列尔梅·波塞尔·达科斯塔出任总理。在就职典礼上，他许诺重新树立国家尊严、加强法治、保持微观经济的稳定性、同贫困做斗争。新政府运转基本正常。在国际货币基金组织的建议之下，内阁成员缩小为 9 人。国际合作事务由财政计划部部长负责，农业、渔业、工业、旅游业和贸易事务由单一的部门——经济部负责，青年体育部合并到教育卫生部中。

金融丑闻事件。1999 年 3 月，财政部部长阿方索·维热拉（Alfonso Varela）被免职，其涉嫌卷入涉及 5 亿美元的金融丑闻。圣多美和普林西比中央银行行长丘勒斯马（Carlos Quaresma）因卷入非法金融腐败案被迫辞职。对丘勒斯马的指控源于两个月前在比利时首都布鲁塞尔逮捕的三个人，他们试图出售伪造的圣普国债，这些圣普国债被没收。人们怀疑丘勒斯马与此案有关，因为这些债券上有丘勒斯马的签名。证据表明，丘勒斯马同这三个人有非法的关联。玛丽亚·西尔维拉被任命为新行长。政府随后组建了一个调查委员会（由计划、财政与合作部长，司法和国会事务部长组成）调查这一案件。4 月中旬，比利时当局对丘勒斯马发出国际逮捕令。5 月，国民议会取消了丘勒斯马的豁免权，允许检查总长对其进行质询。1999 年 10 月，丘勒斯马被拘留。由于在 2000 年 3 月，最高法院发现了由前总理阿米恩多·瓦兹·阿莱梅达签署的发行这些债券的命令文件，丘勒斯马被释放。但前总理阿米恩多·瓦兹·阿莱梅达否认这项指控，声明这些文件是伪造的。4 月，中央银行外汇交易部门前负责人维干特（Leonel Vagante）被指控把法国账户的政府资金转移到自己在法国的私人账户，以为非法购买和出售机动车提供资金担保。5 月，维干特被判处 18 年徒刑，并处罚金 550 万法郎。2000 年 3 月，该国政府因公务员罢工而瘫痪。瘫痪的政府引发外交礼仪问题，外交部部长圣图（Espirito Santo）选择辞职，劳动和公共管理部部长埃米利·奥利马也宣布辞职，以避免引发政治风暴。总统在 2000 年 5 月 10 日任命诺阿金·拉斐尔·布兰科为新的外交部部长。

2000 年 11 月，卫生部门员工罢工，政府与其进行谈判，确立新的工资框架，罢工在 10 天后结束。2000 年 10 月开始的教育部门员工罢工则持续较长时间才结束。其间，无论是卫生部门员工还是教育部门员工，都没有出现重大暴力事件或人员死亡。

特罗瓦达执政的十年，是圣普民主化和市场化转轨后的十年。执政者靠号召反对专制独裁、治理腐败、实现完全的市场化取得执政地位。在真正实现民主化后，政治架构和权力分配并不合理，经济也不见起色，政治精英争权夺利，人民的生活水平一落千丈，罢工频频发生，甚至发生军事政变。但民主化的政治实践使人民更加关注自己的权利，政治人物开始对自己的行为负责，腐败现象相对较少，军事政变逐渐不得民心，圣普的民主制度逐渐稳固。圣普政府开始具备一定的危机应对能力。

三　多党制下总统轮替

2001 年 7 月，圣多美和普林西比新一届总统选举正式进行。西方媒体认为，这次选举是对圣普政治体制稳定性和权力正常交接的重大考验。政治上，依据宪法，特罗瓦达不能第三次参选，其他候选人势均力敌，没有人具有压倒性优势，竞争激烈。经济上，圣普面临严重的经济危机，可可在国际市场的地位衰落，需要寻找替代经济作物。民众心理上，民主化的十年并没有改变国家贫穷落后的局面，人民期待赢得选举者带领国家维持社会和政治稳定，利用石油收入使国家重现繁荣。带领国家建立稳定的对外关系和实现经济增长成为竞选的关键。

2001 年 8 月，平民出身的海外富商弗拉迪克·德梅内塞斯战胜其他竞争对手，成为圣普新一任总统。这次选举相对公正和民主，国际社会也对选举进行了全程监督。新总统原先长期居住在国外，进行可可等国际贸易，具有丰富的海外经贸运营经历，并具有国际眼光。圣普人民希望他能把国家带向繁荣和富裕。

德梅内塞斯上台后，开始进行大刀阔斧的改革。一方面，成立支持自己的政党，以巩固执政基础。2001 年 12 月，德梅内塞斯创建民主运动—变革力量（MDFM）。2002 年 3 月，国民议会选举提前举行，圣普解放运动—社会民主党获得 24 席，民主运动—变革力量与民主统一党联盟获得 23 席，以民主独立行动党为首的"五党联盟"获得 8 席。出乎意料的是，德梅内塞斯所在的执政党成为国民议会中的少数派。这使圣普政坛陷入僵局。另一方面，借鉴外部经验，在经济领域加大对港口建设和石油开发的力度。2002 年 9 月，德梅内塞斯总统访问了新加坡和中国台湾，对这两个地方利用特殊地理条件实现繁荣羡慕不已，在接受《非洲商务》（*African Business*）杂志记者采访时表示，他要把圣多美和普林西比建设成新加坡、中国台湾那样的非洲版经济"老虎"。随后，公布了宏伟的经济规划：同政府相关部门讨论改造近海设施，打造国际贸易平台，主要包括建设新机场和深水港口；修改涉及外国投资的法律，提高商业便利度，建立出口加工区，吸引外资，特别是吸引外国轮船在圣多美和普林西比登记，增加外汇收入；建立海上运输公司，降低运费，加强同外部世界的联系。根据这一经济规划，考虑到圣普优越的地理位置，一旦深水港口和出口加工区建设完成，这个西非岛国就将成为尼日利亚、喀麦隆、加蓬、刚果（布）、安哥拉对外贸易的转运中心以及周边国家的石油业服务基地。但对这一规划的执行经历了较多波折。

德梅内塞斯总统不缺乏理想，也不缺乏追求理想的能力。他想为这个几乎被外部世界忽略的岛国找到一条成功之路，但面临重重困难。首先遇到的挑战就是政见分歧和权力斗争。2002 年 3 月，他任命社会主义者加布里埃尔·达科斯塔为总理。由于国民议会中没有占明显多数的政党，加布里埃尔·达科斯塔得到三党联盟的支持，组建联合政府。但是，由于军方不断抗议，加布里埃尔·达科斯塔领导的三党民族团结政府在一个月后被总统解散。2002 年 10 月，圣普解放运动—社会民主党成员玛丽亚·达斯·内维斯被任命为新总理，其是圣普历史上的第一位女总理。由于政见存在分歧，总统与代表国民议会的总理在关于国家政体的修改问题上发生争执，总统提出解散国民议会。2003年1月，双方达成谅解，国民议会同意在2006年国民议会选举之际就政体问题举行公民投票，总统则收回解散国民议会的决定，颁布了宪法修正案。一波刚平息，一波又起。2003年7月16日，圣普军事培训中心负责人费尔南多·佩雷拉发动政变，扣压了包括国民议会议长、总理、国防和安全部部长以及负责石油储备的公共工程部部长在内的十几位政府要人。政变发生时，总统德梅内塞斯正在尼日利亚进行私人访问。政变军人迅速控制交通要道，占领了电台、电视台、中央银行和政府办公大楼等重要场所，宣布成立"救国军人政府"，此后接管国家权力。"救国军人政府"不久之后发表声明称，发动政变是为了"圣多美和普林西比人民的福祉"，因为"国家面临困难的社会和经济形势"，军队的行动受政府腐败、贫穷泛滥、公民面临不平等待遇的驱动，承诺尊重民主原则，呼吁国际社会不要干涉，让"新政府"来消除岛国的贫穷。政变军人"已经解散了国家的一切政府机构"，"原政府官员全部由军政府监管，他们的人身安全将得到保障"。军事政变并不符合国际潮流，也背离了圣普人民的利益。联合国秘书长安南在16日通过其发言人发表声明，对军事政变表示强烈谴责，并重申坚决反对任何通过武力夺取政权的行为。安南在声明中呼吁政变军人立即无条件在圣多美和普林西比恢复宪法秩序，并尽快释放在政变中被逮捕的政府官员。中部非洲国家经济共同体、加蓬、葡萄牙和阿尔及利亚政府纷纷发表声明，对政变表示谴责。声明说，遵照中部非洲人民结束一切地区战乱的愿望和非洲联盟的原则，坚决反对任何通过武力夺取政权的行为。要求政变军人"立即释放"被扣押的所有政府官员。尼日利亚总统奥巴桑乔甚至提出进行武力干预。18日，政变领导人与葡萄牙和美国驻圣普大使会谈后，同意与国际斡旋代表团谈判，解决危机。圣多美和普林西比6个政党在21日发表联合公报，要求参与谈判。军人政变引发全国性政治摊牌谈判，它们提出国际社会的调解应满足圣普各政治团体的要求。公报认为，国家机制运转不畅造成周期性政治危机，进而导致政变发生，但应对国家面临的危机，不能采用政变手段。国际斡旋代表团从 20 日起与政变领导人举行多次正式谈判。23 日，双方达成协议，宣布结束为期一周的政治危机。圣普国民议会随后通过法案，赦免 16 日发动政变的军人。当日，弗拉迪克·德梅内塞斯总统在尼日利亚总统奥巴桑乔的陪同下，抵达圣多美国际机场，他的权力被恢复，政变和平解决。这次军事政变有着深刻的社会和政治原因。圣普人口虽然不多，但被联合国列为世界上最不发达的国家之一。粮食、工业产品和日用消费品完全依靠进口，经济主要靠外援，长期贫困。人均年收入仅为 280 美元，每天不足 1 美元，国民的极度贫困和社会的不公正使这个岛国隐藏着深刻的社会危机。德梅内塞斯当选总统后，缺乏国内政治根基和控局能力，政治危机频频发生，在不到一年的时间内先后 4 次更换总理，改组政府，并曾解散国民议会。

另外，在圣普海域发现储量丰富的石油给圣普"脱贫致富"带来了希望，但也加剧了各利益集团之间的争夺。在圣普和尼日利亚两国交叉海域发现了估计储量为 60 亿桶以上的深海石油，如果圣普的石油资源得到全面开发，则将给每一个公民带来 100 万美元的收入。2001 年 8 月 9 日，圣普与尼日利亚签订并公布两国部分交叉专属经济区石油开采合作分配协定。协定赋予总统通过任命部长级理事会成员、联合机构董事会成员解决争端的权力。这让政府十分不满，认为总统剥夺了总理对资源的掌控权。由于常年贫弱，圣普无力独自开发石油资源，那么，将这个合作开发权交给国际上哪家公司？开发之后的利益怎么分配？由于德梅内塞斯政府与该地区强国尼日利亚关系密切，协定签署后，国际石油垄断巨头高度关注。跨国石油公司如壳牌和埃克森美孚为开采这两个国家共同开发区内的石油资源展开了激烈竞争。圣普各个政党和利益集团为争夺共同开发区的招标特许权闹得不可开交，这进一步加剧了社会政治危机。与此同时，相关政府机构不可避免地受到大公司的影响，也介入其中。美国为了控制这里的石油资源，以建立海军后勤保障基地的名义捷足先登。2002 年 8 月，美国总统乔治·W. 布什宣布，美国海军计划在圣多美和普林西比建立基地，以保护美国在西非的石油利益。新总理玛丽亚·达斯·内维斯表示支持这一计划，认为用租金偿还外债是政府工作的"重中之重"。在总统的经济规划里，未来的收入不仅来自石油，还涉及一个"避难港"，其专门为美国海军巡逻几内亚湾和保护石油资源服务，同时，美国主导建设的港口可以作为一个区域贸易平台，提供很多就业岗位。由于资金问题和阿富汗战争爆发，特别是潜在的石油资源并没有产生现实的利益，美国的这一计划不了了之。

民族团结政府建立。非洲大部分国家的领导人来自官僚世家或者政党，德梅内塞斯总统却是一个白手起家的商人，他的大半生在国外度过，缺乏国内政治根基。2004 年 9 月，政治危机再次爆发。玛丽亚·达斯·内维斯总理指责外交部部长瑞塔（Mateus Meira Rita）和自然资源部部长托梅·韦拉·克鲁斯未经她的批准就实施总统协议，导致民主运动变革力量—自由党退出内阁。这两个部长虽受到总统的支持，但依然被免去职务。德梅内塞斯总统试图阻止改组内阁，但没能成功。玛丽亚·达斯·内维斯总理从圣普解放运动—社会民主党和民主独立行动党选拔成员进入内阁。但新内阁未能使国内局势好转。2004 年 9 月 15 日，玛丽亚·达斯·内维斯和其他部长面临腐败指控——被指挪用援助基金，玛丽亚·达斯·内维斯否认任何腐败指控，但总理职务还是被解除。她在国民议会中声明，总统企图推翻政府，但德梅内塞斯予以否认，并要求执政党提名新总理，组建新政府。三天后，劳工部前部长达米昂·瓦兹·阿莱梅达被任命为总理。同时，导致政府下台的援助基金主管被逮捕。2005 年 2 月，圣多美和普林西比与尼日利亚签署了允许跨国能源公司进行近海石油勘探和生产共享的联合协议。这个协议由总统直接签署，依然没有向总理咨询和通报，总统和总理之间的矛盾依旧存在。

2005 年 6 月，全国公共部门工会罢工，提出增加工资和改善教育与卫生条件的要求。达米昂·瓦兹·阿莱梅达总理迫于压力辞职，总统任命中央银行行长玛丽亚·西尔维拉兼任总理，但这被反对派指控违宪（同时担任政府首脑和央行首脑）。玛丽亚·西尔维拉曾是苏联培养的经济学家，一直是圣普解放运动—社会民主党成员，对她的任命产生另一种情况，即国家机构和政府首脑来自不同的政党。玛丽亚·西尔维拉表示，实现宏观经济的稳定是政府的优先目标，健康和教育问题也是重要问题，她不能承诺用"神奇的解决方案或神奇的公式来解决国家长期面临的问题"。2005 年 6 月底，她向国民议会提出了执政计划。

2005 年 8 月，德梅内塞斯总统为加强权力，消除政治动荡，要求就一些重大且有争议的问题进行全民公投。圣普部分法律专家认为，公投违宪。2006 年 1 月，外交部部长奥维迪奥·巴尔博萨·佩克诺因被指控擅自使用摩洛哥提供的 50 万美元援助款而被迫辞职。佩克诺拒绝了这项指控，称援助款曾交给总统德梅内塞斯，他是得到总统授权才使用的，然而时任总理玛丽亚·西尔维拉坚持要求他辞职。德梅内塞斯出面替佩克诺解释，称这笔开销是合法的。此后，他先后被任命为圣普常驻联合国代表，驻美国、加拿大、巴西大使。2007 年 11 月 20 日，他被重新任命为外交部部长。

2006 年 3 月，国民的注意力转向国民议会选举。国内政治局势依旧动荡，许多选区举行示威游行，国家承诺会保证选举过程公平公正。2006 年 4 月初，国民议会选举开始，总统承诺，施政的重点将转向提高政府的管理质量，提高教育和卫生水平，为私人投资创造更加有利的环境。最终，总统所在的政党民主独立行动党获胜，但依然不能独立组阁。国民议会选举期间，因政府没能在水、电、道路养护等基础设施改进工作上有所作为，愤怒的民众破坏了几个选区的道路，阻止投票人进入投票站。2006 年 4 月 21 日，托梅·韦拉·克鲁斯被任命为新总理。在宏伟计划不断搁浅、政治争议层出不穷的背景下，德梅内塞斯结束了第一届总统任期。

2006 年 7 月，圣普举行新一届总统选举。圣普民众经历了民主化的十多年混乱后，普遍对政治人物的游说与许诺失去信任，对民主选举中的争斗感到厌倦，高达 37% 的合格选民弃权，投票率较低。选举违规问题在四个选区发生。尽管德梅内塞斯总统的支持率严重下滑，但依然赢得选举，实现连任，他的支持率领先对手帕特里斯·埃默里·特罗瓦达（Patrice Emery Trovoada）20 个百分点。

再次执政后，德梅内塞斯决心把注意力转向经济领域。在联合国千年减贫战略框架下，国际社会给予圣普大量支持和援助。一些全球金融机构如世界银行和国际货币基金组织同意减免圣多美和普林西比 3.6 亿美元的

债务，这意味着约 90% 的外国债务被减免。由于缺乏内生发展动力，经济状况持续恶化，政府雇员的工资长期被拖欠，国家依然动荡不宁。2007年10月，圣多美和普林西比国家常备警察部队发动政变。占领国家警察指挥部的军警向政府提出发放自 2003 年以来被拖欠的工资的要求。第一轮谈判失败后，这支部队捣毁了指挥部大楼，出现人员伤亡情况。最后，政府动用军队力量，抓捕了政变首脑，政变被平息。总统德梅内塞斯不得不严密控制军队，谨防政变再次发生。

为应对危机，总理托梅·韦拉·克鲁斯被迫重组内阁，副总理兼财政部部长以及经济部部长都被免职。2008年2月，托梅·韦拉·克鲁斯因种种困难辞职，民主运动变革力量—自由党、民主统一党、民主独立行动党联合组阁，民主独立行动党党魁帕特里斯·埃默里·特罗瓦达任总理。帕特里斯·埃默里·特罗瓦达政府的任期短暂：执政 4 个月后，国民议会通过不信任投票，政府解散。6月，圣普解放运动—社会民主党主席诺阿金·拉斐尔·布兰科被任命为新总理。2008年底，圣普卷入了一场涉及一些前政府高级官员的腐败丑闻，前总理都被安排出庭。2009年2月12日，社会团结党—基督教民主阵线领导人阿尔莱西奥·科斯塔（Arlecio Costa）被牵涉进一场失败的政变图谋，随后科斯塔和其他 40 人被逮捕，这是因为他们涉嫌企图推翻总统。事后德梅内塞斯表示，他对安全部队给予的支持"表示感动"，如果"他是国家出现各种问题的理由"，那么他愿意放弃总统职务。科斯塔入狱一年后被赦免。

德梅内塞斯总统吸取了政变和政治危机的教训，决心进行政治改革，建立基础更广泛的民族团结政府。在他的建议下，国民议会通过了一个建立民族团结政府的计划。国民议会希望根据这一计划建立一个基础广泛的、更有效率和更有决策能力的政府，这个政府由所有获得国民议会席位的政党成员组成。理论上所有政党成员都会支持政府，但政府中 2/3 的政党成员首次入阁，也就是说，政府是存在潜在冲突的几个政党的临时联盟。只要政府中存在利益分歧，联合政府的分裂必将是最后的结局。接连发生的几起贪污腐败案件同党派斗争联系在一起。德梅内塞斯总统决心对这些案件进行公正的审理，以作为他反对腐败的证明，这同时能够增强政府的执政能力。

前总统特罗瓦达离任后，民主独立行动党发生分裂。民主运动变革力量—自由党同德梅内塞斯总统紧密合作，成为国民议会第二大党，第一大党依然是圣普解放运动—社会民主党。德梅内塞斯总统需要扮演一个仲裁者的角色，超脱于政党政治之上，以维持对联合政府的领导。新政府要做出重建公共部门的决策，同时要维持国际货币基金组织对国家实行严厉的财政措施的支持。在新政府中，圣普解放运动—社会民主党的作用十分重要，作为一个前执政党，并曾作为唯一合法政党执政到1991年。从某种意义上讲，它一直被认为是这个国家天然的执政党。它依然有再次掌管政府的雄心，一直为不能由自己的成员担任总理而耿耿于怀。这个党有着相对健全的组织机构，内部比较团结，反对它的政党和联合政府则趋向于分裂和混乱。看到这一点后，该党继续"忍耐"，开始准备在下次大选时利用对手的失误，重新执政。圣普解放运动—社会民主党完成了党内权力的交接，选举出年轻且专业的新一代领导人。2010年8月，国民议会选举提前进行。民众投票积极，实际选举日的投票率高达88%。但结果出人意料，以前总理帕特里斯·埃默里·特罗瓦达为首的民主独立行动党获胜，获得了55个席位中的26个。

2011年总统选举，由于德梅内塞斯的两届总统任期已满，他空怀美好愿望而黯然去职，没有为人民带来期待的变化。从执政情况来看，他是一个活跃的总统，有很多宏伟的计划，但缺乏执政经验和相关资源，既不能保持政局稳定，又不能利用国家资源推动经济发展，没有做出更大的贡献，圣普贫困的面貌依旧。

四 达科斯塔再度执政

在经历了不成功的民主化选举后，圣普民众对政治人物变得越来越失望。在2011年总统选举中，主要候选人包括前总统曼努埃尔·平托·达科斯塔、前总理玛丽亚·达斯·内维斯、国防部前部长平托、记者和商人马丁、民主独立行动党总理埃瓦里斯托·卡瓦略。2011年7月17日，由于圣普卷入了涉及尼日利亚石油公司精英的腐败丑闻，投票时间延迟。第一轮总统选举中，无人所获选票超过半数，但达科斯塔所获选票数领先，卡瓦略和内维斯所得票数非常接近。2011 年 8 月 7 日第二轮总统选举中，达科斯塔赢得多数选票，当选新一任总统，他再次执掌政权。

达科斯塔在 1991 年卸任总统后，一直是圣普政坛非常活跃且举足轻重的政治人物。他为实现未完成的政治理想依然奋斗在政治一线。1992 年，他重返圣普解放运动—社会民主党，并于 1998 年 5 月当选党主席。为满足政治民主化要求，他改变了原来的政党运作模式，提出了新的政策主张：经济生活非党派化，把发展经济作为主要的执政目标，强调社会发展是经济发展不可或缺的部分等；对外主张执行和平、国际团结的外交政策，力争与国际主要债权国达成涉及最大可能减少外债的稳定的协议。达科斯塔创建和领导的圣普解放运动—社会民主党一直是该国重要的政党。改革后的圣普解放运动—社会民主党一直是国内的重要政治力量，多次取得国民议会选举的胜利。

达科斯塔总统承诺集中精力发展经济，特别是要利用好石油和可可等自然资源，促进旅游业发展，上任后将严厉打击腐败行为，为发展经济扫除障碍。2012 年底，加布里埃尔·达科斯塔被任命为新总理，组建新政府。

2014 年 2 月，在达科斯塔总统视察"军营"时，仪仗队拒绝执行命令。随后，大约 300 名初级军官进行罢工，抗议低工资，要求在国家遭受高通货膨胀影响的时候改善住房和医疗保健条件。事实上，当时粮食、电力、水的价格高涨，满足人们的基本需求越发紧张。当总统出国对刚果共和国进行国事访问时，机场守卫宣布罢工。达科斯塔总统表示，我们正在经历非常多的困难，很多人不快乐。国际社会对这个非洲西海岸岛国动荡的政局十分担忧，特别担心发生军事政变。虽然圣普已经在很大程度上"逃避"残酷的政治暴力，但还是存在因政变导致政治动荡的可能。政治动荡无疑会让外国投资者闻之止步。2014 年，为获得外部资金，达科斯塔多方寻求支持，其中在寻求港口建设资金过程中受到多方阻碍。

2014 年 10 月，圣普国民议会重新进行选举，选举的焦点是改善生活条件和保护环境。民主独立行动党获胜，前总理帕特里斯·埃默里·特罗瓦达成为新总理。非洲联盟的选举观察团负责监督 2014 年的国民议会选举。监督报告认为，选举是透明、自由和公正的，有条不紊地进行，虽然出现了一些违规情况，但没有影响最终结果。

2016 年 7 月，达科斯塔竞选连任失败。

作为资深政治家，达科斯塔的执政经验丰富，致力于促进民族团结，推动国民经济发展，并取得一定成效。他积极推动并主导各政治派别举行全国对话，促使各方达成促进国家发展的共识，努力保证市镇和国民议会选举顺利举行。外交上继续奉行不结盟和睦邻友好政策，主张同其他国家建立和发展友好合作关系，反帝、反殖、反种族主义。支持民族解放运动，积极参加地区性经济合作；要求建立国际经济新秩序。受困于对石油资源的开发没能达到预期目标，又缺乏强劲的外来投资，圣普的发展没能实现突破，但政局保持了基本稳定。

五　卡瓦略执政及当前局势

2016 年 7 月的总统选举中，民主独立行动党候选人埃瓦里斯托·卡瓦略获得多数票，但票数不够，需继续参加第二轮选举。另一候选人、时任总统曼努埃尔·平托·达科斯塔称选举存在舞弊，8 月 7 日宣布抵制选举后退出，卡瓦略自动当选，9 月 3 日就任。

卡瓦略执政经验丰富，是圣普著名政治家，曾多次担任总理和内阁职务，并多次参加选举，了解国际发展趋势和本国面临的严峻形势，决定大力推进港口经济和贸易平台建设，争取国际支持。

2016 年 12 月，面临新的国际局势和本国发展压力，圣普主动宣布与中国台湾当局"断交"，恢复与中华人民共和国的外交关系。近年来，随着中国对外投资规模扩大，特别是"一带一路"的建设富有吸引力和影响力，中国作为非洲大陆最大的经济合作伙伴、全球第二大经济体、联合国安理会常任理事国，在世界上有重大影响力，不回到一个中国的立场，显然不符合圣普的国家利益。卡瓦略正确的决策得到了中国的积极回应，圣普国内多个因资金问题停滞的项目在中国的帮助下重新启动。

2018 年 10 月 7 日，圣多美和普林西比举行四年一次的国民议会选举。时任总理帕特里斯·埃默里·特罗瓦达领导的民主独立行动党赢得了国民议会 55 个席位中的 25 席,虽然该党保持了第一大党的地位,但是比上次选举获得的席位少了 8 席,失去绝对多数政党地位。主要反对党圣普解放运动—社会民主党紧随其后,获得 31634 票(占 40.32%),分得 23 席,比上次选举获得的席位增加 7 席。民主统一党、民主运动变革力量—自由党、公民发展民主联盟获得 7451 张选票(占 9.50%),分得 5 席,比上次选举获得的席位减少 1 席。仅在卡乌埃区参选的圣普独立公民运动(MCISTP)获得 1659 票(占 2.11%),斩获 2 席。其他政党因得票率太低,未能进入国民议会。在地方议会选举中,民主独立行动党在梅佐希区议会获得多数席位,继续执政。圣普解放运动—社会民主党在首都圣多美所在的阿瓜格兰特区、坎塔加洛区和伦巴区获胜。在卡乌埃区和洛巴塔区,虽然民主独立行动党略微领先或与圣普解放运动—社会民主党平分秋色,但后者与民主统一党、民主运动变革力量—自由党、公民发展民主联盟获得的总席位超过民主独立行动党。普林西比变革进步党(UMPP)在普林西比自治区再次以绝对优势获胜。以圣普解放运动—社会民主党为首的反对党联盟赢得超过半数的 28 个议席,要求组建新政府。帕特里斯·埃默里·特罗瓦达拒绝承认选举失败,要求重新计票。圣普解放运动—社会民主党等政党的支持者上街抗议,与军警发生冲突,军警向抗议者开枪。圣普最高法院下令重新计票,但是没有改变最初的统计结果。在重新计票结果公布后,帕特里斯·埃默里·特罗瓦达仍然要求由他担任总理,组建政府。同属于民主独立行动党的总统卡瓦略的态度成为组建新政府的关键。

2018 年 11 月 29 日,圣多美和普林西比总统埃瓦里斯托·卡瓦略签署法令,任命圣普解放运动—社会民主党主席豪尔赫·洛佩斯·鲍姆·热苏斯(Jorge Lopes Bom Jesus)为总理。法令指出,鉴于国民议会中各政治力量之间的相互关系,尊重国民议会选举结果,考虑到国家的最大利益,决定任命豪尔赫·洛佩斯·鲍姆·热苏斯为总理,以缓解各政党之间的矛盾。12 月 3 日,以豪尔赫·洛佩斯·鲍姆·热苏斯总理为首的圣普第 17 届宪法政府宣誓就职。政府由 12 名部长和 2 名国务秘书组成，由圣普解放运动—社会民主党（23 席），民主统一党、民主运动变革力量—自由党、公民发展民主联盟三个政党组成的联盟（5 席）共同组成，所获国民议会席位为 28 席（共 55 席）。

卡瓦略总统顾全大局的举措，使国内局势趋向稳定，但国家发展和脱贫任务依然艰巨。

中圣普复交后，双边关系发展良好。圣普丰富的渔业、石油资源及优越的地理位置吸引了大量中国投资。

第三节　著名历史人物

一　曼努埃尔·平托·达科斯塔

曼努埃尔·平托·达科斯塔（Manuel Pinto da Costa），前总统，1937年 8 月 5 日出生于阿瓜格兰特。圣多美和普林西比革命家、政治家、经济学家，非洲民族解放运动的杰出领导人，左翼民族主义活动家，"非洲社会主义"的代表人物之一，圣多美和普林西比民主共和国的缔造者，圣普解放运动—社会民主党的创建者、前总书记、主席。首任总统，于1975～1991 年首次执政，2011 年再次当选总统（2011～2016 年）。

1949 年小学毕业后赴里斯本读书。20 世纪 50 年代开始参加反对殖民主义统治的斗争。1960 年参与创建圣普解放委员会，并在 20 世纪六七十年代领导圣多美岛和普林西比岛人民开展反抗葡萄牙帝国的殖民统治、争取民族解放和国家独立、建设社会主义国家的斗争。1961 年在柏林洪堡大学攻读经济学，1972 年获博士学位。在此期间，他一直与国内的民族解放运动保持联系。1961～1963 年任撒哈拉以南非洲学生联合会新闻和宣传秘书。1972 年 2 月离开民主德国至赤道几内亚的马拉博，1972 年 7 月圣普解放委员会改名为圣普解放运动，他任总书记，并将圣普解放运动的总部由赤道几内亚首都马拉博迁往加蓬首都利伯维尔，致力于实现圣多美岛和普林西比岛的独立以及把这两个岛合并为一个整体。他于 1975 年 3 月回国，同年圣多美和普林西比独立，他当选国家总统。1989 年，达科斯塔宣布在国内实行多党制。从 1991 年起，他连续两次竞选总统失利；2011 年 8 月再次当选总统，9 月 3 日正式宣誓就职。在 2016 年 7 月的总统选举中，由于在第一轮选举落后于竞争对手，宣布退出第二轮选举，同时退出政坛。

二 弗拉迪克·德梅内塞斯

弗拉迪克·德梅内塞斯（Fradique de Menezes），前总统（在任时间为2001~2011 年）。1942 年 3 月 21 日出生于圣普的阿瓜格兰特，父亲是葡萄牙人，母亲是圣普人。曾在葡萄牙上中学，然后去布鲁塞尔自由大学学习教育学和心理学。加入过圣普解放运动。曾任国营公司总经理，圣普驻比利时、荷兰、法国、瑞典、挪威和卢森堡等国大使。1986 年任圣普解放运动政府外交部部长。20 世纪 90 年代弃政从商，他是圣普最大的可可出口公司（GGI，L. da）的最大股东，被称为"圣普巨商"。1992 年脱离圣普解放运动—社会民主党，参与创建民主独立行动党，1998 年当选国民议会议员。为了更加合法地竞选总统，他放弃了自己的葡萄牙国籍。在 2001 年 8 月的总统选举中，他以民主独立行动党候选人的身份当选总统，于 9 月 3 日就职。2006年 7 月，他击败前总统米格尔·特罗瓦达之子帕特里斯·埃默里·特罗瓦达，连任总统。弗拉迪克·德梅内塞斯在职时遭遇两次政变。2003 年 7 月16 日，他身在尼日利亚时，费尔南多·佩雷拉发动军事政变，23 日，根据双方达成的协议，他的职务被恢复。

三 米格尔·特罗瓦达

米格尔·特罗瓦达（Miguel Trovoada），前总统（在任时间为 1991 ~2001 年）。1936 年 12 月出生于圣多美。曾在葡萄牙学习法律。圣普解放委员会创始人之一。1972 年任圣普解放运动政治局委员、外事书记。1975 年出任临时政府总理兼外交、国防部部长。同年 12 月，任独立后的首届政府的总理兼经济部部长。1979 年 4 月任工商部部长。同年 10 月被指控参与策划动乱而被捕入狱。1981 年 7 月被特释后侨居法国，供职于社会党国际组织。1990 年 5 月回国。1991 年 3 月当选总统。1996 年 7 月

蝉联总统。1993 年 6 月 19～25 日，对中国进行正式访问。后坚持与中国
台湾"建交"。长期担任联合国秘书长几内亚比绍事务特别代表。2014 年
9 月 22 日，中国驻几内亚比绍大使王华应约会见时任联合国秘书长几内
亚比绍事务特别代表的米格尔·特罗瓦达，双方就几内亚比绍形势、国际
社会如何更好地协助几内亚比绍实现稳定、发展交换意见。

四 吉列尔梅·波塞尔·达科斯塔

吉列尔梅·波塞尔·达科斯塔（Guilherme Posser da Costa），1999 年
1 月任总理。1953 年 5 月出生。1978 年毕业于葡萄牙科英布拉大学法律
系。1979 年任圣多美和普林西比最高法院法官。1982 年任外交部国际事
务局长。1985 年 2 月任外交国务秘书。1985 年 9 月当选圣普解放运动候
补委员。曾先后三次担任外交部部长（1987～1988 年、1990～1991 年、
1994～1996 年）。1998 年 5 月当选圣普解放运动—社会民主党副主席。

五 玛丽亚·达斯·内维斯

玛丽亚·达斯·内维斯（Das Neves），前总理（任职时间为 2002 年
10 月至 2004 年 9 月 18 日），是圣普首位女性总理，生于 1958 年 7 月 11
日。1985 年在古巴圣地亚哥东方大学获经济学硕士学位。1991～1997 年
先后在美国和葡萄牙进修金融、统计、宏观经济管理等专业。1999 年任
计划和财政部部长助理，曾在世界银行和联合国儿童基金会（UNICEF）
任职。2000 年任经济部部长，2002 年 3 月任贸易、工业和旅游部部长，
10 月被任命为总理。系圣普解放运动—社会民主党关键人物。已婚，两
个女儿已经长大成人。2003 年 7 月 16 日圣普国内发生军事政变，她被逮
捕、软禁。政变解决后，总统重申对她的支持，让其继续担任总理。由于
受到腐败指控，2004 年 9 月，总统解除了她的职务。她否认这些指控，
不再担任总理，后来当选国民议会议员。曾多次参加总统竞选。玛丽亚·
达斯·内维斯是世界女性领袖理事会（由现任和前任女总统和总理组成）
国际网络成员，该理事会的任务是调动全球最高水平的女性领导人针对妇
女平等发展等重要问题采取集体行动。

六　玛丽亚·西尔维拉

玛丽亚·西尔维拉（Maria do Carmo Silveira），前总理（任职时间为2005年6月8日至2006年4月21日），是圣普第二位女性总理，生于1960年，毕业于乌克兰大学，经济学家。1999～2005年担任圣多美和普林西比中央银行行长。从2005年6月8日起担任总理，兼任财政部部长。系圣普解放运动—社会民主党执委会成员。在任时，她认为宏观经济稳定是优先执政目标：从国际货币基金组织获得援助，与他国签订合作协议。与安哥拉签署石油协定对她解决同公共部门公会的争议有很大帮助。在2006年3月的国民议会选举中，执政党失利，于4月21日辞去总理职务。

七　诺阿金·拉斐尔·布兰科

诺阿金·拉斐尔·布兰科（Joaquim Rafael Branco），前总理，1953年9月生于圣多美。曾在美国和葡萄牙的大学攻读财政和经济专业。先后任圣普常驻联合国代表，驻美国、加拿大和巴西大使，以及圣普教育文化部部长、计财部部长、外长、公共工程部部长和自然资源部部长等。2007年2月起任圣普解放运动—社会民主党主席至今。2008年6月22日出任总理。2000～2001年任外交部部长，2003年7月任公共工程部部长，但稍后即被政变军官费尔南多·佩雷拉囚禁。2008年6月，圣普解放运动—社会民主党对帕特里斯·埃默里·特罗瓦达总理提出不信任案，并取得成功，总统弗拉迪克·德梅内塞斯授权该党组阁，其被任命为总理。

八　托梅·韦拉·克鲁斯

托梅·韦拉·克鲁斯（Tomé Vera Cruz），生于1955年，圣多美和普林西比前总理。托梅·韦拉·克鲁斯早年在罗马尼亚攻读机电专业，2003～2004年任自然资源部部长。在2006年3月的国民议会选举中，他所在的民主运动—变革力量所获席位最多，获得组阁权。2008年2月14日，托梅·韦拉·克鲁斯宣布辞去总理职务。

九　加布里埃尔·达科斯塔

加布里埃尔·达科斯塔（Gabriel Arcanjo Ferreira da Costa），1954年（一说1962年）生于普林西比，2000~2002年任圣普驻葡萄牙大使，2002年3月28日至10月7日首次担任总理，2012年再次担任总理。民主运动—变革力量（民主运动变革力量—自由党）成员。2002年3月，他接替卡瓦略联合政府成立新政府。2002年10月7日，加布里埃尔·达科斯塔政府被弗拉迪克·德梅内塞斯总统解散。2012年12月，帕特里斯·埃默里·特罗瓦达被弹劾，他被认为政治独立、温和、宽容，是各方都能接受的继任总理人选。由三个反对党（圣普解放运动—社会民主党、民主统一党、民主运动变革力量—自由党）提名，他再次担任总理直至国民议会重新进行选举。

十　卡洛斯·达格拉萨

卡洛斯·达格拉萨（Carlos da Graça），前总理，生于1931年12月22日，于2013年4月17日逝世。卡洛斯·达格拉萨是圣多美和普林西比民主共和国著名政治人物，于1994~1995年任总理。1989年任圣普外长期间，他访问过深圳。他是圣普解放运动的创始人之一。葡萄牙康乃馨革命后，他是圣普独立过渡政府成员之一。圣普独立后，从1975年起，他担任政府社会事务部部长。他是圣普解放运动创办者中第一个反对圣普走马克思列宁式道路的政治人物。由于这个原因，1977年，他被判处24年监禁，后被流放，成为达科斯塔政权的主要反对者之一。1987年，他应达科斯塔召唤回国，为圣普向多党制民主化国家过渡做准备。1988~1990年，他担任外交部部长，同时筹备新的民主宪法的编写工作，并准备首次自由选举。在第一次自由选举中，他把圣普解放运动改造成圣普解放运动—社会民主党。在他的领导下，该党赢得大选，他担任总理（1994年10月25日至1995年8月15日），在任期间发生短暂的军事政变（1995年8月15日至1995年8月21日）。在国内秩序恢复后，他继续担任总理，直到1995年12月

31 日。他被认为是国家民主设计师，当选社会事务委员会主席，并在 2006 年任期结束后结束了活跃的政治生活。他还是一个作家，发表过一些作品，如《约翰·保罗二世：在共产主义垮台中的角色》（*John Paul II Politico，His Role in the Fall of Communism*）、《切·格瓦拉：神话一样的人物》（*Che Guevara：Mythical Characte*）、《政治回忆录》（*Political Memoirs of A Nationalist Sui Generis Santomense*）。

十一　阿米恩多·瓦兹·阿莱梅达

阿米恩多·瓦兹·阿莱梅达（Armindo Vaz d'Almeida），前总理（任职时间为 1995 年 12 月 31 日至 1996 年 11 月 19 日），生于 1953 年，于 2016 年逝世。曾任圣普解放运动—社会民主党副主席。他曾在达科斯塔政府、内维斯政府内担任劳动、就业和团结部长。他出生于普林西比，1995～2002 年在普林西比帕盖区担任行政长官。他领导的政府为联合政府，成员来自圣普解放运动—社会民主党、民主独立行动党。在国内罢工、石油区块权益转让两个问题的处理上同时任总统德梅内塞斯意见相左，被解职。

十二　达米昂·瓦兹·阿莱梅达

达米昂·瓦兹·阿莱梅达（Damião Vaz d'Almeida），前总理（任职时间为 2004 年 9 月 18 日至 2005 年 6 月 8 日）。曾任圣普解放运动—社会民主党副主席。2004 年 9 月 18 日，德梅内塞斯总统解除了玛丽亚·达斯·内维斯的总理职务后，其被国民议会推选为新总理。达米昂·瓦兹·阿莱梅达此前担任过劳工部部长。达米昂·瓦兹·阿莱梅达来自普林西比，在该岛，他的家族地位显赫，家庭成员曾担任普林西比地方政府主席和普林西比帕盖区市政长官。达米昂·瓦兹·阿莱梅达政府成员均来自圣普解放运动—社会民主党和民主独立行动党。2005 年 6 月，由于在处理公务员罢工事件和进行海上石油区块权益划分时同总统存在分歧，坚持辞去总理职务。

十三　劳尔·布拉干萨·内图

劳尔·布拉干萨·内图（Raul Wagner da Conceição Bragança Neto），前总理，生于1946年，于2014年逝世。1996年11月19日至1999年1月5日担任圣普总理。他是圣普解放运动—社会民主党成员，曾长期在圣普军队服役（陆军少校），担任过总参谋长、国防部部长、武装部队和国内治安部部长。

十四　莱昂内尔·马里奥·达尔瓦

莱昂内尔·马里奥·达尔瓦（Leonel Mário d'Alva），著名政治家，生于1935年。在国家独立前的过渡时期（1974年12月21日至1975年7月12日）担任过渡总理。1975～1980年，担任国民议会议长。在1991年第一次进行多党制的国民议会选举中，他当选国民议会议长。1975～1978年，担任外交部部长。1991年3月4日至4月3日，担任执行总统。1991～1994年担任国民议会议长。他目前领导圣普国内主要政党之一民主统一党。

十五　塞莱斯蒂诺·罗恰·达科斯塔

塞莱斯蒂诺·罗恰·达科斯塔（Celestino Rocha da Costa），前总理（任职时间为1988年1月8日至1991年2月7日），生于1938年9月25日。他年轻时学习法律，于1975年加入圣普解放运动。自1976年起，他在不同的政府部门工作，并担任过司法部部长。1986年，他担任教育部部长、劳动和福利部部长。1988年1月，他被达科斯塔总统任命为总理兼新宪法修正案起草负责人。在1991年第一次进行多党制的国民议会选举中，于1990年改名为圣普解放运动—社会民主党的执政党失去了原来的绝对优势，成为反对派，他失去总理职务。

十六　丹尼尔·利马·多斯桑托斯·达约

丹尼尔·利马·多斯桑托斯·达约（Daniel Lima dos Santos Daio），前

总理（任职时间为 1991 年 2 月 7 日至 1992 年 5 月 16 日），生于 1947 年。圣普独立以后，长期担任国防部部长，1985 年被免职。从 1990 年起，他担任民主统一党—思索小组秘书长，之后该党赢得国民议会选举，他担任总理。面对恶劣的经济形势，他领导的政府听从国际货币基金组织和世界银行的改革建议，实行财政紧缩政策。财政紧缩政策实施后，物价开始上涨，货币贬值 40%，导致发生大规模的抗议活动。总统特罗瓦达在 1992 年 4 月 22 日下令解散内阁。1993 年 2 月，他辞去民主统一党—思索小组秘书长职务。

十七　诺伯托·达尔瓦·科斯塔·阿莱德雷

诺伯托·达尔瓦·科斯塔·阿莱德雷（Norberto d'Alva Costa Alegre），前总理（任职时间为 1992 年 5 月 16 日至 1994 年 7 月 2 日），生于 1951 年。1990 年，他加入民主统一党—思索小组，是该党创始人之一。在丹尼尔·利马·多斯桑托斯·达约政府担任财政和经济部部长。在丹尼尔·利马·多斯桑托斯·达约政府解散后，1992 年 5 月，他被推选为总理。1994 年 7 月 2 日，任期结束。

第三章

政　治

在二战后世界殖民地独立解放运动的浪潮中，圣普人民逐渐觉醒。成立于非洲大陆加蓬的圣普解放运动以海外为基地领导了国内的独立运动。在整个世界反殖民浪潮冲击下，葡萄牙殖民统治开始动摇。1974 年 4 月，葡萄牙国内发生"康乃馨革命"（又译为"石竹花革命"）①，卡埃塔诺独裁统治被推翻。葡萄牙新政府顺应时代潮流，于 1974 年 11 月主动签署主权移交协议。1975 年 7 月 12 日，圣多美和普林西比宣布独立，结束了葡萄牙 500 多年的殖民统治，开始了独立自主的发展历程。独立之初，圣普模仿苏联，建设一党制的社会主义民主共和国，在法律体系上依然参照原宗主国葡萄牙。1990 年，圣普开始进行多党制民主化改革，逐步演变为一个多党制半总统制民主共和国。其基本政治制度、法律制度多学习前宗主国葡萄牙。

第一节　国体与政体

一　国体

圣多美和普林西比属多党制半总统制的民主法治国家。圣普国家权力

---

① 1973 年，葡萄牙举行政治选举，未能结束独裁者卡埃塔诺的法西斯统治。"人民民主运动"对政权和平演变失去信心。中层军官开始酝酿革命，称为"尉官运动"。1974 年 4 月 25 日，"尉官运动"发展成政变，并取得成功。军队只受到保安部队的少量抵抗，就占领了主要的政府部门、广播电台、邮局和电话局等，在几个小时之内就推翻了卡埃塔诺（独裁者萨拉查死后继任）政权，斯皮诺拉将军任总统。"葡萄牙的解放事实上未流一滴血"，士兵把康乃馨插在他们的步枪筒中，接受人们的欢呼，这次政变由此得名"康乃馨革命"。

属于圣普人民。由选民直接选举总统和国民议会议员。国民议会议长由议员选举。总统为国家元首，仅对外交、国际事务有最后决策权，对国民议会负责，负责任命总理、解散国民议会以及颁布法律、法令和命令等。从2006年起，依据新宪法，实行总统—总理双首长制，总理率多数党组成政府，主导日常政务决策。

二　政体及其演变

圣普坚持主权独立，保障基本人权，依照民主法治原则实行半总统制。权力分立、相互制约，政教分离、司法独立。总统和国民议会议员分别由选民直接选举产生，总理组织政府，行使行政权（总理由国民议会提名，由总统任命），国民议会行使立法权，总统和国民议会共同确定法官，他们组成司法机关，独立行使司法权。普林西比地区依据宪法实行高度自治，人民直接管理本地事务。

1975年7月举行的立法议会选举中，圣普解放运动获得了全部16个席位，成为执政党。此后，圣普解放运动解散其他政党，一党执政直到进行民主化改革。1990年，圣普进行宪政改革和多党制民主化改革，反对党民主统一党—思索小组获得胜利。自1990年到2020年底，一共更换了33届政府，每届政府平均执政时间不足一年。其间，有经济社会问题导致政府更迭，也有政治斗争导致政治人物下台，甚至发生多起军事政变。实行民主体制后，无论是议会斗争，还是街头斗争，均没有改变民主制这一基本体制。独立后长期执政的圣普解放运动改名为圣普解放运动—社会民主党，成功转型为国民议会中的反对党。特别是首任总统曼努埃尔·平托·达科斯塔在1991年竞选失败后，并未沉寂，成功适应现代民主体制，于2011年再次赢得选举。由于国内经济形势不佳，党派斗争和分化组合不断，政府频繁更换。在政治、经济的混乱状态中，尤其是20世纪80年代中期以来的经济衰退使公众的不满升级，罢工和游行示威持续不断，甚至在1995年、2003年和2007年10月发生军事政变，政变在国际社会的调停下得到和平解决。

1975年11月5日，圣普颁布第一部宪法。1990年3月，由执政的圣普解放运动中央委员会提出宪法草案，经过全民公决，72%的国民投票赞成，通过了现行宪法，经国民议会批准后，宪法颁布实施。2003年，圣普国民议会修订宪法。在实行多党制后，在宪法指导下，圣普政治体制的运行基本正常。圣普宪法序言宣示，圣多美和普林西比人民经过五个多世纪反殖民统治的英勇战斗，解放了被占领的国家，取得主权独立，恢复了被剥夺的权利和人的尊严。在圣普解放运动领导下，实现民族解放这一最高目标，这是圣普反殖民斗争的最大成就。国民议会是圣普最高政治和权力机构，肩负着沉重的责任，确保社会和国家的发展方向，保证国家的独立和统一，建设一个民主的国家。

总统是国家元首、武装部队总司令，对国民议会负责。国家行政权被授予总统。1990年，宪法采用半总统制政体，目的是克服国家元首在宪法中被赋予的权力过度集中的问题。在此之前，总统是国家元首和政府首脑，也是圣普解放运动的总书记，圣普解放运动是圣普政治系统中唯一的执政党。半总统制的权力分配模式效仿葡萄牙（1976年宪法规定，1982年修订），对权力的各种分配源于圣普的政治传统。半总统制下，政府对总统和国民议会负责，就是政治责任和宪法历史制约的结果。1990年宪法中，半总统制下的政府权力平衡一直被质疑。总统直接指导防卫和安全政策，有权随时主持部长理事会。2003年修订后，总统的权力受到限制，只允许其在过渡期间保持这些权力。新总统的权力在"总统下一届任期开始日期"生效。2003年宪法修订后创设了国务委员会（The State Council），作为"总统的政治咨询机构"（宪法第88条）。它的组成（按照宪法第88条第2款）是广泛的，包括国民议会议长、总理、宪法法院院长、总检察长、普林西比自治区行政首脑、曾依现行宪法当选并且不是被罢免的前总统、由总统指定的三名国民议会议员。宪法第90条提到，应总统要求，国务委员会应该在处理以下事项时召开：决定解散国民议会；解散政府；对外宣战、媾和；宣布是否接受涉及约束国家主权、参与国际组织、集体军事安全的国际法限制；决定对武装部队在国外参与和平行动或允许外国军队在本国领土存在；建议修改宪法。国务委员会的建议不具有法律约束力。国务委员会的意见应当"在有关规定的场合公布"（宪法第91条第2款）。

国民议会是国家最高权力机关和立法机关，由依法当选的国民议会议员组成，每届任期为四年。国民议会由 55 名议员组成，这些议员由有投票权的成年公民直接选出。一般情况下，国民议会每年召开两次会议，由 2/3 的内阁成员提出，经总统同意，可以召开特别会议。国民议会自己选举议长。在两次一般性会议之间，国民议会常务委员会代理行使国民议会的职能，常务委员会成员从国民议会议员中选出。

政府是国家的行政机关。总理为政府首脑，由国民议会提名，总统任命，对总统和国民议会负责。内阁的其他成员由总理提名，但须经过总统同意后由总理任命。圣普总统和总理之间的权力分配一直颇具争议，多次导致权力危机。

司法权由法院独立行使。最高法院直接对国民议会负责，最高法院法官由总统提名，经国民议会投票认可产生。最高法院院长和审判员均由国民议会任命。根据最新的宪法，宪法法院有权审查法律是否符合宪法。宪法法院法官由总统提名并由国民议会选举产生。

按照宪法第 139～142 条，圣多美和普林西比设地方行政区（大区）。每个区可以设立地方行政组织：一个由选举产生的区议会，协商权力分配；一个执行机构，即区理事会。区议会成员均由选举产生，选举采用直接和秘密投票的方式。区议会议员任期为三年。区理事会由主席和各理事长组成，他们均是从区议会议员中推选的，并对区议会负责。中央政府可以对普林西比地方行政当局进行行政监督（宪法第 111 条），即"行政监督普林西比自治区和地方当局"。中央政府有权罢免区主席和地方秘书，为捍卫法律，甚至还可以解散区议会。

从圣普民主化的实践看，总统与总理之间长期存在权力之争，相互指责对方越权，实际上，这是政治体系顶层设计上的矛盾。宪法规定总统享有行政权，同时规定政府行使行政权，权力边界相互交叉，受政党和个人政见影响较大，往往造成政局动荡。宪法层面的权力冲突需要宪法最终解决，现实层面的权力冲突靠双方的让步和协调予以解决。

普林西比实行地方自治。圣多美和普林西比是一个单一制国家，由地方行政区组成。国民议会在 1994 年通过法令，考虑到普林西比岛及其周边小岛的特殊性，其可以成立地方自治区并成立区议会和行政管理机构，实行自治。国民议会同意普林西比成立一个由 7 人组成的地方议会和一个由 5 人组成的地方行政机构。这两个机构都必须向圣多美和普林西比中央政府负责。地方自治区有直属的资产和财政系统。

三 总统与总理权力分配及其争议

圣普采用半总统制，总统和总理均由国民直接选举产生，权力均来自人民，他们对人民负责，法理上是平等的，但缺乏清晰的界定。总统作为国家元首，负责对内对外的重大决策，拥有最高行政权，总理享有完全的执行权，两者的权力交叉，常产生权力之争。这不仅影响行政事务的执行，而且影响国家权力稳定。

这种权力分配模式起源于 1976 年（1982 年修订）的葡萄牙宪法。在 1990 年圣多美和普林西比宪法的最初版本中，半总统权力系统受到宪法授予总统权力的挑战，即"直接制定国防和安全政策"和随时可以选择召开部长理事会的权力。宪法还赋予总统解散国民议会（如出现严重的制度危机且其影响国民议会运作）和政府的权力（必要时，可以为了确保民主制度正常运作而使用）。总理和总统针对谁代表国家参与国际谈判也存在分歧，目前总统拥有的处理国际问题的权力被限制在国防和安全方面。圣普权力制约机制相对完善，尽管出现持续的政治不稳定局面，政府频繁更迭，但基本政治制度运行多年来相对正常，没有出现颠覆性变化。2003 年修宪期间，总统和总理做出多种努力，但圣多美和普林西比主要的宪政争议还是无法消除，主要集中于体制问题及总统和总理之间的权力分配。参考葡萄牙宪法，将半总统制改为总统负责制是一个被经常讨论的议题。2010 年，安哥拉通过宪法修正案，取消直接选举总统的制度，规定总统由议会多数党领袖担任，总统为国家元首、政府首脑和武装部队总司令，有权公布或废除法律，宣布战争或和平状态，任免副总统、政府部长、军队高级将领、省长、总检察长、最高法院法官等。这对圣普产生很大影响。

总体而言，作为一个移民国家，在独立后，圣普多次变更政体，总统和总理仍在不断进行协调。受石油利益分享、政党利益及外部地缘政治影响，圣普国内发生权力争执实属正常。圣普总体上保持了经济、社会稳定。

圣普的克里奥尔社会没有非洲大陆那样强大的部落势力，虽然国外力量和国内强势政治人物之间的争斗影响圣普社会稳定，但圣普已经开启了民主化进程。

第二节　宪法

宪法是国家根本大法，是治国安邦的总章程。圣普宪法适用于全体公民，巩固了圣普革命的胜利成果，确认了现实的民主政治制度，规定了国家的根本任务和根本制度。

一　圣普宪法简史

独立后的 1975 年 11 月 5 日，圣多美和普林西比颁布第一部宪法，这部宪法由圣普解放运动中央政治局和制宪议会联合会议制定并通过。1990年经公民投票表决颁布了新宪法。2003 年 1 月 25 日，经圣普国民议会审议通过，圣普对 1990 年宪法进行了修订，目前适用的就是该宪法。

圣普第一部宪法，即 1975 年宪法，分为 5 个部分 49 条。1975 年 12 月通过的《国籍法》共有 14 条，作为 1975 年宪法的附件，1980 年、1982 年及 1987 年进行三次修订。

圣普第二部宪法，即 1990 年宪法，为国家进行民主化改革后的首部宪法，共 126 条。1990 年宪法第一稿的作者是葡萄牙里斯本大学法学院立宪派的米兰达（Jorge Miranda）教授，制宪思路和文本均源自西方的民主政治组织模式，其宣布圣多美和普林西比是基于人的基本权利的民主法治国家。1990 年宪法第一稿被学者认为是葡萄牙宪法的翻版。

2003 年，国民议会对 1990 年宪法进行了修订。修订后的宪法除序言外，共分为 5 章 160 条。修订主要体现在四个方面：（1）对总统和部分国家机关的权力进行重新分配；（2）重设国务委员会；（3）针对宪法法院做出相关规定；（4）引入违宪审查制度。总体上看，2003 年宪法的修订无论是从宪法起草技术层面来看，还是从采用的实体法律制度（例如半总统制）角度来看，均受到 1976 年葡萄牙宪法的重要影响。需要特别指出的是，2003 年修订后的宪法第 159 条（内容为"该宪法制定日期为 1975 年"、通过宪法的会议为"圣普解放运动中央政治局和制宪议会联合会议"等，依然沿用 1975 年宪法文本）没有考虑 1990 年以来政治和社会组织的根本变化和具有代表性的民主治理方式。对宪法的审查和修改基本上复制了葡萄牙宪法模式，特别是合宪性和合法性方面，与圣多美和普林西比国情脱节。圣普缺乏复杂的司法审查制度，立法数量有限，另外，作为小国，缺乏足够数量的法学家，宪法的相关要求同现实情况"不够协调"。

二　现行宪法的主要内容

宪法的基本原则与目标。保证主权独立和民族团结，通过建设民主国家，推动越来越广泛的和负责任的公民参与各种领域的国民活动，致力于建设一个自由、公平和团结的社会，保护人权。圣多美和普林西比民主共和国主权独立，重视正义与合法性。民主法治是保障司法公正的核心。国家的目标是保证国家独立；尊重公民的经济、社会、文化和政治权利；构建民主和进步的经济、社会、文化结构；促进人与自然和谐。政治权力属于人民，根据宪法，通过平等、直接和秘密的普选产生国民议会。政治组织的表达方式具有多元化特点。

建设世俗国家。政教分离，尊重所有宗教。为保证民族独立、促进发展和维护社会正义，实行混合经济制度。实行公有制，但保护私有财产。接受国际法的约束，但相关条款的适用应经过国民议会批准。

国家的象征是国旗、国歌、国徽。整个国家的领土主权涉及领土（陆地空间的地基、土壤）、领海［海洋底土及其上空的"自然生物和非自然生物资源"，由岛屿组成的群岛、群岛水域基线（涉及 12 海里领海范围）］、领空。

公民的基本权利和社会秩序。基本权利可分为四个方面：一般原则；保障个人权利；保障社会、经济、文化权利；公民的政治权利和义务。

　　一般原则如下。平等原则，即男女平等原则，保障妇女平等参与政治、经济、社会和文化生活的权利，由《世界人权宣言》解释和阐发的权利。权利限制原则，当国家出现危机状况时，可以对个人基本权利进行限制。申诉权利原则，每个公民在权利受到侵犯时都有权向法院申诉并寻求补偿。权利与义务对等原则，公民要履行义务，不得侵犯其他公民的权利，不得破坏道德、公共秩序和法律的独立性，可以合法行使权利。

　　个人权利主要如下。人格权，包括为保障人格尊严并使其多元性存在而提供必需的社会条件，宪法第二章开篇指出，"人的生命神圣不可侵犯"和"在任何情况下都不存在死刑"。人的精神和身体的完整性不受侵犯。任何人不应受到酷刑、虐待及残忍、不人道或有辱人格的对待。任何人不得被剥夺自由，除非法律另有规定或管辖法院根据法律规定做出相关决定。宪法通过保障基本权利进而确保多元化社会存在。确保良知自由、宗教自由和信仰自由、文化创作自由、言论自由和信息自由、新闻自由、教学自由和学习自由、集会自由、结社自由。

　　社会、经济、文化权利如下。一方面，作为圣普人的权利，旨在"促进尊重和维护社会、经济、文化权利"和"促进社会、经济、文化进步"。另一方面，针对社会、经济、文化权利，宪法规定：（一）保护家庭；（二）保护儿童；（三）保护青少年；（四）保护老年人；（五）通过构建社会保障制度保护患病、残疾、年老的寡妇和孤儿；（六）建立国家卫生保健体系；（七）明确工人的权利；（八）受教育权，目的是让人们积极参与社会活动；（九）文化权；（十）推广体育文化。社会、经济、文化权利的组织构建方面的规定有：（一）明确与劳动相关的权利和义务；（二）保护劳动者的权利；（三）建立社会保障制度；（四）创建私人社会保障机构以更好地实现社会保障目标；（五）设立合作社；（六）保护知识产权（七）维护私有财产权及继承权；（八）保护中小企业以为社会提供便利；（九）吸引外商投资，从而在一定程度上促进经济和社会发展；（十）保障住房所有权，完善住房政策；（十一）保护自然环境；（十二）保护人类的生存环境；（十三）创建全国卫生系统；（十四）建立国家教育体系；（十五）创建私人教育机构；（十六）保护文化遗产。

公民的政治权利和义务主要涉及公共政治活动。宪法第 57 条规定：所有公民有权参与政治生活，直接或通过选举代表参与国家政治事务。依据这一规定，18 周岁及以上的公民具有"普选权"；公民可以通过请愿，捍卫自己由宪法、法律赋予的权利，或者维护公众利益；国家支持和保护社会组织，公民可依法加入社会组织。圣普公民的政治义务有：维护国家主权，维护国家独立和领土完整，依法服兵役，依法纳税。

国家政治机构与主权机构分立。圣普政治机构依据"分权和相互依赖原则"设立。国家主权机构包括共和国总统、国民议会、政府和法院。

总统由普遍、直接和无记名投票直接选举产生。总统有权任免总理、解散国民议会和颁布法律、法令和命令，批准内阁成员名单等。总统缺位、死亡、失去能力或者辞职时，由国民议会议长代理，直至选出新总统。总理负责向总统提名内阁部长。宪法规定，圣普立法机构实行一院制，称为国民议会。宪法第 93 条第 3 款规定，国民议会代表数量由普通法确定，现在为 55 人。他们"代表全体人民，而不仅仅是那些支持他们的选民"。

政府由总理、部长和国务秘书组成。总理是政府首脑，具有指导和协调的作用，保证法律实施。部长间团结协作，执行已批准的政府计划及部长理事会的决定。政府成员尽管不一定是国民议会议员，但可以参加国民议会相关会议并在国民议会全体会议上发言。总理由总统征询国民议会各代表政党意见后，根据选举结果任命。部长和国务秘书由总理提名，由总统任命。

法院作为代表人民利益的司法机关，发挥司法职能，维护公民的权利，化解公共和私人纠纷，制止违法行为。

三　宪法审查与修订

对 1990 年宪法进行修订，表明圣普的宪法和法律体系相对复杂，这个体系是在参考 1976 年葡萄牙宪法的基础上形成的。宪法审查包括：一是合宪性优先审查；二是合宪性与合法性抽象审查；三是合宪性与合法性具体审查；四是违宪撤销。合宪性优先审查的重点：（一）国际协议或条约的规范性；（二）法律和法令的规范性。总统收到合宪性优先审查报告后必须在八天内做出批准或实施与否的决定。宪法法院通常有 25 天的时间来处理与此相关的问题，这一时间段可能会由于紧急原因而缩短。宪法第 71 条第 6 款规定，已由国民议会或政府事先通过强制性违宪和合法性审查的公投建议，总统应无理由批准。

当宪法法院裁定相关进行违宪审查的法律违宪时，总统应否决这一法律，并将其退回批准这一法律的机构。总统否决法律这种情况可以被推翻，即当国民议会同意修改或者国民议会超过 2/3 的议员再次强行通过相关法律时。关于作为国际法主体参与相关事务并承担国际义务这一点，圣普国民议会要求应获得 2/3 议员同意。获得绝对多数议员认可并经国民议会同意履行国际义务时，也不能排除宪法法院进一步的合宪性审查，否则将被视为违宪。

抽象合宪审查包括违宪审查和合法性审查。合法性审查包括评估：（一）含违法条款的法律的上位法；（二）区域立法行为中的违法条款（违反涉及普林西比自治区自治地位或圣普有关事务的普通法律）；（三）与违法条款相关的主权机关（主权机关已通过普林西比自治区自治章程）。

违宪或违法的声明发生法律效力，由总统、国民议会议长、总理、总检察长或参加国民议会大会的 1/10 国民议会议员代表，区议会和普林西比自治政府主席通过签署命令的方式确认。宪法法院宣告违宪或违法的声明具有普遍约束力，声明宣告之日即生效。如果违宪声明撤销一项法律，那么在这项法律草案之前的法律将被恢复效力。一项法律被认定违宪，对于违宪声明何时生效，原则上应从确认该法律违宪之日算起，这是因为违宪之前的效力无法追溯。宪法法院可以决定，违宪或违法声明不溯及既往，也可以决定只追溯过去的特定时刻，宪法法院在保障法律、维护公平或公共利益的特殊情况下可以予以明确。一般而言，具体处理结果最终由法院决定，而不是由违宪或违法声明决定。然而，宪法法院可以采用与"刑事或惩罚罪行"有关的条文，相关条文对被告不利。

作为圣多美和普林西比司法机构的法院可以拒绝对任何违宪或违法规则的适用。面临具体违宪审查时，法院可以向宪法法院提出申诉：（一）拒绝适用任何违宪的法律；（二）对合宪性的法律优先适用。法院对于以下情况会向宪法法院提出合宪性审查：（一）以"将对上位法造成侵权"为由拒绝适用某项规范；（二）以可能破坏普林西比自治区行政权的普通法律或自治法为由，拒绝采取某些法律行为；（三）以可能出现威胁普林西比自治区行政权的非法行为为由，拒绝受理某些主权机关的案件；（四）基于对以上三种情况的考虑，适用过去被认为违宪或者违法的规范。宪法法院应该宣布可适用的规则具有普遍约束力。

宪法法院有权对不作为的违宪审查行为行使管辖权。在这种情况下，为了确保相关规范符合宪法要求，宪法法院会考虑并决定是否采取必要的立法措施。当出现普林西比自治区权力被侵犯的情况时，不作为违宪认定请求可以由总统或地方议会议长做出。此时，宪法法院的权力仅限于单纯发现违宪行为，它的地位将被适当的立法机构代替。

只有至少1/4的国民议会议员提议，才能修改宪法。对宪法的任何修改必须经过国民议会2/3议员的同意才能生效。1990年宪法在2003年被修订，几乎全部参照西方民主政治体制的组织架构，圣多美和普林西比尊重民主法治，圣多美与自治的普林西比及其周边小岛一起组成统一的国家。圣多美和普林西比尊重人权，维护多元化的社会。

圣普宪法受到1976年葡萄牙宪法的深刻影响，因而葡萄牙法律在圣普具有特殊的重要性。在圣多美和普林西比，一般而言，只要不违反宪法或独立后颁布的法律，独立之前使用的葡萄牙法律就依然有效。圣普宪法中的部分规定与1976年葡萄牙宪法的部分内容相似，特别是在宪法保障和修订方面。需要强调的是，1990年宪法确定了一个高度复杂的合宪性和合法性审查制度，包括现有行为的违宪审查、抽象违宪审查、合宪性与合法性审查等。由于存在具有立法权的自治区，宪法第70条创设了一个非常复杂的涉及规范的法律体系。国民议会和政府具有立法权，但国民议会的立法权相对较小，政府和普林西比自治区的立法权较大。

第三节　选举制度

圣普的选举制度主要分为两类：国家选举制度和地方选举制度。国家

选举主要包括总统选举和国民议会选举，地方选举主要是地方议会和自治机构选举，均采取普遍、自由、直接和秘密的选举方式。除此之外，圣普还举行内部选举，例如国民议会议长选举和总理选举。

一 总统选举制度

自 1975 年独立以来，圣普总统选举制度随宪法的修改有所变动。依据 1975 年宪法，当时全国只有唯一的政党圣普解放运动（在独立过程中贡献巨大，一直被认为是理所当然的执政党，其于 1991 年主动变革，放弃单独执政的地位，圣普开始实行多党制），圣普解放运动时任总书记曼努埃尔·平托·达科斯塔在圣多美和普林西比独立后当选总统。1990 年，圣普进行多党制民主化改革后，总统选举依据新宪法的相关规定举行。

总统选举是圣普最重要的选举活动，每隔 5 年举行一次。总统由普遍、直接、秘密和无记名投票选举产生。每届总统任期为五年，连续任职不能超过两届。宪法第 78 条第 2 款规定，总统候选人必须满足五个要求：必须是圣多美和普林西比公民；父母双方或者一方是圣普公民；年龄超过 35 周岁；不享有他国公民权利；申请参加选举之前三年连续居住在圣普本国（为永久居民）。总统当选需要获得多数选票（50%），如果第一轮选举中没有人获得绝对多数选票，则需要在第一轮选举得票较多的两个候选人中举行第二轮选举，得票多者当选。[①] 在任总统如辞职，既不得作为下一届总统候选人参加竞选，也不得在辞职后的五年内参加竞选（宪法第 79 条第 4 款）。宪法第 80 条至第 82 条明确了总统的权力。宪法把总统权力分为总统自身的权力、与其他机构的共享权力和处理国际事务的权力。修订后的宪法进一步制约了总统的权力：应总理的请求，才能主持部长理事会；在国防和安全领域推动政府参与国际协定谈判，批准经政府正式通过的国际条约。根据宪法第 87 条第 1 款，国民议会议长（或替代者）可以在两种情况下临时更换总统：总统暂时不能处理相关事务，职

[①] Article 14 of Law No. 11/90（Electoral Law of the Democratic Republic of São Tomé and Príncipe），Published in the Diário da República of 26 November 1990.

位空缺。代理总统的权力与正式总统的权力相似，仅有两个例外，即按照宪法第 87 条第 3 款，代理总统不能根据政府建议赦免死刑犯；按照宪法第 103 条，不能解散国民议会。

圣普共有 4 名公民担任过总统，他们分别是：曼努埃尔·平托·达科斯塔、米格尔·特罗瓦达、弗拉迪克·德梅内塞斯、埃瓦里斯托·卡瓦略。

二　国民议会选举制度

圣普宪法规定，国民议会是与总统、政府和法院并列的四大权力机关之一。圣普议会实行一院制，国民议会是国家最高权力机关和立法机关，成员被称为国民议会议员，共 55 人，任期为 4 年，可连选连任。由总统任命国民议会内议席最多的政党领袖出任总理。政府同时向总统与国民议会负责。在特殊情况下，总统在听取各党派、国务委员会的意见后才能解散国民议会。对于涉及国家利益的重大问题，1/4 以上的国民议会议员可联名提出对政府的不信任案。国民议会每年举行两次会议，国民议会议员有权就有关问题向政府咨询。国民议会可成立调查委员会调查政府和行政机关的不当行为。

选区划分。国民议会的 55 名议员全部由 7 个选区中的选民直接选举产生。

选民资格。除精神障碍者、效忠外国政府者和刑事犯外，所有年满 18 周岁的圣多美和普林西比公民都有选举权。

候选人资格。凡年满 18 周岁的圣多美和普林西比公民都有被选为国民议会议员的权利，但下列情形除外：（1）精神不健全；（2）无完全民事行为能力；（3）正在服刑；（4）被剥夺政治权利。成为国民议会议员后不能是政府成员、现役军人、法官、外交人员、其他公职人员及国有公司职员。国民议会议员因下列情形丧失职务：（1）被国民议会全体成员认定有罪或违反法律规定，并依据法定程序被取消资格；（2）当选后未到国民议会就职或缺席时间超过一定限度；（3）成为另一政党成员；（4）提交书面辞呈。

候选人产生办法。各政党或政党联盟在所有选区均提出候选人名单，

名单中的人员应获得 250 名以上选民的联名支持，再根据得票比例按最大均数法分配议席。

竞选办法。针对政党提名的候选人按比例代表制分配议席。凡在两次大选之间出现的议席空缺，由拥有该议席的政党候选人名单上的下一人填补。国民议会议员每四年选举一次，在特殊情况下，总统有权决定提前举行国民议会选举，但须提前 80 天确定选举日期。在宣布选举结果后第三天，国民议会召开首次会议，议员任期自此开始，直至下一届国民议会举行的第一次会议前结束。

国民议会议员的权利与义务。法律规定：国民议会议员不因履行职责时发表的意见和所投的票而负民事、刑事或纪律责任；非经国民议会许可，任何国民议会议员均不得被拘留或监禁，但可判处重刑的犯罪者与现行犯除外；如对国民议会议员提起刑事诉讼，并已正式向其发出传票或同类文件，除可判处重刑的情形外，国民议会应对暂停该议员的职务与否做出决定以使诉讼继续进行。

国民议会的职权。法律规定：任免最高法院法官；批准国家预算法案；制定发展战略；讨论国家财政年度预算；制定议案和表决决议；向总统提出解除总理职务；根据立法权限，批准政府法令；评估和批准政府计划并监督其执行；修改宪法；授权政府立法；特赦；批准涉及国民议会专有立法权的协定，如关于圣普参加国际组织的协定，涉及友好、和平、防卫、修改边界、军事等方面内容的协定和其他由政府提交的协定；批准或宣布紧急或戒严状态；授权总统是否同意武装部队参与海外行动，或是否允许外国军队在本国驻扎；评估政府行为是否符合宪法、法律的要求；评估政府立法或修改法律是否超出立法授权范围；监督宪法、法律实施。

国民议会作为立法机构，每届持续四年。从国民议会议员宣誓开始运作，在国民议会被解散时结束。国民议会每年举行两次会议，其中一次讨论政府活动报告，投票表决下一个财政年度国家预算。总统在国家面临严重的制度危机而影响国民议会正常运作时可以解散国民议会。做出这一重大决定的条件是：解散国民议会须经国务委员会同意；解散时间为国民议会开始运作后的 12 个月内或总统任期的最后 12 个月内。实施戒严或紧急状态期间，不得解散国民议会。

国民议会议长选举。国民议会议长由全体议员选举产生，任期为 4 年，与国民议会的运作时间相同，可连选连任。国民议会议长的职权因国民议会议长辞职、死亡及国民议会解散而丧失。国民议会议长选举在国民议会首次会议上举行：对至少由 10% 的国民议会议员提名的议长候选人进行无记名投票。候选人报名截止时间为投票前两小时。获在场绝对多数票者当选。如无一候选人在第一轮选举中获绝对多数票，则在两个获得选票较多的候选人之间进行第二轮选举。如国民议会议长在任期内辞职，则应在 15 天内选举新议长。国民议会议长通常为国民议会最大党团代表。国民议会议长在国家中的地位仅次于总统。在总统不能履行职责或总统权力交接出现空缺期间，由国民议会议长代行总统职权，但在此期间其议员资格暂停。国民议会议长的职权为：在官方场合代表国民议会；准备国民议会全体会议议程；主持辩论与投票；制定讨论与投票程序；向国务委员会提交议案；监督国民议会各项议程在既定会期前完成；将各类请愿分别交给相关委员会处理；主持政党大会和负责处理常务委员会相关事务；确保国民议会的秩序和按规定行事；将法案和国际条约呈交总统批准；向总统与总理反馈对政府制订的某项计划予以拒绝或反对的意见；向政府提出不信任案；确定政府官员向国民议会议员答疑的日期；在总统缺位时，代行总统职权。

三　总理选举制度

总理人选的条件如下：本人是圣普公民，父母双方或一方是圣多美和普林西比公民，没有他国国籍。国民议会多数党领袖被提名为总理人选。总理在总统征询国民议会各政党代表的意见后被任命。

四　地方选举制度

圣多美和普林西比全国设两个大选区：圣多美区和普林西比自治区。普林西比自 1995 年 4 月 29 日起高度自治。①

---

①　根据 2012 年第四次人口普查资料，当地有 7542 名常住人口。

全国设七个地方行政区，其中六个在圣多美岛，一个在普林西比岛，其余岛屿基本无定居者。

地方设市政厅，管理地方事务，其是一个议行合一的机构。市政厅由区议会议员组成，得票最多的区议会议员任市长，其余成员由市长选任。

区议会的选举。区议会议员数目是固定的；区议会议员按比例代表制通过常住公民以直接、秘密、普遍的选举产生。法律规定，区议会议员任期为三年。

普林西比自治制度。考虑到普林西比岛和周边岛屿的特殊性，专设普林西比自治区（有自己的管理机构）；普林西比的自治机关是普林西比区议会和地方政府。自治机关是地方组织，依法实施国家政策。自治机关维护本地区全体居民的利益，提供相关服务。

普林西比自治区历任行政长官如下。

1995 年 4 月 29 日至 2002 年 4 月 12 日，阿尔梅达（Damião Vaz d'Almeida，MLSTP-PSD）。

2002 年 4 月 12 日至 2006 年 6 月 20 日，普拉泽尼斯（Zeferino dos Prazeres，MLSTP-PSD）。

2006 年 6 月 2 日至 2006 年 10 月 5 日，约翰·保罗·卡萨达（João Paulo Cassandra，无党派）。

2006 年 10 月 5 日至今，何塞·卡萨达（José Cassandra，UMPP），2010 年、2016 年两次连选连任。

第四节　政府

一　政府成员组成与任免

圣多美和普林西比结束葡萄牙殖民统治后于 1975 年 7 月 12 日独立，正式设置总理一职。1979 年时曾取消总理一职，由总统直接领导政府，1988 年重新设立总理一职。根据圣普 2003 年修订的宪法，政府是实施国家政策的机构，也是最高行政机构。政府首脑为总理，由国民议会提名、总统任命。

政府由总理、部长、国务秘书组成；总理是政府首脑，指导和协调行政事务，保证法律实施。总理依据国民议会选举结果并咨询国民议会中各政党代表的意见；根据总理的提议，由总统任命部长和国务秘书；具有圣普国籍，为圣普公民的人才能被任命为总理。对于总理提交的任命名单，国民议会应在30天内以声明的方式通过。在实践中，受政局变动和提高政府效率影响，政府成员多有变动，如在2017年初，只有11个成员。部长理事会由总理和部长组成，可召集部长参加内阁会议。特殊时期，政府可以创建专门部长理事会。专门部长理事会由总理和部长组成。

根据宪法第117条，总统可以解散政府，相关条件为：新一届国民议会议员就职；总统接受总理提出的解散申请；总理死亡或永久性不能处理相关事务；信任动议没有通过；绝对多数国民议会议员通过不信任动议。为保障民主体制运行，在与国务委员会磋商后，总统方可解散政府。解散政府属于重要的政治决定，其合法性来自国民议会的建议。政府解散后，原总理应在新总理就职之日离任。政府解散之后，政府仅限于处理必要的公共事务。

政府成员任职的开始与终止。总理的职务从就职开始，在被免职或任期结束时终止。政府其他成员的职务从就职时开始，在被免职或任期结束时终止。

二 政府职权

政府同时对总统和国民议会负责。副总理与部长对总理负责，针对某些事务，对国民议会负责。政府属于国家行政机构，负责国家政策的执行，依据一定程序制定和实施政治、经济、文化、科学、社会、国防、安全和对外关系等方面的规划；制定国家预算并确保实施；根据国民议会授权立法，参与国际协定和公约的谈判；指挥、控制、协调各部和其他中央机构的活动；提名总检察长；任命民事和军事高级官员；向国民议会提议让武装部队参与维和行动或允许外国军队驻扎；依据宪法第71条，弹劾总统（通过公投方式）；依据法律，行使对普林西比自治区的行政监督权；任命地方行政首脑；依据法律，解散地方议会。

宪法第 111 条规定了政府的专属立法权。这些立法权主要涉及政府机构及其职责方面的权限（宪法第 98 条指出，除授权外，国民议会有责任为国家行政机构制定法律；宪法第 70 条针对自治区立法权设置了非常复杂的规范性约束条件）。宪法对政府的以下立法行为进行规定：修订宪法性法律，由国民议会批准；授权立法行为要经过国民议会批准；遵守法律制度的基本原则；遵守一般法律，例如，可以毫无保留地在全国实施的法律、机构组织法。立法主动权掌握在国民议会议员和政府成员手里（宪法第 99 条、第 111 条）。批准法律是国民议会的权力（宪法第 97 条）。总统可以颁布法律或在收到法律草案的 15 天内行使否决权。国民议会议员以绝对多数票可以通过被总统否决的法律。批准法令和实施法令是政府的权力，具体由部长理事会行使（宪法第 112 条第 3 款）。总统收到法律或法律草案后，如认为合法，应在 20 天内签署公布。

三　政府成员的法律责任

如对政府成员提起刑事诉讼，并已正式向其发出传票或同类文件，除可判处重刑之外，由国民议会决定是否暂停相关政府成员的职务以使诉讼继续进行。任何组织和公民可以对公共事务进行监督。政治权力机关执行人员在履行职责过程中如果发生过错或遗漏相关事项，则应承担相应的民事或刑事责任。行政人员的刑事行为分为职务内行为和职务外行为。总统的"职务犯罪"和"履行职责外犯罪"被进行严格区分。在第一种情况下，总统对最高法院负责。在第二种情况下，总统在任期结束后对普通法院负责。

四　圣普政府情况

本届政府于 2018 年 12 月成立，2020 年 9 月改组，包括 1 名总理、13 名部长、3 名国务秘书：总理热苏斯，外交、合作和海外侨民部部长埃迪特·滕朱瓦（女，Edite Ten Jua），基础设施和自然资源部部长奥斯瓦尔多·达布雷乌（Osvaldo D'Abreu），计划、财政和海洋经济部部长奥斯瓦尔多·瓦斯（Osvaldo Vaz），国防和内政部部长奥斯卡·索萨（Óscar Sousa），司法、公共管理和人权部部长伊薇特·达格拉萨·科雷亚（女，Ivete da Graça Correia），农业、渔业和农村发展部部长弗朗西斯科·马丁斯·多斯拉莫斯（Francisco Martins dos Ramos），内阁事务、新闻和新技术部部长武安多·卡斯特罗（Wuando Borges Castro），教育和高等教育部部长茹列塔·伊西德罗·罗德里格斯（女，Julieta Izidro Rodrigues），旅游和文化部部长阿雷通·克里索斯特莫（Areton do Rosario Crisostemo），卫生部部长埃德加·内韦斯（Edgar Neves），劳动、团结、家庭和职业培训部部长阿德兰德·科斯塔·德马托斯（Adlander Costa de Matos），青年、体育和创业部部长维尼修斯·沙维尔·德皮纳（Vinicius Xavier de Pina），议会事务、国家改革和权力下放部部长西尔西奥·皮雷斯·桑托斯（Cilcio Pires Santos）；新闻国务秘书阿德利诺·卢卡斯（Adelino Lucas），贸易和工业国务秘书欧热尼奥·安东尼奥·达格拉萨（Eugénio António da Graça），公共工程、环境和国土规划国务秘书欧热尼奥·瓦斯·多纳西门托（Eugenio Vaz do Nascimento）。

第五节 立法机构

一 国民议会

圣多美和普林西比国民议会是国家最高权力机关和立法机关，由依法普选的55名议员组成，每届任期为5年，可连任一届。圣普国民议会议长为国民议会代表和召集人，由全体议员选举产生，任期同国民议会任期一致，可连选连任。国民议会闭会期间由常务委员会行使职权。

二 国民议会职权

1. 立法权

修改宪法；制定法律；批准自治区的行政法规；授权政府立法；批准

关于国民议会专有立法权范围内的协定，参加国际组织的协定，涉及友好、和平、防卫、修改边界、军事等方面的协定及其他由政府提交的协定。

国民议会对下列事项享有专属立法权：公民权的获得、丧失与恢复；对领海、专属经济区以及圣普有权拥有的近海海底区域的划定；戒严与紧急状态的实施；政党与社团；教育标准；中央机关、自治区、地方政府及政府机构首脑的选举；中央政府与地方政府首脑；国务委员会、国家监察机构组成情况；宪法法院的组成情况、职能与工作程序；根据宪法确定属于军事法院管辖的犯罪案件；地方自治机构的设立、撤销及辖区变更；同各地选民直接协商；规定现役军人和常设军事机关代理人的权限；国防组织和与国防事务有关的义务的确定以及武装部队组建的一般准则、职能与纪律。

除此之外，国民议会可以授权政府立法。国民议会授权政府立法时需颁布立法授权令。立法授权令应说明授权的事项、意图、范围与期限，授权期限可以延长。对政府的授权随政府辞职、国民议会任期届满或解散而终止。

2. 监督权

监督宪法和法律实施；监督政府与其他公共行政部门的工作；监督戒严令和紧急状态令宣布后的落实情况；批准或驳回、修改政府发布的法令；审查政府财务开支情况；审议国家计划执行情况的年度报告和最终报告；审议政府施政纲领；通过对政府的信任案或不信任案；宣布解散自治区机关。

3. 财政控制权

批准计划与国家预算法案；规定每年由政府批准的担保的最大限额；授权和批准政府签订贷款合同。

4. 人事权

要求总统必须在国民议会宣誓就职；批准总统离开国土；弹劾总统；决定政府成员停职与否；按比例代表制原则遴选5名国务委员会（政治咨询机构）成员；遴选宪法法院法官。

5. 豁免权

国民议会议员不因履行职责时所发表的意见和所投的票而负民事、刑事或纪律责任；非经国民议会许可，任何议员均不得被拘留或监禁，但可判处重刑的罪犯与现行犯除外，如对议员提起刑事诉讼，并已正式向其发出传票或同类文件，除可判处重刑之外，国民议会应决定是否暂停相关议员的职务以使诉讼继续进行。

6. 其他权力

确认政府宣布的戒严或紧急状态；同意特赦和大赦；授权总统宣战与媾和。

根据宪法第 97 条第 2 款、第 98 条、第 111 条第 4 款，国民议会和政府均享有立法权。国民议会的专属立法权范围较窄，而政府和政府代表机构在更广泛的领域享有立法权。1990 年以来，国民议会大概通过了 200 部法律，而政府和政府代表机构则通过了 400 部低位阶的法规及 400 条法令。宪法第 98 条授予国民议会专属立法权。对于在国家和社会的组织结构方面的立法权，修订后的宪法（宪法第 154 条）条文予以限制性保护，主要包括：公民权（公民的个人权利和政治权利）；通过实行比例代表制普遍、直接、秘密和定期选举，任用主权机关、自治区机关与地方政府机关的选任成员；法官地位与司法组织构建；戒严或者紧急状态；国家防卫组织；产品的产业部门划分；税收制度；为了公共目的征收与征用相关物资；货币体系；犯罪的定义、处罚措施与刑事诉讼；国家行政机构；行政机构的地位和民事责任；地方政府；个人的地位与责任。

根据宪法第 98 条，国民议会可依据宪法第 100 条通过授权将专属立法权下放给政府。国民议会赋予政府的立法权"应确认主体、范围和期限"（宪法第 100 条第 1 款）。立法授权的变更与时限：立法机关自身解散；政府发生变更；立法授权终结。宪法规定，授权政府制定法律的决定必须提交国民议会批准。国民议会在召开全体会议期间，均可以考虑审议政府使用被授予的立法权颁布的法令的合法性。每次国民议会召开会议前一个月通过的行政法规会被自然认为经国民议会批准认可。

三 国民议会运行体系

每届国民议会第一次会议期间，选举国民议会议长和主席团其他成员，遵照宪法制定并通过内部议事规程。设立国民议会常务委员会、专门委员会，处理相应事务（宪法第 104 条）。在国民议会休会、闭会期间，被解散期间或宪法规定的其他情况下，由国民议会常务委员会履行相关职能。常务委员会由国民议会议长和副议长、部分国民议会议员和议事规则中规定的人员组成。他们行使以下职能：监督政府和行政机关的活动；行使与国民议会议员职务有关的职权；召开预备会议，必要时召集国民议会议员开会；同意总统离开国土。

国民议会每年召开两次普通会议，分别从每年 4 月 15 日和 10 月 15 日开始，会期不得超过四个月。总统、部长委员会或 2/3 以上国民议会议员可以要求召开国民议会特别会议。在修宪期间，由国民议会常务委员会行使国民议会的职权。

宪法规定，国民议会通过的法律、决议需由总统颁布才能生效。截至 2016 年，圣普独立后的 41 年里共产生十届国民议会。

第六节 司法机构

圣多美和普林西比实行司法独立。圣普的法律制度属于基于葡萄牙模式与习惯法的混合型大陆法系。法律、法令、法规和行政区域法令是圣普的主要法律渊源。除立法外，法律通常受法律总原则的规范。在不违反正式法的情况下，可运用习惯法进行解释。国际法的原则、惯例可直接用于圣普国内的相关案件。

一 法院功能

圣普司法独立，法院独立行使司法权，只受法律约束。法院是以人民的名义行使审判权的主权机关；法院在行使司法权时，负责保护公民的权益及提供相关保障，制止破坏民主法制的行为，解决公私利益冲突；以法制化途径和方法解决管辖权冲突。检察署负责捍卫民主与法制，审查行为合法性，维护社会公众利益，提起刑事诉讼。总检察署是检察署的最高机关，总检察署首脑是总检察长。总检察长由政府提名，总统任命。

二 法院分类

根据宪法，圣普法院包括：宪法法院（最高法院）；具有一般管辖权的法院，包括一审法院、区域法院与地方法院；审计法院；具有管辖权的军事法院（相对而言，"起诉这类犯罪本质上由军事法律规定"）；仲裁法院。根据宪法第57条，必要时设立下列专门法庭：刑事调查法庭、家庭及子女法庭、工作法庭、商业法庭、海事法庭、执行判决法庭。

最高法院。最高法院为最高司法机关，负责监督法院对法律的解释和运用情况。成员由国民议会任命（宪法法院具有专属管辖权的除外）。最高法院法官由国民议会任命和解除（宪法第97条）。宪法第156条规定，宪法法院暂时行使最高法院职能。最高法院由五名法官组成，任期为四年。

刑事调查法庭。其是对某些类别的犯罪行为具有专属管辖权的法庭，但有关军事犯罪的规定不在其管辖范围内。圣普刑法和刑事诉讼法的基本原则是：（一）罪刑法定原则；（二）有利于被告的溯及力原则；（三）禁止无期限处罚或在候审期采取安全措施原则；（四）刑事处罚不可转移原则；（五）无罪推定原则；（六）非法证据无效原则。以逼供方式获得的所有证据都是无效的；胁迫个人，影响个人身心健康，侵犯私人生活，无论在家里，还是在通信方面获得的证据均属无效。根据1990年圣多美和普林西比宪法，圣普无死刑（也适用于外国雇佣军）。圣普政府发言人称："在我们尊重人的生命的国家，一个公民不管犯了什么罪，我们可以判处尽可能重的刑罚，但不夺去他的生命。"受经济衰退影响，该国国内治安状况不断恶化。

三　司法程序

法院的裁决。法院的裁决只根据法律规定做出；法院的裁决具有强制性。

法院的聆讯。法院公开审判，除非法律另有决定，为维护公共道德和人的尊严，应确保审判正常进行。

人民参与。法律鼓励民众以适当形式参与司法过程。

法官的保证。法官的地位由宪法规定，其具有司法裁判职责。法官是常任的，除法律有明确规定的情况外，不得被调动、停职、退职或免职；法官做出裁决，可以不承担责任，除非法律另有规定。

国际协调与过渡条款。宪法第 13 条表明，国际惯例、一般国际法原则、国际条约是圣普的重要法律渊源。一般国际法原则在圣普自动有效，不需要进行任何修改。国际公约、条约和协定在圣多美和普林西比完成适用程序后，成为国内法律的重要组成部分。在圣多美和普林西比的法律渊源位阶中，国际公约、条约和协定等法律渊源的层次介于宪法和普通法律之间。宪法第 13 条第 3 款规定，国际承诺优先适用，必须满足以下两个条件：一是按照国内法规定，由符合要求的国内相关机构批准和通过；二是该条款在国内和国际业已生效。

2003 年 10 月，葡语国家法治会议在中国澳门召开，安哥拉、巴西、佛得角、几内亚比绍、莫桑比克、葡萄牙、东帝汶、圣多美和普林西比 8 个国家的最高法院院长，以及中国澳门特别行政区终审法院院长出席。在 3 天的会议期间，与会国家和地区的最高法院院长和终审法院院长主要讨论"法院的行政财政自治对司法独立的加强和保障"的影响，另外，他们讨论通过确立定期会议制度、会议规章以及设立常设秘书处等加强联系。会议结束之后，与会代表应中国最高人民法院院长邀请，赴上海和北京等地进行为期 6 天的访问，了解中国内地的司法制度情况。

第七节　主要政党和重要社团

1990 年 9 月颁布的政党法规定，一个政党不得少于 250 人，在国家最高上诉法院登记注册后方为合法。1998 年，登记注册的合法政党共有 8 个。2007 年初，登记注册的合法政党共有 14 个。① 主要政党如下。

一 民主独立行动党

民主独立行动党（Acção Democrática Independente，Independent Democratic Action，centrist，liberal，est.，ADI，简称民独党），于 1993 年 3 月 21 日正式成立，前身为 1991 年支持特罗瓦达竞选总统的独立行动小组。1992 年 8 月建立民主独立行动小组，并取得合法地位。2002 年 1 月，由于党内矛盾激化，原总书记内维斯及 8 名中央政治委员会委员脱党，该党实力有所削弱。2002 年 3 月举行的国民议会选举中，以该党为首的"五党联盟"仅获 8 个议席。2019 年，费尔南德斯（Ago Stinho Ferndes）和前主席特罗瓦达各自宣布当选党主席，圣普法院不承认特罗瓦达当选的合法性。

二 圣多美和普林西比解放运动—社会民主党

圣多美和普林西比解放运动—社会民主党（Moviment da Libertascao de Sao Tome e Principe—Partido Sodial Democrata，MLSTP-PSD，简称圣普解放运动—社会民主党），成立于 1960 年 9 月。原名为圣多美和普林西比解放委员会，1972 年改称圣普解放运动，1990 年改为现名。1998 年 5 月召开特别代表大会，选举前总统曼努埃尔·平托·达科斯塔为主席，改变了原来由总书记及其领导下的书记处负责全党工作的模式。1999 年 1 月组成一党政府，约有党员 1.2 万人，领导组织机构相对健全。党内设主席 1 人、副主席 3 人、全国委员会委员 150 人，他们均由代表大会直接选举产生。日常工作由 6 人书记处负责。党内设立纪律和财政两个委员会。地方设有大区书记处和大区书记。目前，圣普解放运动—社会民主党的政策主张是：对内发展经济是圣普的主要任务，主张经济生活非党派化，力争

---

① 因葡文、法文、英文字母及译文存在差异，故各党名称和简称略有差异。本处以《非洲国家报告》的记载为准。

与国际主要债权国达成最大可能减少外债的协定，强调社会发展是经济发展不可或缺的部分等；对外主张执行和平、团结的外交政策。现任主席为若热·博姆·热苏斯（Jorge Bom Jesus），秘书长为加斯·维拉斯（Jase Viegas）。

三　民主统一党

民主统一党（Partido de Convergência Democrática, Democratic Convergence Party, PCD, 简称民统党），前身为从圣普解放运动分离出来的思索小组，成立于1990年11月4日，原名为民主统一党—思索小组（Partido da Convergência Democrática-Grupo de Reflexão, Democratic Convergence Party-Reflection Group, PCD-GR），2001年改名为民主统一党。前总统米格尔·特罗瓦达曾为该党主席。有党员2000余人。现任主席为达尼尔松·科图（Danilson Cotu）。

四　争取全国民主和进步联盟

争取全国民主和进步联盟（Uniao Nacional parab a Democraciae Progresso-Grupo Bóia Fria, UNDP-GBF）成立于1998年7月。曾在1998年的国民议会选举中成为国民议会第四大党团。主席为曼努埃尔·利马，是圣普伊斯兰联合会的创始人。

五　民主运动变革力量—自由党

民主运动变革力量—自由党（Movimento Democrático das Forças da Mudança-Partido Liberal Force for Change Democratic Movement—Liberal Party, MDFM-PL）的原名为民主运动—变革力量（Movimento Democratico—Forca da Mudanca, MDFM），于2001年12月20日成立，由圣普解放运动—社会民主党全国委员会前委员欧热尼奥·蒂尼在弗拉迪克·德梅内塞斯总统的支持下创建，许多骨干来自圣普解放运动—社会民主党和民主独立行动党。2002年3月，该党联合民主统一党组成"民民联"参加国民议会选举，并赢得 23 个议席。2004 年 4 月，召开第一次党代会，改为现名。主席为前总统弗拉迪克·德梅内塞斯。

六 圣多美劳工党

圣多美劳工党（Partido Trabalhista São-Tomense，PTST）成立于 1993 年 1 月 13 日，原名为人民联盟党，又称人民联盟党—工党（Aliança Popular-Partido Trabalhista），主要成员为旅居葡萄牙的圣普侨民。1994 年 8 月，该党召开全国会议，审议通过了党章、党纲。1996 年 2 月，该党第二次全国代表大会选举产生新的全国委员会及政治委员会。2001 年 6 月，该党召开代表大会，改为现名。主席为阿纳克莱托·罗林，副主席为阿尔明多·格拉萨。

七 社会团结党—基督教民主阵线

社会团结党—基督教民主阵线（Partido Social da Unidade—Frente Democrata Cristã，PSU-FDC）的原名为基督教民主阵线，前身为 1976 年成立的圣多美和普林西比全国抵抗阵线。1990 年 12 月召开一大，改建并易名为社会团结党—基督教民主阵线。1993 年 5 月召开二大。主席为阿尔莱西奥·科斯塔（Arlécil Costa）。

八 民主党—民主联盟

民主党—民主联盟（Partido Democrático—Coligação Democrática，PDCD）于 1990 年 10 月 15 日成立，由三个独立的反对党——圣多美和普林西比全国抵抗阵线（社会团结党—基督教民主阵线）、全国民主行动及民主独立同盟合并而成，原称圣普民主联盟。主席为内维斯·席尔瓦（Neves Silva）。

九 人民进步党

人民进步党（Parlido Popular da Progress，PPP）成立于 1998 年。主席是西塔（JoÂo Guadalupe Viegas de Ceita）。

十 公民发展民主联盟

公民发展民主联盟（União dos Democratas para Cidadania e Desenvolvimento）于 2005 年 5 月成立，现作为民变联成员（共有 5 个议席）参政。主席为曼努埃尔·纳西门托（Manuel Nascimento）。

此外，圣普还有圣普独立工人运动党（Movimento do Cidadão Independente de São Tomé e Principé）、民主革新党（Democratic Renovation Party）等较小的政党。

第八节　当前政治局势与主要政治人物

21 世纪初，圣普国内政局并不稳定。经过 10 多年的磨合，政治局势基本稳定，但缺乏保持长期稳定的基础，主要原因在于经济发展缺乏动力、政治力量博弈不断、国内腐败问题严重、公共服务严重缺乏等。

一 当前政治局势

2004 年 9 月 15 日，圣普总统德梅内塞斯宣布，因玛丽亚·达斯·内维斯卷入腐败丑闻，决定解除其总理职务。为了避免提前举行国民议会选举，玛丽亚·达斯·内维斯所在的圣普解放运动—社会民主党经磋商提出，由该党提出新总理候选人。圣普解放运动—社会民主党提出的候选人之一劳工部部长达米昂·瓦兹·阿莱梅达因家族成员担任过普林西比帕盖区市政长官而被总统选中，组建新政府。2005 年 6 月 2 日，达米昂·瓦兹·阿莱梅达辞职。总统德梅内塞斯任命玛丽亚·西尔维亚担任总理，其于 2005 年 6 月 7 日就职。这届政府是一届联合政府，由圣普解放运动—社会民主党、社会团结党—基督教民主阵线、民主运动变革力量—自由党三党联合执政，共设 12 个部门。内阁成员包括总理、12 名部长和 3 名国务秘书。

2011 年 8 月，曼努埃尔·平托·达科斯塔以独立候选人的身份再次当选总统。作为圣多美和普林西比解放运动（圣多美和普林西比解放运动—社会民主党的前身）主席，他领导圣普于 1975 年 7 月 12 日摆脱葡萄牙的殖民统治，获得独立，担任总统直至 1991 年，圣普实行多党制后，他连续两次竞选总统失利。

2014 年，民主独立行动党赢得国民议会选举。这是该国实现政治稳定的一次机会。

2016 年 7 月举行的总统选举共有五名候选人，包括时任总统曼努埃尔·平托·达科斯塔、两名前总理、民主独立行动党的埃瓦里斯托·卡瓦略和玛丽亚·达斯·内维斯，还有两个独立候选人。埃瓦里斯托·卡瓦略作为执政党民主独立行动党的候选人参选。在第一轮选举，民主独立行动党候选人埃瓦里斯托·卡瓦略宣布赢得了 50.1% 的选票，随后调整为 49.88%，因此有必要举行第二轮选举。谋求连任的前总统曼努埃尔·平托·达科斯塔以选举舞弊为由，宣布不参加第二轮总统选举，并让其支持者不要投票。卡瓦略毫无悬念赢得选举，当选新一任总统。

2014 年，帕特里斯·埃默里·特罗瓦达所在的民主独立行动党在国民议会选举中大获全胜（获得 55 席中的 33 席），获得组阁权。特罗瓦达领导的民主独立行动党在国民议会保持绝对多数，特罗瓦达政府是自 20 世纪 80 年代以来第一个多数派政府。另外，圣普国内政治的最大隐患——总统和总理的政治权力争执出现缓解。

政府提出了雄心勃勃的经济目标和改善民众生活的愿景，但物资匮乏、社会风险较高、政局不稳定的局面依旧存在。严峻的财政危机、国际油价低迷影响投资预期是当前圣普难以摆脱的困局。狭小的国内市场、生产产品有限、可以利用的土地严重缺乏影响国家的经济发展。2018 年 10 月的国民议会选举中，虽然在促进经济增长、改善民生方面取得一定成效，但由于选民对现实政治仍不满意，民主独立行动党仅以微弱优势（25 席）战胜对手圣多美和普林西比解放运动—社会民主党（23 席）。后者联合"民变联"成员（5 席）取得组阁权。2018 年 12 月，本届政府成立。

二　主要政治人物

埃瓦里斯托·卡瓦略，全名埃瓦里斯托·杜·圣埃斯皮里图·卡瓦略（葡萄牙语为 Evaristo do Espírito Santo Carvalho），于 1941 年 10 月 22 日出生，圣多美和普林西比现任总统（2016 年 9 月 3 日宣誓就职），圣普解放运动创始人，民主独立行动党领袖，曾于 1994 年 7～10 月、2001 年 9 月至 2002 年 3 月两次任总理，还担任过交通部部长、通信部部长、国防部部长、国民议会议长等职。2011 年，民主独立行动党推选卡瓦略为总统候选人，但其在第二轮选举中失利。2016 年 7 月的第一轮总统选举中，他获得多数票，但得票率未过半数，需进行第二轮选举。另一候选人，前总统曼努埃尔·平托·达科斯塔于 8 月 7 日宣布抵制选举后退出，卡瓦略顺利当选。他具有丰富的执政经验，富有政治远见和魄力，就任期间，与中国恢复外交关系。

豪尔赫·洛佩斯·鲍姆·热苏斯，圣普总理，于 2018 年 11 月被任命为总理，曾经在法国图卢兹从事语言学研究。热苏斯曾经任圣多美和普林西比驻联合国教科文组织代表，政府教育、文化和培训部部长。2018 年 7 月当选圣多美和普林西比解放运动—社会民主党主席。2018 年 10 月，圣普解放运动—社会民主党在国民议会选举中取得突破，获得联合组阁权。

帕特里斯·埃默里·特罗瓦达，前总理（曾三次担任总理），1962 年 3 月 18 日生于加蓬利伯维尔市，前总统米格尔·特罗瓦达之子，他的名字中的帕特里斯取自刚果（金）独立运动领导人帕特里斯·卢蒙巴这一名字。他是圣普的"政治明星"。2001 年 9 月至 2002 年 2 月任外交部部长，2002～2005 年任弗拉迪克·德梅内塞斯总统的石油顾问。2005 年 5 月，德梅内塞斯将其解职，理由是他被控利用职权谋取私利。帕特里斯·埃默里·特罗瓦达曾担任民主独立行动党主席，2006 年 7 月，他与德梅内塞斯总统在选举中竞争，但是没有取得成功，获得了 38.82% 的选票。2008 年 2 月 14 日，帕特里斯·埃默里·特罗瓦达在前任总理托梅·韦拉·克鲁斯辞职以后，被任命为总理。2008 年 6 月 22 日，帕特里斯·埃默里·特罗瓦达政府被国民议会通过的不信任议案推翻，这项议案是由反对党圣多美和普林西比解放运动—社会民主党提出的。2010 年 8 月，帕特里斯·埃默里·特罗瓦达所在的民主独立行动党在国民议会选举中获胜，帕特里斯·埃默里·特罗瓦达再次出任总理。2012 年 12 月，帕特里斯·埃默里·特罗瓦达被国民议会弹劾，不再担任总理。2014 年 10 月 12 日，圣多美和普林西比举行四年一度的国民议会选举，帕特里斯·埃默里·特罗瓦达领导的民主独立行动党获得胜利，赢得了国民议会 55 个席位中的 33 席，比上届国民议会选举增加 7 席，获得组阁权。2014 年 11 月 25 日，圣普组建新政府，帕特里斯·埃默里·特罗瓦达第三次担任总理。总统曼努埃尔·平托·达科斯塔发表讲话，表示将积极支持新政府的工作。曼努埃尔·平托·达科斯塔的讲话消除了外界关于他与帕特里斯·埃默里·特罗瓦达分歧严重的疑虑。2016 年 12 月，圣多美和普林西比总理帕特里斯·埃默里·特罗瓦达对记者表示，和中国台湾"断交"是圣普最正确的决定。他说，政府"保证要改善人民的生活情况"，圣普与中国的关系是"非常重要的战略关系"。他对来自中国的援助项目十分关心，多次到现场调研指导。2018 年 10 月，尽管在国民议会选举中领先，但民主独立行动党失去了绝对优势，他失去总理职位。2018 年 9 月，他来华参加中非合作论坛北京峰会并接受记者采访。

第九节 军事

圣普目前没有直接的外部安全威胁，也没有显著的内部恐怖主义威胁，但存在比较严重的街头犯罪。该国武装力量在独立后曾经多次发动政变，也多次被改组。

圣多美和普林西比武装力量组建于 1975 年，1991 年 5 月改名为圣多美和普林西比武装力量。国防和内政部部长负责监督和控制武装部队、警察。武装部队最高司令为总统，具体负责人为总参谋长。现任总参谋长为帕希雷（Idalécio Pachire）少将。

武装力量包括陆军（2 个营）、海岸警卫队（1 个排）、民兵（1 个营）和总统卫队（160 人）。这支小规模的武装力量的训练和武器装备均严重不足。15～49 岁的男性公民均有服兵役的义务，服役期限为 30 个月。18 岁是法定义务兵役最低年龄，17 岁是法定最低志愿服役年龄（2012 年）。冷战时期，武装力量的装备主要来自苏联。冷战结束后，葡萄牙根据双边协定帮助圣多美和普林西比训练武装力量并提供装备。武装力量的装备主要来自葡萄牙、利比亚和南非，武装力量的科技水平不高，只能进行非常简单的操作和维护。由于低下的工资、艰苦的工作条件，再加上晋升需要裙带关系，军心不稳，在1995年、2003年和2007年，武装力量发动政变，要求改善待遇和生活条件。目前，这些问题正在解决，由外国援助改善武装力量的待遇和生活条件是现实中面临的最大问题。2001年，武装力量由600人精减至300余人。目前，武装力量共约1000人。

圣多美和普林西比的军费开支为每年50万美元，约占GDP的0.8%。2006年，圣普军费开支占国内生产总值的0.8%，2010年，在该国符合入伍条件的人口中，男性为27310人，女性为29279人。2020年，该国15~65岁人口约为10万人，符合入伍条件的总人口约为3万人。

第四章

经　济

　　圣普作为小岛屿国家，一直是联合国公布的世界最不发达国家之一，经济结构受殖民主义影响深远，高度依赖单一热带种植园。独立后曾实行以国营经济为主的经济政策。1985 年开始逐步实行经济自由化政策。近年来，旅游业和围绕石油资源的服务业有所发展，但由于产业基础薄弱，资源有限，基本生活物品都需要进口，物价相对较高，发展的稳定性、持续性、独立性不高，近一半人口生活在国际公认的贫困线以下。2019 年 GDP 约为 4.82 亿美元，人均 GDP 约为 2617 美元。受新冠肺炎疫情影响，2020 年 GDP 约为 5.31 亿美元，通货膨胀率约为 10%。2018 年 1 月 1 日起，启用新版多布拉，2020 年 7 月下旬，官方汇率为 1 欧元 = 24.5 多布拉（固定汇率，采用 2019 年 12 月 31 日中间价）。①

第一节　经济概况

　　圣多美和普林西比热带种植园②经济历史悠久。从 15 世纪殖民时代开始，圣多美就以种植甘蔗闻名欧洲，美洲被开发以后，加勒比地区的甘蔗种植园取代了圣多美的甘蔗种植园，圣普经济开始衰落。从 19 世纪上半叶起，圣普开始种植可可和咖啡，重新繁荣，如今圣普生产的可可依然在世界上占

---

①　参见中华人民共和国驻圣多美和普林西比民主共和国大使馆经济商务处网站，http：// st. mofcom. gov. cn。

②　当地称为 Rocas，为殖民时期兴建，前期种植甘蔗，19 世纪后以种植可可、咖啡为主，为非洲和美洲奴隶制种植园滥觞的典型，主要分布在圣多美岛，共有 20 多家。

有重要地位。圣普曾经是拥有现代化种植设施的"糖岛""巧克力岛"。

单一种植园经济一直在国民经济中占据统治地位，圣普严重依赖可可的种植和出口，农业人口数占总人口数的51%。独立以来，由于干旱和管理不善，圣普经济十分困难。目前，由于面临沉重的经济和人口压力，圣普主要依靠外部援助发展经济。1997年，几内亚湾圣多美和普林西比海域发现了大量油气资源，从2004年开始，外部投资逐渐涌入，加上油气合同分成收入，圣普的经济状况有所好转。2012～2019年圣多美和普林西比经济数据见表4-1。

表 4-1 2012～2019 年圣多美和普林西比经济数据

	2012 年	2013 年	2014 年	2015 年	2016 年	2017 年	2018 年	2019 年
GDP 市场购买力(10 亿多布拉)	5039.3	5858.50	6772.70	7370.10	8672.70	—		
GDP(百万美元)	264.3	317.5	369.8	383.6	391.6	376	396	482.2
实际 GDP 增长率(%)	3.3	5.1	4.1	4.0[b]	4.4	3.9		2.3
平均消费者价格指数	10.6	8.1	7.0	5.2	5.4[a]	—		
出口额(百万美元)	15.1	12.9	17.2	11.3	13.6[a]	10.8		
进口额(百万美元)	119.1	128.6	144.6	118.9	119.1[a]	127.6		
经常账目平衡情况(百万美元)	-67.8	-74.9	-104.0	-68.6	-50.8[a]	—		
外汇储备(百万美元)	51.6	63.8	63.5	72.9	61.5	61.2	61	60
多布拉兑美元年平均汇率	19068.4	18450.0	18466.4	22090.6	22148.9[a]	23[c]	23[c]	23[c]

注：2012 年、2013 年、2014 年、2015 年为实际数据，2016 年数据源自经济学人情报社；a 为实际数据，b 源自经济学人情报社，c 为发行新币后的官方汇率。

资料来源：笔者根据经济学人情报社的相关资料、圣普国家统计局和财政部发布的《圣多美和普林西比国家报告》（2017 年）等整理而成。

一 独立前经济发展概况

甘蔗的引进与种植刺激了圣普的经济。甘蔗原产于印度，是葡萄牙殖民者最早从马德拉群岛引入圣多美岛的物种之一。圣多美岛的自然条件非常适合甘蔗生长：大片砍伐和焚毁热带雨林后留下富含腐殖质的肥沃土地；炎热多雨的气候特别适合甘蔗生长，这里每个月均可种植甘蔗，甘蔗生长 5 个月后就可以收割；岛上众多湍急的河流提供了榨取甘蔗汁的丰富动力；广袤的热带雨林为烘干糖浆提供了木材。这里为甘蔗种植提供了得天独厚的条件。

殖民时代，欧洲对蔗糖的需求刺激了圣多美种植园经济的发展，种植园的发展又极大地推动了制糖业的发展。殖民者在岛上建立了近百家甘蔗种植园和 70 多家榨糖厂。1517 年，岛上仅有两个榨糖厂。1529 年，这里新建了 12 个榨糖厂，出口 70 吨糖。到 1550 年，圣多美的榨糖厂发展到 60 家，出口糖量为 2000 吨。1570 年，这里的榨糖厂增加到 70 家，出口糖量达到 2800 吨。1575 ~ 1580 年，糖的年产量达到 2940 吨。到 16 世纪末，糖的年产量达到 3920 吨。由于缺乏种植和加工经验，圣多美岛所产的糖的质量并不高。在 16 世纪中期，整个欧洲市场对糖的需求量不断增加，主要产糖地葡属马德拉群岛的产糖量不断下降。圣多美岛抓住了这个机会，一举成为当时世界上最大的产糖地。根据弗朗西斯科·若泽·特恩雷罗的记载，当时圣多美岛 1/3 的土地种植甘蔗。"糖岛"作为圣多美岛的代称，曾经风靡一时。圣多美岛没有土著居民，劳动力从外部输入。圣多美岛上的葡萄牙奴隶贩子不仅为圣多美岛掠夺奴隶，而且向普林西比和葡属巴西供应奴隶。甘蔗种植业同奴隶贸易一起促成了圣多美的第一次繁荣。

1580 年，圣多美开始衰落。圣多美衰落的原因有经济方面的，也有政治方面的。经济上，圣多美的甘蔗种植园土地退化，病虫害加剧，同时圣多美的甘蔗种植园面临葡属巴西殖民地的强有力竞争；军事上，不设防的圣多美多次受到英国、法国和荷兰海盗的洗劫。16 世纪末，多次发生的奴隶起义使圣多美受到致命打击。在多重打击之下，种植园主纷纷逃往相对安全、有更多土地可供开垦的巴西。16 世纪下半期，荷兰崛起，在几内亚湾同葡萄牙展开激烈争夺。17 世纪，荷兰多次洗劫圣多美直至占领，对圣多美的经济造成致命打击，甘蔗种植业从此一蹶不振，大批野生甘蔗留在圣多美岛。

1648 年，葡萄牙收复圣多美。17 ~ 18 世纪，随着大西洋奴隶贸易走向繁荣和葡属巴西种植园日益发展，圣多美岛的甘蔗种植园优势不再，经济日渐衰落。殖民地首府从圣多美搬到普林西比。17 世纪，经过圣普的棉花出口到汉堡，大米出口到里斯本，生姜出口到巴西。甘蔗种植园依然存在，但甘蔗主要用来酿造甘蔗酒。直到 19 世纪中叶，圣多美岛乃至整个几内亚群岛的经济发展水平持续下降。旧的种植园被抛荒，在肥沃的土地上，只有克里奥尔人种植一些不需要过多劳动力和进行大量投资的农作物，如椰子树和面包果树。此时只有棕榈油制皂业有一定发展。

咖啡和可可种植园经济促进圣普再次复苏。殖民时期，咖啡和可可作为时尚奢侈饮品传入欧洲，大受追捧，价格高昂。1800 年，咖啡从巴西被引种到普林西比岛，随后被引入圣多美岛。咖啡在这里开始种植时，发展相当缓慢。1832 年，圣普仅出口咖啡 100 吨。1832～1842 年，每年平均出口咖啡约 180 吨。由于这里的咖啡色浓、味醇，更加富有竞争力，售价也更高。从 1855 年起，咖啡种植业开始繁荣，规模庞大的咖啡种植园纷纷建立。殖民者展开了一场新的土地掠夺战。许多耕种小块土地的当地人早晨从家里出去，晚上回来时发现自己的房屋已荡然无存。一些安哥拉人就这样被剥夺了土地，被赶到海边，从此以捕鱼和进行货运活动为生。在 20 年的时间里，凡适合种植咖啡的土地上的森林均被砍伐。1860 年，这里出口咖啡 1000 吨。1874 年，产量翻了一番，达 2000 吨。当年还出口可可 179 吨。1875 年，由于天花流行，岛上奴隶大量死亡，同时奴隶大批逃亡，造成咖啡生产"危机"，产量大幅下降。1881 年，圣多美和普林西比咖啡产量达到高峰，当年出口量为 2416 吨。自此以后，圣多美和普林西比的咖啡种植业一直处于衰退之中。

可可生产的曲线同咖啡生产的曲线大致相同，但可可的产量和价值更大，影响也更大。可可原产地在南美洲丛林，生长条件苛刻，仅生长在南纬 10°和北纬 10°之间海拔在 700 米以上的热带雨林，种子的保存十分困难。1820 年，巴西独立战争期间，巴西殖民总督戈麦斯（Ferreira Gomes，其遗体被称为"可可国王"，保留在圣普国家博物馆）把可可种子从南美亚马孙丛林成功引入普林西比西马洛（Simaló）种植园试种。圣多美和普林西比生产的可可对葡萄牙的经济繁荣至关重要，在国际市场上也举足轻重。可可产量在初期增长缓慢的原因在于当时种植园大多种植咖啡，新培育的可可幼苗尚未长大。1850 年以前,可可的商业化程度很低。1852 年,父母均为巴西人的巴西移民苏拉·阿尔梅达在安瓜埃泽种植园收获了第一批可可豆,并开始尝试在当地建立加工厂。1859～1863 年,圣普每年平均只有 163 吨可可出口,其中绝大多数产于普林西比。1881～1889 年,圣多美和普林西比的可可出口量不断增长。1890 年,可可的出口量首次超过咖啡。1894～1919 年,圣多美和普林西比的可可产量快速增长,达到 40000 吨。到 1908 年,圣普成为世界上最大的咖啡和可可产地,两岛被分成数十个种植园,铺设了四通八达的小铁路和沥青马路,拥有大片三层洋房,名扬四方。圣普的种植园为葡萄牙带来巨额的财富。当时,人们不知道圣普,但都知道"可可岛",直到今天,咖啡和可可依然是当地主要的农产品。1908～1919 年,圣普可可的年均出口量为 31000 吨。1900～1910 年,圣多美和普林西比的可可产量占全球产量的 15%。从 1920 年开始,可可的产量逐年下降。最近几十年里,可可的产量虽有所恢复,但变化不大。可可产量下降的原因同咖啡生产下降的原因大体相同:首先是自然灾害。1918 年,圣多美和普林西比发生旱灾,害虫肆虐,破坏了种植园的基础设施。其次,也是根本性原因所在,国际市场上可可价格下降,导致种植园投资动力不足,管理水平下降。

咖啡和可可的大面积种植,为圣普带来了前所未有的变化。直到今天,很多旅游者会克服重重困难,不远万里来到这里,一睹两个世纪以来世界最大种植园的风采。值得一提的是,世界近代的奴隶制种植园经济就起源于以圣多美、普林西比为代表的西非小岛,并从这些岛屿扩展到美洲和世界其他地区。史书记载:西班牙把这种制度移植到了西印度群岛,葡萄牙则从佛得角群岛和几内亚湾诸岛,特别是圣多美岛把这种制度"介绍"到巴西。[1] 葡萄牙是奴隶种植园的先驱,荷兰、法国、西班牙、英国则将其发扬光大,奴隶种植园最终遍布整个非洲、美洲、大洋洲和亚洲。

二 1975～2000 年经济发展概况

圣多美和普林西比经济属于典型小海岛型单一种植经济,独立之后无

---

① Roland Oliver, J. D. Fage, *A Short History of Africa* (London, 1983), p. 120.

重大改观。经过民主化浪潮后，传统的国营大种植园模式被民营和个体种植模式取代，但种植规模和效益日趋下降。

独立前夕，葡萄牙殖民者看到殖民统治即将瓦解，不愿意投资和修整相关设施，甚至有组织、有计划地破坏了可可种植园设施。

1975年，圣普从葡萄牙殖民者手中接管了可可种植园。圣普接管的所有种植园都处于半荒废状态，可可树普遍老化，园内杂草丛生，土地贫瘠，可可的年产量不足万吨。圣普独立以后，学习、模仿苏联，借鉴斯大林模式，采取以国营经济为主的经济模式。政府为了维护民族独立、发展民族经济采取了一系列措施，由于骤然失去葡萄牙保护下的国际市场，大批有技术的种植园工人外逃，加上国际市场上可可价格持续下跌，可可产量逐渐下降，圣普的经济形势急转直下。政府对全国所有面积超过200公顷的种植园实行国有化政策，并重组15个大型种植园，其中两个在普林西比。这些种植园占据了全国80%以上的可耕地。之后，圣多美和普林西比政府为了维护民族独立、发展民族经济进一步采取了一系列措施。①将葡萄牙私人和公司控制的种植园、银行等全部收归国有。到20世纪80年代初，由国家经营的种植园占全部种植园的70%以上。②颁布土地法，规定本国个体农民不得占有100公顷以上的土地。③由政府控制农产品销售和进出口贸易，在全国建立"人民商店"的销售和服务网络。④切断同葡萄牙的货币联系，从1977年开始发行本国货币多布拉。⑤恢复2万公顷可可种植园，从1978年起3年内，国家对可可种植园的投资为1840万美元。⑥强调发展农牧业和渔业。同时积极争取外援，鼓励外国人到圣普投资办企业。种植园类似一个基层社会单位，向职工提供工作岗位、住房、食品及教育、医疗服务等，有的种植园甚至设置私有监狱，种植工人一般一生生活在一个种植园里。

初期，这些措施有效刺激了本国经济的发展。但土地的过分国有化导致大批有技术的种植园工人外逃，在国际市场上，葡萄牙的消费者不再购买圣普的商品，转而购买更加廉价的替代品。由于骤然失去葡萄牙保护下的国际市场，种植园技术工人外逃造成管理和种植技术下降，加上国际市场上可可价格在1949年后持续下跌，圣多美和普林西比的可可生产能力逐渐下降，全国经济开始转入低迷状态。1981 年，圣普市场供应十分紧张，连普通的生活必需品，如煤气、食油、糖、大米均保障不了。1982 年，可可收入占国内生产总值的 20%，占出口总值的 93%，几乎是圣普外汇的唯一来源。

受西方自由主义思潮的影响，同时迫于西方及国际金融机构的压力，圣普开始走自由市场之路。1985 年开始实行经济自由化政策。1987 年开始进行经济结构调整。由于受自然条件和长期殖民统治的影响，单一制的种植园经济情况一直没有得到根本扭转。经济长期低迷，圣多美和普林西比基本上靠借外债度日，直到 20 世纪 90 年代末期，经济才略有起色。

种植园土地改革与农业生产多样化战略。从 1987 年 7 月开始，圣多美和普林西比进行经济结构调整。圣多美和普林西比迄今为止已同国际货币基金组织和世界银行达成多期经济结构调整计划，其重点是调整金融政策，加快市场化和私有化进程，优先发展农业。由于国有种植园长期亏损，甚至达到崩溃的边缘，政府在农业领域小心地进行改革，允许外国公司承包、租赁国有种植园。批评家指出，在承包经营过程中，国家承担了主要的风险，外国人仅靠投入部分资金就获得大量的经营收入，他们很少完善种植园的设施。经过大调整后，圣多美和普林西比的宏观经济有了一定的改观，经济出现强劲增长势头，但经济结构单一，严重依赖国际市场和外国援助的状况仍未得到根本改观。1991 年，由于国际市场上可可价格大跌，加上持续两个多月的工人罢工，作为承包商的四个葡萄牙公司宣布损失巨大，终止过去签订的合同。1992 年，政府开始以租让的方式代替承包经营方式，联合国开发计划署提供 350 万美元作为重修种植园的资金。租地公司获得了自主的经营权，获得了控制种植园劳工规模的权力，不再仅仅作为投资方参与经营活动。作为补偿，这些公司将付给政府一定的租金，政府把这些租金用于实施经济计划。政府除了租让大种植园外，还把另外一些土地分成小块交给种植园工人自主管理，这些土地主要用于种植粮食，解决"粮荒"的问题，实现农业生产多样化。这只是一种尝试，并没有国家政策予以支持。

在世界银行的支持下，为获得 1720 万美元贷款，圣普政府加紧进行土地改革，宣布在 1993～1998 年将 20000 公顷的土地分给小土地所有者。1996 年年中，安瓜埃泽（Agua-Ize）、菲格（Ponta Figo）、米留格鲁萨

（Milugrosa）3 个大种植园被拍卖分配给过去的种植工人，变成中型企业，另外 5 个种植园被分解出售。到 1998 年底，根据土地分配计划，其他国有大型种植园被解散，土地被分配。政府总共分配了 17960 公顷的土地，其中 24.5%给中型企业，75.5%给小型企业。这些企业的所有者多是政治家、公务员、商人，他们中的许多人缺乏农业生产经验。由于分配中的腐败和非法行为，出售这些种植园的收入最终并没有完全回到国库。另外 9 个大型种植园被解散，长期出租给原有种植工人，但种植工人也要求在全国土地改革和新的分配计划中平等受益。世界银行在相关报告中披露，圣普政府计划在 1999 年 12 月以前对 6 个种植园进行私有化，并承诺进行升级改造，特别是升级农场的管理系统，拟筹资 4000 万美元，以提高生产效率和质量，使工人受益，但承诺提供贷款的多家商业银行最终毁约，改造计划失败。进行土地私有化改造后，由于缺乏足够的投资，每公顷种植园土地产的可可量下降为 170 公斤，这样，全国的可可总产量也急剧下降，大大低于预期。世界银行批评圣普政府在提供农业服务、防止大规模感染病毒方面十分无能。1999 年初，圣普政府认识到实施的多样化出口战略失败，宣布在政策方面做出调整，采取有利于小农生产和当地粮食生产的农业政策。1999 年，只有 1/3 分配后的土地被用于农业生产，农业发展形势更加严峻。

圣普独立前，国际市场上可可奇货可居，价格高达每吨 35000 美元，20 世纪 80 年代后，国际市场竞争加剧，可可价格暴跌，不足原来的 1/10。依靠单一种植园经济的圣普大受打击。由于在周边海域发现了石油，圣普的经济发展前景被看好，但对石油控制权的争夺也导致国内政治经济形势混乱。

根据世界银行统计，圣多美和普林西比的 GDP 实际增长率在 1985～1995 年平均为 1%，在 1996 年为 1.2%，在 1998 年和 1999 年都为 2.5%，在 2000 年为 3%，在 2002 年为 4%，在 2003 年约为 5%。1990～1998 年，实际国民收入呈下降趋势，因为同期的人口增长率为 30‰。根据非洲开发银行在 1999 年发布的报告，1997 年，圣多美和普林西比人均收入为 270 美元，1998 年国内生产总值为 3.9 亿美元，1999 年人均收入为 400 美元。1998 年，GDP 中 26.3%来自第一产业，11.4%来自第二产业，62.3%来自第三产业。2000 年，GDP 中农业产值占 25%，制造业和能源产值占 10%，服务业产值占 65%。随后几年，可可、咖啡和棕榈油出口量增加，但并没有补偿进口量的增长。旅游业是重要且不断增长的"新动力"，但它不能支撑经济增长。

三 2000 年以来经济发展概况

进入 21 世纪，圣多美和普林西比依旧深陷危机泥沼，仍然严重依赖可可出口。幸运的是，从 2000 年开始，国际市场上可可价格回升，4 年内上涨了 89%，约为 4000 美元/吨。圣多美和普林西比宏观经济形势有所改善，但财政困难程度依然较高。

2001 年 4 月，由于在近海发现了石油，圣多美和普林西比国内围绕石油的勘探和开采的相关产业得到了发展。[①] 海底石油资源激发了外国投资者的兴趣，2002 ～ 2004 年，圣普经济呈现恢复性增长。但是，由于国际石油市场价格低迷，圣普专属经济区（EEZ）、与尼日利亚联合开发区（JDZ）均没有取得预想的商业石油成果，所在区域的整体商业勘探价值受到怀疑，国际石油公司纷纷撤离。2015 年，经济增长率下降至 4%。由于连年干旱少雨，种植园基础设施老化落后，可可产量大幅下降，出口量为 3500 ～ 4000 吨。2016 年，GDP 约为 3.9 亿美元，增长 4.4%。2017 年，可可产量略有提升。2018 年，受中国增加投资的影响，圣普经济增速为 4%。

德梅内塞斯当选总统后着力推进新的经济计划，主要是通过改善投资环境，提高政府效率，吸引投资。适应全球化发展趋势，通过加强基础设施建设，发掘本国石油潜力；放宽对外资的法律限制，把圣多美和普林西比打造成一个国际贸易平台，振兴经济。德梅内塞斯是一个成功的商人，长期旅居国外，了解国际贸易规则，他提出的发展思路在人民中广受期待。针对国际可可市场衰落，圣普需要寻找替代经济。德梅内塞斯认为，

---

① http：//www.theodora.com/wfb2003/san – tome and – principe/san tome and – principe economy. html/.

旅游业、石油资源开发、建设国际港口和贸易平台是未来发展的重点。2000 年 4 月，圣普与国际货币基金组织签订减债和经济增长三年计划，并出台《2000～2003 年优先行动计划》和《2000～2005 年中期发展战略》，采取降低关税税率、修改投资条例及建立自由贸易区等一系列措施吸引外资、促进经济发展。2001～2005 年经济增长率保持在 3%～5%。

投资旅游业是发展的重点。美丽的海岛种植园风光、独具特色的殖民古迹、活泼多元的文化使圣普成为游客期待的旅游目的地。然而，游客到圣普的旅游成本过高，旅游基础设施糟糕，这意味着游客必须面临支付较多的住宿费用甚至到他国二次住宿的问题，极不方便。政府亦考虑建设、推广免税贸易区，这是一些小岛国（如塞舌尔）成功的经验。政府为此已经公布降低进出口关税税率的方案，另外，该国需要投资开挖一个深水港。

石油经济被称为未来圣普经济的活力源泉。圣普处于几内亚湾中部的特殊位置，有可能成为石油和天然气出口国，引起大国关注。圣普通过加大基础设施建设力度提高国家竞争力，农业、渔业、旅游业等产业部门的产值实现增长，提供就业机会。但由于在基础设施方面的缺陷，如能源、饮用水严重不足和基础设施落后，影响外来投资者的积极性，国力单薄，消费能力明显不足。

圣普政府于 1999 年 2 月成立相关机构，全权监督圣多美岛海上物流中心的融资及发展情况。由埃克森美孚石油公司牵头的美国财团（环境整治控股公司，ERHC）购买了圣普 49% 石油储量权益，对资源进行研究与勘探。埃克森美孚石油公司占据主导地位，大大提高了其在尼日利亚、喀麦隆和赤道几内亚石油市场的地位。虽然钻井计划完备，但实施起来困难重重，勘探、开采 2000 米以下海底的石油面临的挑战巨大。2001 年 2 月，达科斯塔总理不断加大与石油部门的联系力度；经过三年谈判，圣普与葡萄牙盖洛普能源公司（PGS）签署协议，圣普委托这家公司进行领海地质勘测。2001 年 4 月，圣多美和普林西比与尼日利亚达成协议，建立了一个联合开发区。该协议搁置了领土争端，有利于双方进行经济合作。具体来说，尼日利亚负责投资石油勘探和开采，两国分享利润。对于尼日利亚来说，这笔交易增加了石油储备，提供了就业机会和投资机会。达成协议后，尼日利亚在全球石油市场上的地位上升，许多石油公司对其增加投资。两国政府都发表声明强烈表示支持协议。这有助于圣普解决经济危机。2002 年，按照购买力平价计算，圣多美和普林西比经济总量约为 2 亿美元，比上年增长 4%，人均 GDP 约为 480 美元。

2003 年 2 月，德梅内塞斯总统同尼日利亚总统奥巴桑乔再次达成协议：两国共同开采几内亚湾边界处的石油。双方在边界划出了一个"联合开发区"，成立共同管理委员会，协商管理区的石油开采事宜。尼日利亚提供 800 万美元在圣多美岛建立一个深水码头和一个石油冶炼厂，利润的 60% 归尼日利亚，40% 归圣多美和普林西比。消息传出后，安哥拉和葡萄牙也决定加大对圣多美和普林西比的投资力度，加强技术合作，共同开发石油产品。

德梅内塞斯总统认识到本国农业基础设施急需更新。他认为，在国际货币基金组织和世界银行的指导下，圣多美和普林西比实施的农业私有化政策并没有带来积极的成果。种植工人分到了小块土地，但他们的收入水平低于过去的水平，由于没有经济来源，他们无法购买种子、工具、肥料，更没有钱更新业已严重老化的种植园。他希望石油收入增加后，能够把资金投入种植业中，促进农业复苏。

国际社会对圣普经济提供了大量援助。国际农业发展基金（IFAD）宣布与联合国开发计划署合作，增加发展资金。根据与国际货币基金组织达成的协议，圣普将实施为期三年共 890 万美元的计划，支持经济改革（主要用于稳定宏观经济）。政府也与利比亚和安哥拉达成"合作和友谊"协议，还同非洲开发银行签署了应对淡水危机的水供应协议，以及一个价值 200 万美元的基础设施投资援助协议。2001 年 1 月，世界银行批准了重债穷国（HIPC）倡议下对圣普的 2 亿美元的债务减免。

德梅内塞斯总统还计划促进渔业发展，决心在 2004 年 5 月重新同欧盟签订双边渔业协定。他不愿让圣多美和普林西比只发放渔业捕捞许可证，对当前的"交钱、捕鱼、回国"的合作模式不感兴趣。他计划提高本国的机械化捕鱼能力，在国内加工鱼类产品，增加收入，增加就业

机会。

在内外因素的共同作用下，德梅内塞斯的振兴计划取得成效，圣普经济出现向好趋势。2004 年，GDP 为 2.14 亿美元，增长 4.2%。产业结构中，农业产值占 16.5%，工业产值占 15.4%，第三产业产值占 68.1%。但劳动人口主要从事农业和捕鱼业工作，具有熟练技术的产业工人十分缺乏，54% 的人口生活在国际公认的贫困线以下。

2005 年，圣普政府继续进行经济结构调整，通过推行税收改革、鼓励私营部门发展等举措，努力保持宏观经济稳定。2 月，圣普－尼日利亚联合开发局与美国谢夫隆－德士古、埃克森－莫比尔和尼日利亚－葡萄牙盖洛普能源公司签署联合开发区第一区块石油分成合同，圣普获得 4920 万美元分享金。这是该国取得的第一笔"石油美元"，为国家经济注入了强劲动力。

2007 年，圣普再度获得国际货币基金组织、巴黎俱乐部等的大幅免债额度，外债大幅减少，财政状况有所改观。但大米、燃油等生活物资的价格飞涨，通货膨胀率居高不下，民众生活困难。2008 年，圣普获国际货币基金组织和世界银行的新贷款，葡萄牙免除其债务并提供大额贷款，但经济发展仍面临困难，GDP 约为 2.3 亿美元，人均 GDP 约为 771 美元。

在经济连续多年（2005～2008 年）实现平均 6% 以上的强劲增长后，圣普经济在 2009 年遭受全球金融危机的沉重打击，外国直接投资大幅下降直接影响国内经济结构调整和有关贸易活动。旅游业继续发展，这应该归功于旅游基础设施的改善，但旅游业规模太小，同整体经济的相关性不高。由于汇率变动，2009 年 GDP 和人均收入大幅增加，但人民生活水平并没有得到相应改善。政府继续采取审慎的宏观经济政策，支出不断减少，这在很大程度上提高了财政效能，满足了西方的要求。

2010 年 8 月，国民议会选举后，特罗瓦达政府强调：坚决促进经济增长，减少贫困，保持宏观经济稳定。2010 年，圣普经济在外部公共财政投资项目的帮助下，略有增长。2011 年，全部产品出口额大约为 0.125 亿美元，2010 年为 0.1079 亿美元，略有增长。2011 年 4 月，圣普完成了联合国千年发展目标的基本任务，这有助于圣普增加税收收入、提高消费水平和改善营商环境。2011 年中期，由于海底油井勘探结果令人失望，国际石油巨头的投资热情消退。

2011 年 8 月，曼努埃尔·平托·达科斯塔赢得总统大选，承诺集中精力发展经济，其中石油和可可等资源产业是重中之重，旅游业也得到高度重视。2012 年，圣普局势基本稳定，国际货币基金组织、世界银行、欧盟和葡萄牙等向圣普再次提供大量援助。7 月，国际货币基金组织为圣多美和普林西比批准一项为期三年，额度达 400 万美元的扩展信贷安排。2012 年 9 月，国际货币基金组织代表团赞扬圣多美和普林西比当局承诺实施的"来之不易的财政紧缩"措施。根据国际货币基金组织的要求，圣普采取措施严格控制财政支出，以消除财政因经济活动疲软出现的危机。2012 年 4 月，圣普通货膨胀率已降至十年来的最低水平。到了 8 月，暴雨导致易腐烂的食物（如水果和蔬菜）供应中断，并增加了成本，通货膨胀率再度攀升。2012 年，增长率下滑，这主要是由于私人和公共消费减少。作为重点治理对象，到 2012 年底，圣普的预算赤字降到 10% 以下。总体而言，如果圣普的资源财富特别是石油得到有效和透明的管理，基于发展规模和人均国内生产总值，圣多美和普林西比都有成为一个中等收入国家的巨大潜力。自 2012 年以来，国内生产总值持续增长。2012 年，通货膨胀率从 28% 急剧下降至约 4%，这是过去 20 年来的最低水平。

2013 年和 2014 年，由于外商直接投资增加，特别是对石油部门的投资增加，圣普实际国内生产总值分别增长 5.1% 和 4.1%。2013 年 11 月中旬，中国宣布在圣普开设贸易办事处，希望推进深水港项目，计划投资 4 亿美元的深水港项目可能成为两国加强合作的重点。中国的投资计划广受关注。2013 年，尽管圣普的经济增长率低于预期，但该国的通货膨胀率降至一位数，国际储备保持在令人满意的水平，具备积极的经济效率。按世界银行标准，圣多美和普林西比已成为一个中等收入国家，人均国民收入连续三年超过 1205 美元，这是一个重要分界点。

2013 年，法国道达尔石油公司放弃对圣普与尼日利亚联合开发区 1 号地进行勘探的计划，这意味着当地石油生产存在不确定性。但圣普官方

宣布，域外其他石油公司对该地的石油产业发展前景依然保持着兴趣。圣普经过多年的实践，逐步建立了强大的法治化治理机制。2014 年 10 月，该国成功举行了自由而透明的国民议会选举，这为政治稳定和经济发展提供了一个良好的环境，有利于增强投资者的信心。与此同时，根据非洲开发银行的数据，农业生产和服务的改善带动 2014 年实际 GDP 的增长。这一趋势持续到 2015 年。2015 年 10 月，葡萄牙盖洛普能源公司表示，它已经与圣普政府达成协议，获得圣普海域 6 号地 45% 的股权。2017 年 1 月 6 日，圣普国家能源公司（ANP）董事长苏撒·平托（Orlando Sousa Pintos）宣布，有美国背景的宇宙能源公司、葡萄牙盖洛普能源公司将在圣普专属经济区的 5 号、6 号、11 号、12 号地进行勘探和测绘，争取绘制该板块的三维数据图，这一行动将持续 9 个月。对勘探和测绘的结果，圣普政府可谓心情复杂：2013～2015 年，多家公司在联合发展区 2 号、5 号地勘探和测绘，但毫无结果，政府把对该地石油储备的希望寄托在此次勘探和测绘上，希望能有好的结果，但结果令人失望。由于外来援助和投资有限、货币持续贬值以及物价上涨等原因，国家财政面临较大风险，民众生活水平两极分化情况严重，超过 50% 的人口生活在贫困线以下。2016 年，圣普种植园普通工人月工资平均为 45 万多布拉，公务员月工资平均为 50 多万多布拉，从事对外服务工作的宾馆管理人员、服务生的月工资为 20～30 美元（1 美元约为 2.4 万多布拉）。

2016 年，卡瓦略总统决心推动改革，力争在营商环境、税收、消费领域增强圣普的吸引力。为吸引更多外来资金，圣多美和普林西比在政治和外交领域做出大幅调整。近年来，圣普政府积极寻求葡萄牙等国及国际货币基金组织的援助，同时采取降低关税税率、改善投资环境和建立自由贸易区等措施吸引外资，重点投资港口、电力等基础设施，积极发展旅游业等新兴产业，经济保持一定增长。

非洲开发银行大力配合，与国际货币基金组织达成三年（2015～2018 年）延长信贷机制协议。在财政方面，政府进行了改革，对非本国居民提供的服务征税，并决定在 2019 年前征收增值税，以进行财政整顿和减少债务。预算赤字从 2016 年占 GDP 的 1.7% 增长到 2017 年的 2.1%，到

2018 年为 2.9%，但 2019 年降至 2.6%。由于食品价格下跌，通货膨胀率从 2016 年的 5.5%下降到 2017 年的 5.1%，并预计在 2018 年和 2019 年进一步下降到 5%和 4.6%，2010 年以来，多布拉与欧元挂钩，受其支撑。在 2017 年，经常账户余额赤字（包括转移）达到 GDP 的 10.2%，高于 2016 年的 5.8%。政府进行改革以改善公共财政管理体系、税收机制、商业经济监管环境和银行体系。改革包括创建注册表和公证数据中心，完善农业基础设施（灌溉）、教育设施（新建教室等）。政府于 2016 年通过了一项全国性的就业政策，并实施了自动燃油价格调整机制，以确保进行全面的成本回收和防止债务积累。

虽然圣普的经济发展速度缓慢，但圣普政局稳定给发展旅游业和贸易带来机会，中国在基础设施上的投资将拉动经济增长；全球农产品多年价格下跌导致可可和咖啡种植园管理水平下降和产量减少，但随着需求回升，可可和咖啡的价格将逐步上涨。[①] 幸运的是，中国在推广"一带一路"倡议背景下，加大对圣普的投资力度，2017 年，圣普赢得良好的发展机遇。2019 年，圣普 GDP 为 4.82 亿美元，增长率为 2.3%，通货膨胀率为 7.2%。

但是，高公共债务和较少的税收收入，加上狭小的出口空间，圣普面临实现包容性增长的关键挑战。包括运输、水和能源在内的基础设施薄弱是进行包容性发展的主要制约因素。债务风险很高，公共债务（包括欠款）占 GDP 的比重较大（尽管在 2007 年根据重债穷国倡议，圣普从债务减免中受益）。预算外支出较多，政治不稳定，金融部门不良贷款水平提高。对初级商品出口、粮食及燃料进口的依赖使圣普极易受到外部冲击。

2020 年，圣普经济受新冠肺炎疫情严重冲击，政府推出 8400 万美元的纾困计划，以提振经济、保障民生，但经济下滑严重，GDP 为 5.31 亿美元，GDP 增长率为 -7%，通货膨胀率为 10%。

综合独立后 40 多年的发展情况来看，圣普经济发展历经波折，虽然政府在改善人民生活水平和提高独立性、多样性、稳定性方面做了大量探索，但依然没有改变单一种植园经济的总体结构，对外依赖性仍然较高。

---

① Economist Intelligence Unit, *Country Report*：*Sao Tome and Principe*，2017.

2004～2020年圣多美和普林西比经济增长率见图4-1，2017年圣多美和普林西比产业结构见图4-2。

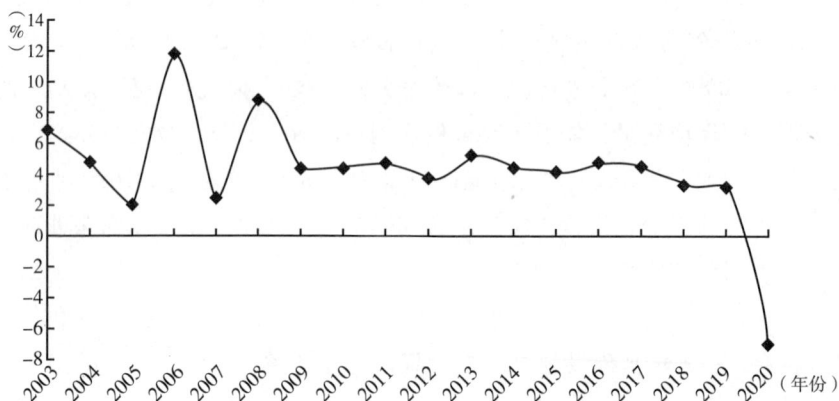

图4-1 2004～2020年圣多美和普林西比经济增长率

资料来源：International Monetary Fund，African Development Bank，African Economic Outlook and Reuters。

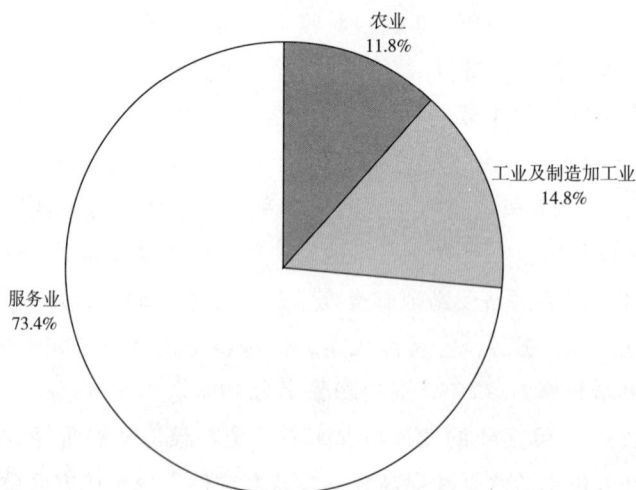

图4-2 2017年圣多美和普林西比产业结构

资料来源：《美国中央情报局世界概况》，https：//www. cia. gov/library/publications/resources/the-world-factbook/geos/tp. html。

第二节 农业

圣普境内火山土土质优良，漫长的雨季带来充沛的降水，多样性的微观气候适宜多种作物生长，有进行热带经济作物种植的优良条件，国家经济高度依赖农业，可可出口量在整个国家商品出口量中占绝对优势地位，个别年份达98%。2020年，可可出口2431吨，创汇670万美元，棕榈油出口4882吨，创汇363万美元。经济结构畸形，国内粮食不能自给，仅能满足需求的55%，人民吃、穿、用多靠进口。粮食进口额占总进口额的7%。圣普农业尤其是种植业规模很小，同时面临重重困境，但一直是最重要的产业部门。

一 种 植 业

圣多美和普林西比全国51%的劳动人口从事种植工作，2016年，种植业产值占GDP的23%。可耕地面积为4.83万公顷，已耕地面积约为3.8万公顷。圣多美和普林西比主要经济作物有可可、咖啡、椰肉、棕榈仁、棕榈油，以及其他热带水果、蔬菜和木材。尽管农产品的市场价格下跌，圣普商品在国际上的竞争力下降，但这里依然有发展热带种植业的巨大潜力。

圣多美和普林西比各岛海拔较低的地方生长着大片椰林，海拔较高的地方建有大片可可种植园。可可属于乔木，但并不高，满树油光嫩绿的叶子终年不败。可可的果实外表呈黄色或者紫红色。工人们从树上砍下大小如甜瓜的果实之后，再由坐在地头的妇女割开外壳，取出几十个蚕豆一样大小的果仁——可可豆。正常情况下，每公顷可收可可豆300公斤。目前，圣多美和普林西比尚不能独立加工可可豆，需要将其运往欧洲国家加工成可可粉和巧克力。全国可可种植园面积为2.42万公顷，约占已耕地面积的64%，产值占国内生产总值的20%以上。葡萄牙统治时期，圣多美和普林西比的可可出口量曾位居世界第一。独立前夕，感到大势已去的葡萄牙殖民者不再更新已经老化的种植园。独立后，由于缺乏资金、技术人员以及管理不善等原因，圣普的可可树平均年龄达到200年，有些更长；由于缺少杀灭植物病害的药物，黑色虫卵病（black pod disease）广泛蔓延；由于施肥不足，土壤肥力不断下降，可可产量不断减少。1996年，可可产量为3500吨（1910年，圣多美和普林西比的可可产量达到36000吨；20世纪70年代初为1万吨；20世纪80年代下降为4000吨；1990年下降为3200吨）。1990年，圣多美和普林西比可可种植园的总亏损额达到290万美元。之后，情况有所好转，2011年，圣普的可可产量为2243吨，出口量为2219吨。2015年，圣普可可产量达2771吨，出口量为2747吨，每吨价值在3000美元左右。最好的可可产自普林西比岛，主要出口到荷兰、比利时、瑞士。2016年，可可的价格和产量急剧下降。2017年，可可的价格继续下行，2018~2019年，全球可可价格持续低迷。现在圣普每年出口3500~4000吨可可，出口额约占圣普出口总额的70%。

圣多美和普林西比还大量出口椰肉、咖啡、棕榈仁。1986年，棕榈种植面积占种植园面积的23%。椰肉是该国第二大出口商品。1973年，椰肉出口量为5000吨。1987年，椰肉出口量不足2000吨。到1997年，椰肉出口量不足433吨。1986年，油棕种植面积占种植园面积的10%，咖啡占3%。这两种商品的出口量在20世纪80年代均不断减少。后来，咖啡出口量从1994年的14吨增加到1997年的45吨。圣普出口到加蓬的芋头（Coclyam，当地又称Taro、Matabala）、水果、蔬菜的量均有所上升。

政府特别重视农业经济，强调要发展农业。为改变粮食进口的尴尬局面，圣普特别重视大米的生产。1975年6月，中国派出农业技术组，与当地人民一道克服重重困难，开荒造田。经过两国农业技术人员的共同努力，圣多美和普林西比有史以来第一次试种水稻成功，获得丰收。1977年8月，圣多美市近郊的迪奥戈努内农场举行隆重仪式，庆祝该国首次试种水稻成功。这不仅是粮食生产上的突破，也是该国人民发扬自力更生精神进行奋斗的结果，增强了他们发展经济的信心，巩固了圣普与中国人民的友谊。这一成功受到达科斯塔总统的高度赞扬，在整个非洲大陆也产生了一定的影响。1999年10月，政府通过农业振兴草案。这个草案强调实施产品多样化战略，鼓励进行私人投资，各地居民全部参与生产，希望借此对农业产品结构进行整合，实现农业多样化。由世界银行资助相关计划，并在 2000 年年中实施。该国实现粮食自给存在各种困难，最大的障碍是当地缺乏个体种植农作物传统，以种植经济作物为主；土地、气候不适合种植小麦（当地居民主要食用面包和其他面制品）。

欧洲花卉商人开始在圣普种植热带花卉，向欧洲出口。

二　畜 牧 业

囿于地域和市场，圣普畜牧业发展非常不充分，猪肉是当地传统的动物蛋白质来源。养猪业曾有一定发展，但受困于热带传染病，逐渐衰落。目前，当地主要以鱼类代替肉类作为蛋白质来源，只有富裕阶层和到宾馆、酒店才能品尝猪肉、牛肉和羊肉。圣普物种丰富，既有原生物种，也有殖民者从各地引进的物种，其中有许多珍稀的品种，但用于发展畜牧业的种类极少。

16 世纪，葡萄牙人把大量欧洲动物带到圣普，其中有猫、驴、马、山羊、猪、鸡、鸭等。除马之外，这些动物生长得很好。但由于一些种植园广泛使用马，因而马的输入量很大，但繁衍不足，目前，马在圣普十分罕见。葡萄牙人引进了猴子和香猫（Civet Cat，产麝香），这些猴子由于繁殖过度和缺乏食物，袭击种植园，造成了灾难性的后果。20 世纪初，普林西比岛在消灭昏睡病的运动中消灭了全部猴子和香猫。独立之后，由于兽医的服务水平下降，该国畜牧业生产能力急剧下降。

圣普的养猪业曾经比较兴旺。1979 年，岛上流行猪热病，政府下令将所有的约 30000 头猪全部屠宰。在外国的援助和支持下，1986 年该岛的猪肉产量恢复到 1979 年的水平。1992 年，非洲猪热病复发，全国猪肉产量从 1992 年的 220 吨下降到 1995 年的 34 吨。到 1996 年，生猪存栏量有所恢复，达到 25337 头，目前维持在这一水平。

牛的饲养量很少。圣普各岛上目前没有农场养牛，原因在于存在牛的健康杀手——萃萃蝇，同时牛结核病也无法克服。牛肉的产量从 1992 年的 12 吨增长到 1995 年的 24 吨，基本依靠进口。1999 年，法国提供了 380 万美元贷款，用于促进圣多美和普林西比畜牧业发展，改造基础设施（包括 Ague Ize、Nava Olinda 两地的屠宰设施），希望能实现岛上畜牧业可持续发展。岛上广泛饲养山羊，有时羊肉被出口到加蓬。1996年，圣普国内有46604头山羊和绵羊，羊肉产量为102吨。1997～2016年，中国台湾每年向圣普提供1500万美元的援助，其中约500万美元用于农业发展。2017年，中国开始在圣普实施农牧业技术援助项目，中方专家组通过进行深入实地的大量调研提出，优先发展牛、羊等草食动物养殖，并开展实用技术试验示范、技能培训等工作，同时建议该国扩大生长周期短的禽类生产规模。

圣普有不少散养家禽，但没有实现规模化、工业化养殖。鸡肉也是普通家庭奢侈品。受到1993年疫情的影响，鸡肉和蛋的产量受到冲击。鸡肉产量不足100吨，到1996年恢复为188吨。蛋的产量持续下跌，从1992年的200万枚下降到1995年的160万枚。目前，岛上鸡蛋可以正常供给，但没有出现较大数量的增长。

三　渔业

圣普位于大西洋东部几内亚湾，这里洋流交汇、气候湿热、饵料丰富，广阔的海域为圣普提供了源源不断的渔业资源。圣普海岸线长约209千米，大陆架面积约为14600平方千米，底栖渔业资源丰富，邻近的涌升流所带来的浮游生物使圣普有较丰富的大洋性鱼类资源，捕获量可占大西洋海洋生物捕获量的90%左右。渔获量达250千克/平方千米，居世界首位。16万平方千米的专属经济区可为圣普每年提供13000吨的渔业资源，其中8500吨为大洋性鱼类，如金枪鱼、蓝鳍鱼，3500吨为底栖鱼类。2015年，圣普渔获量为2.3万吨。

圣普渔业对国家发展和食品保障十分重要，但国内捕渔业多以人力为主。独立初期，依靠殖民时代的设备，渔业曾经繁盛一时，产值占国内生产总值的4%，不仅能够自给，还有部分可以出口到欧洲。独立后，由于管理不善，设备老化失修，渔业生产一落千丈。大鱼捕不到，小鱼捕不多，"守着大海没鱼吃"。目前从事与渔业有关工作的人口约为4000人，占全国劳动人口的10%，年渔获量约为3500吨，只能满足国内一半的需求，可谓"守着大海买鱼吃"。独立后建立的国有渔业公司（EMPSCA）

曾拥有两艘现代化拖网船。在 1978 年，该公司在港口安装冷藏设施。政府划定了大约 370 海里的专属经济区（国际惯例为 220 海里），但拖网船实际上在安哥拉领海内捕鱼。1984 年，该公司的捕鱼量达到 2500 吨，但随后由于对拖网缺乏维修，捕鱼量急剧减少。1988 年，全国工业化捕鱼量仅为 1 吨。1990 年，圣普政府和法国建立了一个远洋渔业企业——非洲渔业公司。但成立以后，这个公司没有向政府缴纳任何费用，国家还承担维修费用。1997 年，国际货币基金组织建议政府出售其所持有的这个公司的 49% 的股权。自此，圣普再也没有现代化的捕鱼设备，只能在近海和内河进行手工捕捞。全国共有 2500 艘船，其中动力船为 750 艘，传统手工渔业的渔获量约占总渔获量的 90%。20 世纪 90 年代初，捕鱼量为 2234 吨，鱼类是该国第二大出口商品。5~9 月是主要渔季，捕获物有鲱鱼、北鳕鱼、毛鳞鱼、长尾鳕鱼、比目鱼、金枪鱼、鲑鱼、马古鲽鱼、海鲈鱼等。这些鱼主要分布在大陆架和岛屿附近区域。近海有鲹科（Carangidae）、鲉科（Serranidae）、鰕虎鱼科（Gobiidae）和鲭科（Scombridae）等 67 科共 185 种鱼类，其中不乏大西洋旗鱼、鲔鱼、石斑、土魟等高级食用鱼类。开阔的水域特别是热带海域有帆鱼和飞鱼，沿岸区域盛产牡蛎、贻贝、海扇、鳌虾和蟹类。

当地人主要用一种宽不过两尺（相当于 66.67 厘米）、长不过两米的独木舟——冬戈捕鱼。渔获物约有 80% 以生鲜方式消费，余则以腌渍、晒干或熏制品方式销售。距离首都圣多美市 27 千米处的内维斯港为渔获物集散中心。就渔产品的消费而言，首都圣多美市附近每人每年消费量约为 50 公斤，而在交通不发达、卸鱼不易的普林西比岛，每人每年的消费量仅约为 10 公斤。目前，全国平均每人每年消费 27 公斤渔产品，由于每年渔获量太小，渔产品需求远大于供给，每年均需进口大量渔产品以敷所需。国内并无任何渔业研究机构，日本、加拿大、欧盟及相关国际组织（如 FAO）提供有关研究支持，例如，有关资源评估、集鱼器、烟熏技术的改善技术，捐赠渔船及捕捞设备的更新等。

政府的渔业收入主要来源于出售捕鱼许可证。1981 年第 63 号行政令和 1984 年第 2 号行政令规定，与圣普签有入渔协议的国家或公司的渔船可取得执照进入圣普水域作业。入渔协议至少应包括下述合作条件：在圣普港口卸下一定比例的渔获物；聘用圣普籍船员及接受观察员上船；提供援助以协助发展当地渔业；训练圣普渔民以提高其捕捞技术；等等。另除特许外，入渔的外籍船仅能在 12 海里外至 370 海里内（国际法规定，专属经济区为 200 海里）的水域作业。早期除欧共体船队进行渔业合作外，苏联也于 1987～1989 年与圣普签订入渔协议，但随着圣普政府放弃社会主义及苏联解体，圣普目前仅与欧盟有入渔协议。外国投资者日益对投资圣普的渔业感兴趣，这对增加捕鱼量的帮助很大。欧盟、日本、加拿大对该国渔业不断增加投资。1996 年，圣普更新了同欧盟的三年渔业协定。作为回报，欧盟为圣普提供了 210 万欧元的援助。1999 年 5 月，该协定再次更新。在这一保护协定之下，76 艘欧盟渔船每年被允许在这里捕鱼 8500 吨，每年交给圣普政府 190 万欧元。这些收入的一半将交给渔业部门，用于人员培训，提高渔民素质。另外，欧盟渔船还必须付给圣普政府渔业捕捞许可证的费用和捕鱼的小费。1999 年 6 月 1 日至 2002 年 5 月 31 日的入渔协议规定，圣普允许欧盟 36 艘围网船（其中法国和西班牙围网船各为 18 艘）、7 艘竿钓船（均为法国船）和 33 艘表层延绳钓船（其中葡萄牙和西班牙分别有 15 艘和 18 艘）每年在圣普水域捕捞 8500 吨渔获物，与 1996 年到 1999 年协议所允许的作业船数相比，维持不变，但可捕捞吨数由 9000 吨减为 8500 吨。在合作费用方面，欧盟同意每年支付 318750 欧元的财务补偿金，另外，所属渔船在圣普水域的渔获吨数超过 8500 吨时，每超过 1 吨，欧盟同意再支付 50 欧元。除此之外，圣普还有偿出售捕捞证照，作业捕捞执照费用为每艘围网船每年 3750 欧元，可捕捞 150 吨渔获物；竿钓船捕捞执照费用每年为 625 欧元，每年渔获配额为 25 吨；对于表层延绳钓船，根据船的吨数，150 吨以上的表层延绳钓船，每年应交 1375 欧元的捕捞执照费用及获得 55 吨渔获配额；150 吨以下者，每年的捕捞执照费用和渔获配额为 1000 欧元及 40 吨。入渔的围网船和表层延绳钓船均应接受 1 名观察员上船，并每天支付给观察员 10 欧元津贴，另外，围网船须再聘用 6 名圣普籍船员。

2000 年 1 月，由于圣多美和普林西比卫生排放标准不能满足欧盟的要求，欧盟发布禁令，禁止从圣普进口鱼类产品。这次禁令对圣普政府试图吸引更多的外国资金以用于本国渔业资源开发是一次沉重的打击。不仅欧盟减少了在圣普专属经济区的捕鱼量，也降低了圣普自身对专属经济区和渔业资源的管理控制力。

2014年，圣普与欧盟达成为期5年的捕鱼协定。2016年10月，双方争执再起。圣普批评欧盟捕捞船（属西班牙）在加蓬海军和美国一家非政府组织的帮助下，违反专门捕捞金枪鱼的协定，在圣普专属经济区捕捉鲨鱼，但西班牙认为这是经过协定允许的行为。圣普要求欧盟给予前两年额外的71万欧元补偿，以后三年每年补偿67.5万欧元，对此，目前，双方并未达成任何安排。2017年4月14日，时任圣普总理特罗瓦达拜访福建平潭综合实验区，表示双方在农业、渔业、基础设施合作方面都会有很好的前景。

从长远看，由于本地具有丰富的金枪鱼资源，渔业发展前景十分乐观。当地渔船没有安装冰箱，也没有能力安装最新的动力系统。如果没有贸易因素的影响，若更新设备，则在圣多美和普林西比海域每年仅金枪鱼就可以捕到11000吨。

四 林业

圣普属于热带海岛国家，土地肥沃，雨量充沛，森林资源丰富，热带雨林密布，堪称"绿岛"。除被开垦为热带种植园的土地外，均覆盖原始雨林，有些树种十分珍贵，热带乔木、灌木、藤萝构成了丰富的热带生态园。由于独立前对森林砍伐过多，现积材不多。近年来，原始热带雨林覆盖率已下降至28%。

圣普各岛处于孤立隔离的位置，具有独特的植物生长环境，从而有很多特有种类在此生长，有些植物种类表明其和周边的地域联系。植物区系的发育史至少可以追溯到白垩纪。热带雨林中主要的科属有豆科的合欢、短盖豆、苏木等属；梧桐科的蝴蝶树、非洲梧桐等属；楝科的非洲楝、非洲桃花心木等属；大戟科的血桐、瓦帕卡大戟等属；桑科的非洲毒箭木、榕等属；山榄科的金叶树属和榆科的非洲朴等。

热带雨林中出产名贵的木材，其中有非洲乌木、非洲紫檀、非洲梧桐、非洲桃花心木、大绿柄桑等。这些树木在交通便利地区已被大量采伐，但培育更新的情况很少，在交通不便地区，天然林相对保存完好。乔木种类虽多，但形态类似：树干细长而直，树皮平滑而薄，叶大、呈暗绿色、全缘、有革质。热带雨林内植物群落的层次结构复杂，一般可分为三层，少者为二层，多者为四五层。最上层是 40～50 米的大树，树冠不连接，参差不齐；树干基部离地面 3～5 米处生出板状根，向外延伸数米；树根入土不深。附生植物除热带草藤外还有藻类、苔藓以及蕨类和兰科等有花植物。它们以乔木、灌木、藤类的干、枝、叶为立足点，依靠根系的特殊适应性获得必需的水分和养料，例如兰科植物的气生根就能在下阵雨时快速吸水。在比较密闭的热带雨林中，附生植物种类多、数量多，分布层次较高；如果树冠比较开朗，则附生植物数量较少，分布层次较低。

圣多美本地生长的食用物种主要有面包果、各种无花果，当地主要的食用作物是四种山药属植物。自 20 世纪 30 年代以来，可可的产量持续下降，野生藤蔓逐渐覆盖抛荒的种植园，同一些杂草、竹子、野生咖啡树、攀缘性的植物、开花灌木杂生在一起，构成第二代森林，它们均生长在被抛弃的种植园里。在一些地方，野生藤蔓在海拔 1500 米的地方还在生长，再往上则是热带雨林植物，这些热带雨林中遍布碧绿的石楠属非洲红木和巨大的非洲楝属树种。在超过 1000 米的高山上，可可树、咖啡树的种植量十分稀少。

1984 年以前，该国 2/3 的能源消耗依靠木材，大部分房屋用木头建造，林业资源综合效益被忽视。1986 年，该国建立了一个委员会，开始研究如何保护热带雨林和热带雨林在受到破坏之后如何恢复的问题。在国外资金的援助之下，圣多美和普林西比开始调查全国具体的森林分布情况和数量。调查显示，全国 29% 以上的地方依然为原始树林所覆盖。圣多美岛 245 平方千米、普林西比岛 45 平方千米的地方被鉴定为"生态保留区"，因为在这里发展农业的成本大于收益。另外，调查显示，全国有约 3 万公顷人工森林。1990 年，圣普被纳入由欧共体提供资金的中部非洲森林保护计划，这一计划的实施有利于提高森林覆盖率。1993 年，森林保护法就已实施，但把大种植园分成小块土地后再分给种植工人的计划的实施导致森林被破坏，甚至出现故意砍伐森林的现象。当地人十分担心生态受到破坏及其带来的恶果。在联合国环境规划署的帮助之下，政府加大了执法力度。截至 2018 年，圣普原始森林覆盖率已下降至 28%。

1997 年，由于经济困难，为解决燃料不足的问题，殖民时代的森林禁伐令被取消，大面积原始森林受到破坏。在 1998 年国民议会会议上，政府宣布正式采纳保护环境和实现可持续发展战略，加大保护环境的力度。中圣普复交后，中国援助圣普修建沼气池，使用沼气池进行生产和生活对保护当地生态环境极为有利。

第三节　工业

圣普矿产资源十分匮乏，但周边大西洋中的海洋资源相当丰富，已勘探和利用的资源主要是矿产资源和水产资源，主要有石油、天然气、煤、铁、重砂矿和锰结核等。圣多美和普林西比具备发展工业的初步条件，但工业十分薄弱，生活用品及工业品主要依靠进口。

一　制造业

根据《非洲统计年鉴》（2018 年），2009 年，圣多美和普林西比的采矿、采石产值为 120.56 亿多布拉，2016 年增至 213.53 亿多布拉。2009 年，制造业产值为 2779.9 亿多布拉，2016 年增至 5331.87 亿多布拉，占 GDP 的 22%。2009 年，建筑业产值为 1719.56 亿多布拉，2016 年增长至 5365.79 亿多布拉，占 GDP 的 22.6%，就业人口占全国人口的 15.8%。

全国第二产业的企业由 50 个中小型企业和几百个微型企业组成，25 个制造业企业在独立之前就已存在，其中 12 个在 1993 年之前全部关闭，8 个开工严重不足，5 个进行重建和改造。后来又有 3 个企业成立。除了涉及印刷、机械修理业务之外，主要工业制品有啤酒、碳酸饮料、酒、面包、棕榈油、肥皂、家具、建筑材料、陶瓷、服装、鱼类加工品等。第二产业主要为满足本地需要生产产品，将生产的少量服装出口到安哥拉。许多基本生活用品还需要进口，主要进口国是葡萄牙。政府不断采取措施保护和鼓励手工业和农产品加工业发展，以逐步改变国家落后的工业状况。圣普政府十分重视发展本国食品加工业和进行建筑材料生产。第二产业的企业在 1997 年之前全部实现私有化，10 个非农业性质的国有企业被私有化、清算或拍卖，由外国公司经营。

二　能源产业

圣普作为海岛国家，缺乏能源产业发展的基础条件，在水电、石油方面有一定的发展前景。独立以后，圣多美和普林西比一直以特惠的价格从安哥拉进口燃料。现在，安哥拉只以市场价格向圣多美和普林西比提供燃料，这使圣多美和普林西比国内燃料价格持续上涨。圣普国内有 2 座水电站、2 座火电站。

岛上溪流众多，水势湍急，成为发展水电的有利条件。截至 2018 年上半年，全国居住在实现电气化区域的人口占总人口的 70%。实现电气化城市地区约占 70%，实现电气化农村地区约占 40%（2013 年）。2014 年，全国发电量为 7000 万千瓦时（2014 年），电力消费量为 6510 万千瓦时。全国有 2 座水电站和 2 座热电站。2000 年，全国总装机容量为 0.1581 亿千瓦，不能满足国内需要，停电情况经常发生。2001 年，全国总发电量为 1700 万千瓦时，在能源结构中，汽油发电占 41.2%，水电占 58.8%。2018 年，发电主要依靠热能，但在 35 兆瓦的装机容量中，由于发电设备老化和缺乏维护，只有 58% 可并入电网。

首都圣多美基本靠燃油发电。由于燃料价格急剧上涨，电力供应因此时断时续。国家拟投资 2060 万多布拉实施一个能源项目，以用于提升国家能源公司的供电能力。电力问题影响圣普正常的工业运转。目前，圣普首都圣多美共有 5 个在役发电组，总装机容量为 3 万千瓦，全部采用柴油发电。其中，圣阿马罗发电厂发电量为 1.45 万千瓦时，占全市 50% 的主供电量，对保障圣普政治和民生稳定意义重大。该厂一期装机容量为 8.5 兆瓦，在 5 台由韩国现代生产的 1700 千瓦集装箱式柴油发电机组中，2 号机组于 2016 年 6 月因发生故障停运，3 号机组于 2017 年 1 月 18 日因发生电气故障停运，圣多美部分地区因此停电。中国与圣普建交后，从 2016 年 12 月 30 日到 2017 年 1 月 20 日，由中国大唐集团公司派出的海外技术人员以超越常规的速度，克服了超出想象的困难，圆满完成了电力救援抢修任务。

　　非洲可持续能源基金（SEFA）由非洲开发银行管理，已于 2018 年 5 月 30 日批准了一笔 100 万美元的赠款，支持圣普开发小型水电项目，吸引私人投资。这些项目将产生中期效果，减少该国对重油和柴油的依赖，并增加岛上清洁能源的使用量。

　　几内亚湾是世界著名的石油资源蕴藏之地。大西洋两岸边缘的海盆中有两个油气带，即东大西洋带和西大西洋带。这里属于几内亚湾一带以尼日利亚为主的海洋油区，储油量为 60 亿～100 亿桶，可以开发 45 年。不同年代的海底有不同的沉积物，这些均在圣多美岛的一些海域有所显示。圣多美岛周围发现不少含油地层，这些海底储藏的石油已成为促进圣普未来发展的重要资源。20 世纪 80 年代后期，国际石油公司在圣普近海找到了储量丰富的碳氢化合物（天然气）。1997 年 5 月，圣普政府首次同美国埃克森美孚石油和南非的两家公司签署在圣普领海勘探和开采石油、天然气和其他矿产资源的协议。这个协议的有效期为 25 年。1998 年 3 月，政府勘察了本国专属经济区的范围，并通过法律予以确认。5 月，政府把这一法律提交给联合国相关机构进行了备案。2001 年，西方石油公司开始进行打井勘探。2005 年 2 月初，美国雪夫莱德士古石油公司与圣多美和普林西比当局签署开发石油的合同，并把第一笔款交付给圣普当局。美国公司与尼日利亚、圣普两国联合开发，该公司支付了 1.23 亿美元，取得开采权，圣普得到 4900 万美元，这相当于圣普全年可可生产收入的 10 倍。毕竟，圣普人口不到 20 万，当时人均 GDP 仅为 400 美元，这个大西洋岛国初次尝到石油的甜头。圣普当局已经与多家国际石油公司签署开采协议。美国公司与尼日利亚石油大亨联手开发这一地区的石油资源，尼日

利亚的石油巨头曾为奥巴桑乔总统助选。这次联合开发的是第一区块。该区块位于圣多美岛以北 300 千米的海区，离其与赤道几内亚和加蓬有争议的克里斯克岛很近。该区块被行家誉为"金块区"，有专家预计日产原油在 100 万桶以上。雪夫莱德士古石油公司在得到许可以后表示，要提高石油生产的透明度，并主动在圣多美和普林西比开展防治疟疾和艾滋病的公益活动。

2009 年 8 月，新一轮勘探高峰在圣普与尼日利亚联合开发区开始进行。按照当时预计，如果商业化开采储量能够保证，2015 年将向外出售原油。实际上，这一过程被推迟。美国政府智库国家情报委员会预测，到 2020 年，几内亚湾的石油产量将占美国石油进口总量的 20% ~ 30%。这对美国来说战略意义重大。到 2013 年，几内亚湾已成为美国大约 30% 石油进口量的中转点。近年来，美国加大对本国页岩气的投资开发力度，油气出口量大增，这里的油气资源对美国的吸引力下降。

2014 年至今，受国际油价低迷和油气资源开发效果不佳的影响，圣普的很多开发项目处于停滞状态。但也有一些令人鼓舞的好消息，2015年，葡萄牙盖洛普能源公司购买了美国公司 20% 的股份，双方曾在葡萄牙领海有成功的合作，决定共同开发圣普专属经济区中的 5 号、11 号、12 号区块。6 号区块计划由葡萄牙高浦能源和英荷壳牌石油公司进行首次勘探性开采。

第四节　旅游业和服务业

独特的地理位置、优美的自然景观为圣普提供了丰富的旅游资源，但交通不便及基础设施落后影响了旅游业的发展。20 世纪 90 年代以来，旅游设施有了较大改观。2004 年 2 月，国民议会批准政府提案，允许在圣普开设赌场。2016 年，全国共有各类旅馆 60 多家，床位 1400 多张，接待游客近 3 万人次。2014 年，旅游等服务行业的产值占国内生产总值的73%。2017 年，旅游等服务行业的产值占国内生产总值的 65%。2019年，圣普共接待游客约 3.5 万人次。游客主要来自葡萄牙和安哥拉。

一 旅游业发展概况

旅游业被认为是圣普最有发展潜力的行业，目前正得到高度关注和快速发展。国内小型服务业主要围绕渔业、贸易和旅游开展活动。2004年2月，经国民议会批准政府提案，允许在圣普开设赌场。尽管多年来人们认为，旅游业会成为圣普经济发展的新的增长点，但交通不便及基础设施的落后影响了旅游业的发展。旅游业的发展一直徘徊不前，对GDP的贡献率一直在30%左右，大大低于人们的预期。1994年，到此旅游的人数为5000人次，旅游收入为200万美元。2017年以前，每年旅游者有3万人次左右，大多为欧洲和非洲游客，旅游与服务业产值占GDP的60%，2018年，游客数量大约为3.1万人次；2019年，游客数量大约为3.5万人次；2020年，降至1.07万人次。

圣多美和普林西比重要的旅游景观有独特的火山地貌、火山口、罕无人迹的原始海滩、独有的鸟类和植物群落、极具魅力的海上钓鱼及观赏项目。不足之处是高山飞瀑受季节影响较大，旅游旺季持续的时间有限，海岛四周的海流过于湍急，不适合游泳。圣多美岛和普林西比岛有一些葡萄牙风格酒店、西部非洲风格酒店及其他国际豪华酒店。一些种植园建设了不同风格的休闲设施，可以为游客提供服务。

圣普主要纪念品有手工艺品、巧克力、咖啡豆等。圣多美市中心有一个圣多美手工艺品中心，规模很小，属作坊兼商铺，主要生产木雕产品，以木质较软的椰子木产品为主，还有一些玳瑁之类的手工艺品，如耳钉、戒指等。华裔投资的中国超市在大菜市场附近，位于市中心，是当地地标式建筑，超市分两层，产品档次不高但货品比较齐全。在兑换当地货币时，若数额不大就可以找超市人员，汇率合适，比去银行方便。

2018年2月3日，《中华人民共和国政府与圣多美和普林西比民主共和国政府关于互免持外交、公务护照（特别公务护照）人员签证的协定》生效。根据协定，两国持有效外交、公务（含公务普通）护照的公民在缔约另一国入境、出境或过境，自入境之日起不超过30日，免办签证。

持普通护照的中国公民入境、出境或过境圣普，可办理落地签。圣普签证分为过境签证、临时签证、居留签证、官方/外交和礼遇签证4种，费用依据种类有所区别。入境圣普须持有效期在6个月以上的护照或其他国际旅行证件、《疫苗接种或预防措施国际证书》（俗称"黄皮书"）。携带超1万欧元（含）或1万美元（含）需向海关如实申报。圣普作为一个信仰天主教的非洲国家，旅游者必须注意以下事项。

在前往圣普旅游时，需注意圣普国家习俗和文化，特别是禁忌。当地有独特的文化背景，女性应注意文化差异并做好实际准备。一定要携带足够的个人用品和处方药，还应该了解当地妇女的文化标准，包括着装规范。

圣多美和普林西比国内治安好于非洲其他国家，但街头盗窃、暴力行为偶有发生，尤其是在冬季假期。建议不要在公共场合持有大量现金。在酒店观光或前往海滩时需存储好额外的现金和贵重物品。在餐馆用餐或前往市场时，携带少量的现金，并避免穿着华丽或戴着昂贵的珠宝。如果面临企图劫车的嫌疑者，为了避免受伤，建议"遵守"攻击者的要求，向警方和大使馆报告。

另外，需办理好旅行医疗保险。圣普医疗费用昂贵，尤其是住院治疗或转院治疗比较麻烦。建议加入"互惠保险计划"，一些国际医疗保健公司可能会提供。如果打算开展冒险活动，如滑翔伞、登山，则要确保购买了保险。在极端情况下，许多传统保险不提供相关保障。疟疾在圣普仍流行，需要特别注意。

不携带违禁药物。在圣多美和普林西比，对拥有或贩卖非法药物的管制十分严格，一旦违反将面临监禁和巨额罚款。

二 服务业发展概况

圣普的服务业主要围绕旅游、贸易展开。公共服务水平不高，依赖外部资金与技术支持。

截至2016年，圣多美和普林西比共有60多家酒店。第一个现代化旅馆建于1986年，当时只有50张床位。20世纪90年代，旅游设施有了较大改进。1996 年，酒店床位已达 500 张。1998 年 2 月，普林西比地方当局与美国南非公司（HBD）签订协议，拟投资 3 亿美元在该岛建设度假村。到圣多美和普林西比旅游的人士主要为欧洲的旅游者和加蓬的富裕阶层。1992 年底，圣多美城南的圣塔那（Santana）建立了一个活动中心，为旅游者提供海底探险娱乐服务，而在普林西比岛，由旅游者联合企业投资的豪华博姆博姆（The Bombom Luxury）娱乐公司则主要为游客提供海上钓鱼娱乐活动。由葡萄牙航空公司投资装修改造的原殖民总督府在 1993 年对外开放。1994 年，政府在飞机场附近投资兴建了一个新酒店（Marlin Beach Hotel）。1995 年，政府与一个德国投资公司（Invst SA）达成协议，由这个公司租赁这个酒店并负责经营。德国投资公司花费 250 万美元对其进行装修，1997 年 6 月，这一酒店改名为奥马利豪华酒店（Omali Lodge Luxury Hotel），重新开张，目前依然是当地最豪华的酒店，有 300 张床位和一个可以召开大型会议的会议室。

2015 年以来，圣普酒店系统开始全面更新，全国床位有 1400 多张。目前，帕斯塔那海洋休闲中心（Pestana Ocean Resort）有 105 个房间，在这里可以享受国际同类宾馆的所有服务。帕瑞阿酒店（Praia Hotel）是当地人开办的一家四星级酒店，有 100 个房间，设施齐全。另外，还有十多家中等酒店，大多有 30 个以上的房间。一些种植园和家庭旅馆也可以提供便利的住宿服务，当地还有家庭公寓出租，并提供来自海洋和丛林的食材和烹饪用具，价格比较合理。

当地集贸市场是主要的贸易中心。圣多美有两家超市，其中一家由中国浙江人开办。当地有很多出售旅游纪念品的商店和酒吧。街头小贩沿街兜售商品的情况比较普遍。圣多美和普林西比日常用品依赖进口，价格昂贵。在圣多美，一瓶普通的矿泉水大约要 30 元，一盘青菜要 50～80 元，随便吃一顿饭要 800～2000 元，但圣多美和普林西比当地人的福利非常好，电费不高（每度大约相当于零点几分人民币），很多地方的天然气全免费，雨季用水基本不收费。

当地电力采用欧盟标准，标准电压为 230V，插口采用欧式标准。互联网连接方式有光纤、ADSL 等，光纤下载速度最高可达 200 兆/秒，资费较高。目前，中国移动和中国电信用户可在圣普接收漫游信号。

第五节　交通运输与通信

一　交通运输

独立以前，全国有沥青路 250 千米，但损毁严重。自 1989 年开始，国际社会提供援助，重修这些公路。到 1995 年，首都以外的公路都在外国援助下得以重修，为此共花费外援 1000 万美元。然而到 1997 年，政府出现财政危机，不能为道路维修提供任何资金。全国道路的周期性维修每年最少需要 3 万美元。目前，未铺设沥青的水泥乡村公路为 150 千米。欧盟为圣普的一些基础设施维修提供了经济援助，其中包括进行圣多美岛南部国家干道维修。这条干道维系了圣多美岛的主要交通。这次维修长度大约为 50 千米，包括道路和桥梁。这条干道维修以后，既可以为当地交通和货物转运提供便利，也可以为到岛屿南部的旅游者提供极大便利，进而推动旅游业发展。

截至 2019 年，圣多美和普林西比全国有公路 380 千米，其中 250 千米为沥青路，大型种植园内有殖民时代的货运铁路。相对而言，圣多美岛的交通比普林西比岛便利，道路可以到达岛内大多数地方，而普林西比除市内几条主干道及通往机场的道路外，其余道路均泥泞不堪。交通路口没有设立红绿灯等信号设施。圣普整体道路行驶条件不佳，即使是首都圣多美市的街道，也多使用水泥铺就，大坑、破碎的情况屡见不鲜。圣多美市外的主要道路连年失修，行人、自行车、摩托车、汽车混杂，随时出现的动物影响交通安全。在当地乘坐出租车大多采用拼车的方式，公共交通不方便，很多人使用摩托三轮车，当地人出行主要靠自行车或者步行。汽车靠右驾驶。

圣多美岛与普林西比岛各有一个机场、一条跑道、一个停机坪、一座小型航站楼。圣多美国际机场可供大型客机起降，每周起降航班常规数量为 15 班（国内航班有 6 班，国际航班有 9 班）。圣多美和普林西比航空公司于 1993 年 10 月正式运行，由葡萄牙航空公司持有 40% 的股份，圣多美和普林西比持有 35% 的股份，法国科尔菲国际航运服务（Colfe International Air Service）公司持有 24% 的股份，德国西北风航程（Mistral Voyages）公司持有 1% 的股份合资经营。往返世界主要城市的航班大部分由葡萄牙航空公司提供，可以直通葡萄牙、安哥拉、喀麦隆和加蓬。国内航班每周四次在两岛间往返。2020 年，受疫情影响，圣普关闭领空，2020 年 7 月重新开放。

海上航线主要由葡萄牙、荷兰航运公司经营，主要往返于里斯本、利伯维尔、安特卫普和鹿特丹之间。中国目前前往圣普的直航航线常规有两条：一条是北京—葡萄牙里斯本—圣普首都圣多美，此航线安全性较好，但价格偏高，此外有时需要在里斯本停留一晚，需要提前办签证；另一条是北京—埃塞俄比亚首都亚的斯亚贝巴—加蓬首都利伯维尔—圣普首都圣多美，缺点是航行时间长。

圣多美和普林西比虽缺乏深水良港，但有两个浅水港——恰维斯（Ana Chaves）港和圣安东尼奥（Santo Antonio）港，它们均是重要的石油转运和现代化捕鱼船队的重要基地。恰维斯港是目前圣普对外的主要港口，属于浅水码头，大型轮船无法进港，需要驳船二次驳运。现在，圣普对外进行农产品运输以及进口国外产品，主要依靠该港。目前，圣普利用外国援助改造另外一个港口迪奥斯（Fernáo Dias），即圣普深水码头项目，当初预计投资 8 亿美元，建设 2 个 7 万吨和 1 个 15 万吨的集装箱泊位。圣普政府决定同法国一家公司签订设计和施工合同，希望在2011 年动工，但由于受到 2008 年世界金融危机的影响，法国公司退出这一项目。2016 年，圣普与中国港湾工程有限责任公司达成合作谅解备忘录。中国港湾工程有限责任公司以 PPP 模式与圣普政府合作，联合组建专门的项目公司进行项目开发、管理和运营。中国港湾工程有限责任公司投资至少 1.2 亿美元（约 8.33 亿元），并负责所有各期工程设计和建造。完成后的深水港将是世界级基础设施，提供满足非洲几内亚湾转运需要的服务。圣普总理帕特里斯·埃默里·特罗瓦达表示，修建港口

是为了发展经济而不是军事。要借助中国力量，建设一个不仅是几内亚湾，而且是从亚洲到南美洲的海上路线的转运枢纽。2019 年年底，第一阶段工程完工，可以停泊 3 万吨船舶，吃水最深 16 米。2020 年 1 月启动新的国际招标，续建港口及附属设施。美国国防部于 2008 年考虑在圣普修建深水海军设施，不过，由于发生金融危机，美国国防部最终没有实施相关计划。

二 通信

移动通信在圣普比较普遍，居民中使用移动电话的人口的比例超过 50%。圣多美岛有 10 多个基站，普林西比岛有 2 个基站，22% 的人口可随时使用互联网。从 2014 年起，由安哥拉控股的安哥拉－圣普联合电信公司取得了圣普电信的控制和垄断权，圣普电信系统得到更新。目前，圣普电信同外部联系通畅，甚至可以在葡萄牙通过远程控制实施外科手术。1990 年，圣多美和普林西比政府与葡萄牙 Radio Marconi 公司（占 51% 的股份）合资建立了一家通信公司 Companhia Santomenese de Tlecomunicacoes（CST）。1996 年 11 月，CST 开通了该国的第一条互联网线路。1997 年 3 月，CST 开始为全国提供互联网服务。1999 年 7 月，CST 完成通信系统的数字化改造。同月，瑞典互联网供应商 Bahnhof AB 从圣普政府手中购买了该国顶级域名 ".ST"。该供应商希望圣普政府通过提供财政刺激（回扣）的方式，吸引外资利用互联网提供价格相对较低的便利服务。由于基础设施落后，通过互联网购物在该国并不普遍，但时尚的年轻人可以通过即时通信软件同其他葡语国家的人们分享各类信息。由于远离大陆，电信数据服务成本较高，价格不菲。

2012 年，跨越大西洋海底的电缆铺设完成，圣普与外部世界的沟通更加方便。圣普电信网络速度不逊于其他地区，已经可以提供 3G 和 4G 服务，手机信号难以覆盖相对偏远的岛屿、山区和远海地区。圣普正逐步解除对电信市场的限制，电信设施改造为外部投资者提供了难得的机会。圣普电信采用国际电信认证（AGER）标准，4G 网络实现全覆盖。

第六节　财政和金融

一　财政收支状况

圣普独立至今已逾 40 年，但仍未摆脱贫穷和依赖外援的困境。财政管理历来是一个困难领域。圣普一直面临结构性、经常性账户赤字，主要原因是国内消费品严重依赖进口，出口产品有限，国内价格受国际价格波动的影响。

1986 年，政府的经济改革计划得到国际货币基金组织和世界银行的支持。1987 年 10 月，圣多美和普林西比在世界银行的帮助下开始进行为期三年的经济结构调整，首先放开价格，然后逐步向私有制转轨。农业和农产品加工工业的工人的工资上涨 15%。多布拉逐步向取消双轨汇率的方向努力，进行进一步调整的努力使多布拉的官方汇率逐步接近市场汇率，多布拉急剧贬值。公务员的工资被逐期调整，收入的增长速度总赶不上支出的增长速度。1997 年，财政赤字为 169 亿多布拉。1998 年 7 月，国民议会通过 1998 年财政预算，收入为 2750 亿多布拉，支出为 2750 亿多布拉，预算收支基本平衡。1999 年，财政赤字为 169 亿多布拉。

1999 年，政府公布 1999~2002 年财政政策、目标和经济政策备忘录，包括稳定税收基础，优先发展基础设施和保障社会福利，制订减少贫困的计划，提高教育和卫生服务水平，实施紧缩的财政政策（包括降低通货膨胀率，增加国际储备），加快进行经济改革，刺激私人投资，实现经济可持续发展。通货膨胀率逐步下降，1999 年为 13%，2000 年为 5%，2001 年为 3%，不过，2002 年又上升为 9%。外部账目赤字（包括官方转移）在 2000~2002 年减少至占 GDP 的 62%~66%，这是因为实施了新的石油投资计划（私人投资比例从 1998 年的 14% 增加到 2002 年的 31%）。主要财政盈余由 1999 年占 GDP 的 1.3% 变为 2000 年占 GDP 的 2.3%，2002 年则占 GDP 的 5%，从而使政府能够把更多的资金投入教育和卫生部门。2000年继续进行"以对外开放、市场为导向"的经济结构调整，将农渔业和旅游业作为发展重点。采取紧缩财政和货币政策，精简政府机构，加快国企民营化进程，积极争取外援等，经济运行比较平稳。2000年4月，圣普与国际货币基金组织和世界银行顺利签署"减贫促增"协议，自2001年起执行重债穷国减债倡议，同一些债权国达成了部分减免债务的协定，召开国际圆桌会议，争取到三年的外援款项。但由于经济结构单一、主要出口产品可可价格大幅下跌，经济总体上仍然较为困难。

近年来，圣普依然没有改变严重依赖外部援助保持财政预算平衡的状况。除外部援助外，财政严重依赖农业，不过，旅游业的小规模发展为圣普带来了实际利益。特罗瓦达政府在2016年提出税收改革计划，修改法律增加税源，加强税收管理，提高家庭能源价格，短期内增加了税收，但对政治和社会稳定产生了负面影响，增加附加税的计划业已推迟实施。2017~2018年，国际石油和食品价格上涨，圣普国内支付能力有限，通货膨胀率重新回升，达到6.5%。葡萄牙和欧盟提供的外部援助有可能增加，而安哥拉和尼日利亚受困于自身经济下滑提供的援助有限，圣多美和普林西比开始依赖来自中国的援助，2017年，财政外部依赖率依然保持在50%以上。外部经济形势好转，特别是主要援助国葡萄牙的经济回升，给圣普经济发展带来积极动力。

通过税收改革，2017年，财政赤字减少到GDP的2.6%，但缺口依然很大。财政支出主要被用于公共交通、通信、教育和医疗卫生等方面。在国际货币基金组织和世界银行的帮助下，圣多美和普林西比实行了紧缩银根的货币政策。

圣普采取货币盯住欧元模式，货币方面的通货膨胀风险大大减少。经过多年努力，国内通货膨胀水平已趋近欧元区水平。2020年8月至2021年7月圣普通货膨胀率见图4-3。在可预见的将来，圣普仍将面临重大挑战，需要克服闭关自守、市场规模小的缺点，应对自然灾害的冲击，降低应对气候变化的脆弱性。由于有限的人力资本，稀缺的流通资源，而且圣普的可持续和包容性水平不高，减少贫困任务艰巨。

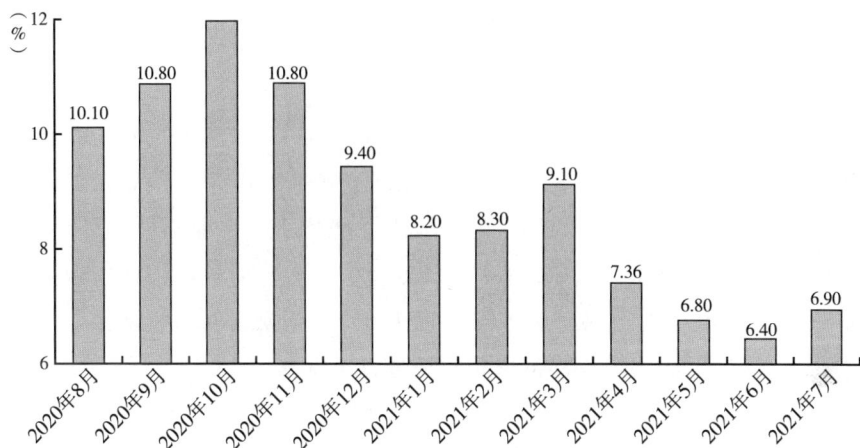

图 4 - 3　2020 年 8 月至 2021 年 7 月圣多美和普林西比通货膨胀率

资料来源：圣多美和普林西比中央银行。

2020 年 7 月 28 日，圣普国民议会通过 2020 年国家预算修正案。受疫情影响，国家预算有所削减，调整后预算总额为 1.3 亿欧元。其中 37.2% 将用于公共投资项目，56.5% 将用于国家机构开支。2011 ~ 2020 年圣普国家预算占 GDP 的比重见图 4 - 4。

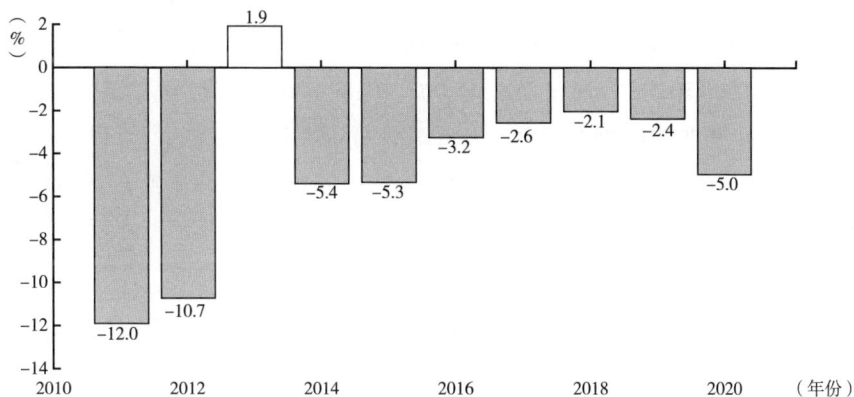

图 4 - 4　2011 ~ 2020 年圣多美和普林西比国家预算占 GDP 的比重

资料来源：圣多美和普林西比中央银行。

二　货币、汇率和银行

1. 货币、汇率

圣多美和普林西比货币为多布拉（dobra，符号为 Db，旧币 ISO 代码为 STD，新币 ISO 代码为 STN）。1 多布拉相当于 100 分（Céntimos）。多布拉于 1977 年诞生，代替当时在该国流通的货币——葡萄牙埃斯库多。货币分为纸币和硬币两类。2018 年，该国发行第二版多布拉（货币编号为 STN），旧币（货币编号为 STD）以 1000：1 兑换成新币，新币、旧币与欧元、美元、人民币等的汇率也相应进行了调整。

1977 年，币值为 50 分、1Db、2Db、5Db、10Db、20Db 的硬币开始流通。除 50 分、1Db 使用黄铜外，其余硬币采用铜镍合金。1990 年，币值为 50Db 的硬币开始流通。1997 年，更大币值的 100Db、200Db、500Db、1000Db 硬币开始流通，其中，100Db、200Db 硬币是圆形的，其余是七边形。2009 年，圣多美和普林西比与葡萄牙签署联系汇率协议，自 2010 年 1 月 1 日起，多布拉汇率与欧元挂钩，汇率固定为 1 欧元＝24500 多布拉（换发新币后为 1 欧元＝24.5 多布拉）。

目前流通的货币中有五种纸币：紫色（5000Db）、绿色（10000Db）、红色（20000Db）、棕色（50000Db）、蓝色（100000Db）。硬币有 5 种，分别为 100Db、200Db、500Db、1000Db、2000Db。一些旧版硬币偶尔被使用，主要有 50 分、1Db、2Db、5Db、10Db、20Db、50Db。

多布拉并非国际通用货币，需要时，可以在国家指定平台（http：//www.xe.com）和圣普中央银行（http：//www.bcstp.st）兑换，美元、欧元、人民币在当地使用起来也十分方便，小额货币可以在当地超市直接兑换。

由于长期贫困，经济易受外部因素冲击，政府治理能力不足，圣普被世界银行称为"碎片化国家"，碎片化还体现为营商环境不佳、基础设施不足、公共设施匮乏、缺乏竞争力，主要依靠外部援助维持国家运转。1993 年 6 月，货币贬值。官方的货币结算汇率为 1 美元兑换 425 多布拉，而"黑市"的汇率为 1 美元兑换 600 多布拉，超出国际货币基金组织规定的 15% 的官方、市场差价的浮动线。20 世纪 90 年代，多布拉急剧贬值 50 多倍。21 世纪以来，在外部压力下，圣普政府尽力保持汇率稳定。从 2009 年开始，圣普加大对财政支出的控制力度，提高公共财政效率。

从 2010 年 1 月 1 日开始，圣普多布拉采取盯住欧元的固定汇率制。自此，圣普货币保持相对稳定。圣普中央银行努力保持外汇储备和汇率变动在欧洲央行允许的范围之内，货币政策面临的挑战主要是维持同欧元的固定汇率，关键是葡萄牙的财政支持力度。通过这一措施，2011 年的通货膨胀率下降到 12%，2012 年下降到 6%，2014 年降至 4%，接近欧元区水平。欧洲央行在 2017～2018 年实施维持宽松的货币政策（2015 年曾经降低对圣普的要求），导致通货膨胀率上升和物价上涨，这对依靠进口的圣普是一个严峻的挑战。2016 年以来，美元一直有升值趋势，欧元疲软，多布拉也受到影响。2017 年维持在 1 美元兑换 23000 多布拉的水平。至 2020 年年中，币值保持稳定，大约 1 欧元兑换 24.5 多布拉。

2014 年，圣多美和普林西比广义货币增长率为 16.8%，存款利率为 3.38%，贷款利率为 15.9%，货币和准货币 M2 为 2.51 万亿美元，国内总储蓄为 2171.34 万美元。

2015 年第二季度至 2017 年第一季度财务与金融数据见表 4-2。2020 年 4 月至 2021 年 3 月圣普外汇储备情况见图 4-5。

表 4-2　2015 年第二季度至 2017 年第一季度圣多美和普林西比金融数据

单位：%，十亿多布拉

	2015 年			2016 年				2017 年
	第二季度	第三季度	第四季度	第一季度	第二季度	第三季度	第四季度	第一季度
多布拉兑美元汇率（平均）	22184	22037	22384	22239	21695	21946	22715	23011
多布拉兑美元汇率（季度末）	22007	21934	22424	21636	22068	21951	23243	22917
多布拉兑特别提款权汇率（季度末）	30950	30789	31073	30481	30870	30640	31246	31094
存款利率（平均）	6.9	6.7	6.8	4.3	4.1	4.2	4.1	—

续表

	2015 年			2016 年				2017 年
	第二季度	第三季度	第四季度	第一季度	第二季度	第三季度	第四季度	第一季度
贴现率（季度末）	10	10	10	10	10	10	10	10
贷款利率（平均）	23.3	23.3	23.2	19.9	19.2	19.5	19.7	—
M1（季度末）	1155.9	1310.2	1431	1253.5	1273.5	1373.7	1521.7	—
M1 同比增长率	16.8	35.4	29.3	29.5	10.2	4.8	6.3	—
M2（季度末）	2526.4	2611.2	2840.2	2668.9	2652.5	2690.1	2703	—
M2 同比增长率	18.7	15.6	13.2	11.7	5	3	−4.8	—

资料来源：Country Report 3rd Quarter 2017，http：// www. eiu. com。

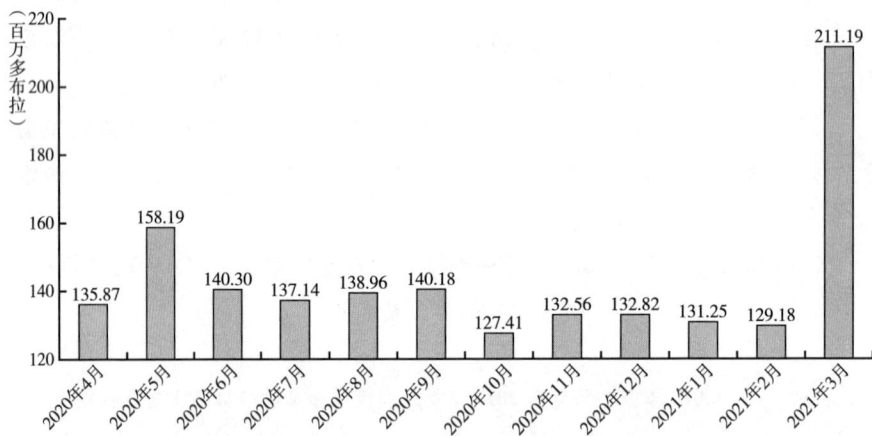

图 4 - 5　2020 年 4 月至 2021 年 3 月圣多美和普林西比外汇储备情况

资料来源：圣多美和普林西比中央银行。

2. 银行

尽管政府一直采取措施努力开放本国金融体系，但圣普的银行和金融体系依然落后。从 1992 年进行改革至 2003 年，国内依然无统一的金融秩序。近年来，改革开始加速，已有 8 家私人小银行在当地取得执照并开业。圣多美和普林西比国家银行（BCSTP）兼有中央银行及储蓄、偿债、外汇储备和信贷职能，有资本183万美元，其中国家资本占33％，葡萄牙银行资本占52％，另有15％的私人股份。作为国家银行支行的"人民储蓄所"专司吸收储蓄，2002年，半年期利率为39％，一年期利率为44％。加蓬商业银行（BJFI）和圣普商业银行是当地规模较大、历史较悠久的商业银行。

三 贸易法规、贸易惯例与贸易标准

圣普为世界贸易组织成员，执行其规则。圣普是南部非洲发展共同体（SADC）、中部非洲国家经济共同体、中部非洲经济与货币共同体、东部和南部非洲共同市场（COMESA）成员国。

圣多美和普林西比实行市场经济，对外开放，高度依赖进出口，间接税（消费税和进口税）税率较高。同时，由于生产和出口基础狭窄，国内税收基础薄弱。政府预算面临庞大的公共部门支出压力，在关键部门缩减开支的回旋余地很小。尽管政府努力采取审慎的财政政策，但不断增加的公共开支仍远超国内收入。圣普普通对外关税采用四个标准：第一类产品，关税税率为5％，主要针对工业制造品；第二类产品，关税税率为10％，主要针对原材料产品；第三类产品，关税税率为20％，主要针对食品与日常消费品；第四类产品，关税税率为70％，主要针对含酒精类商品和烟草类商品。除猪肉外，其余所有产品均可以进口。所有商品在进入圣普之前必须提供申报清单。进口的农产品（包括牛肉和家禽）必须提供进口许可证、卫生证明、免疫证书。进口的危险品（武器、爆炸物、化学品）必须有许可证明。进口的其他商品不需要提供许可证明。部分商品进入圣普时可以享受免税待遇，圣普对进口的牛奶和小麦免除关税。由于部分商品（涉及石油、建材、旅游等）为急需，政府可以特别豁免全部或部分关税。

圣普对商品标签和标注没有特别要求。一般而言，圣普对外贸易采用葡萄牙标准，但并没有国家法律方面予以正式认定。

圣普电信装备进口需要获得AGER，这是圣普普通通信规则。

圣普没有公布过国家技术标准法规。

第七节　对外经济关系

一　对外贸易

圣普政府对吸引外资的态度积极，但外部投资者一直面临官方和程序上的障碍。2007年通过了新的投资法，该法确立了吸引外国投资的框架。2012年后，由于政局不稳，许多招商项目受到影响。2016年，政党轮替后，政局趋向稳定。圣多美和普林西比正在采取积极步骤改善投资环境，使该国对外国投资者更具吸引力。由于圣普多数商品依靠进口，物价很高。在圣普出售商品，必须考虑高额的转运费用和不菲的消费税。2018年贸易额为1.7亿美元，其中进口额为1.53亿美元，出口额为0.17亿美元。2019年贸易额为1.361亿美元，其中进口额为1.264亿美元，出口额为0.097亿美元。

圣多美和普林西比独立后，对外贸易一直由国家垄断。经济调整计划实施以后，贸易实现自由化，私人进口额占全国进出口总额的30%～35%。可可种植园经济在国民经济中占绝对主导地位，圣多美和普林西比的对外贸易在国民经济中占有重要地位，对外部市场有较强的依赖性。圣普在外贸上依赖葡萄牙等欧洲国家，与大多数国家（包括美国在内）的贸易关系并不密切，很多国家希望产品通过直接代理和分销的方式进入圣普，但并不容易。例如，美国可口可乐公司就是通过葡萄牙代理商将产品销售到这里的。对于产品进入圣普，很多国家是通过葡萄牙、加蓬来实现的。大多数圣普产品输往葡萄牙，再转售到荷兰、法国、比利时、瑞士等国。

1980年以前，圣多美和普林西比的进出口基本保持平衡。然而在国际市场上可可价格下跌、国内可可产量下降以后，国内的食品进口总额居高不下，导致该国出现持续多年的贸易赤字。1991年，贸易赤字达到创纪录的2150万美元。1993年，出口额为812.85万美元，进口额为2246.95万美元。1996年，出口额为490万美元，进口额为1980万美元。1997年，贸易赤字仍有1390万美元。由于外汇严重不足，国内基本生活

资料短缺，1998 年以后，国内燃料短缺的情况变得十分严重。主要贸易
伙伴为葡萄牙、德国、荷兰、西班牙、法国、美国、澳大利亚、波兰、比
利时和卢森堡（1997 年出口到德国、荷兰的货物占总出口货物的
50.9%）。主要出口产品有可可、椰肉（这些热带作物并不具备国际市场
竞争优势），棕榈仁、咖啡等也有少量出口。主要进口产品为粮食、工业
产品、日用消费品和燃料。尽管近几年来波动较大，但葡萄牙一直是该国
食品的主要来源国（1997 年，进口额占进口总额的 26.3%）。其他主要
进口来源国分别在东亚和西欧。2015 年，出口额为 900 万美元，进口额
高达 1.275 亿美元，主要进口食品（占 30%）、燃料（占 21%），囿于购
买力，其他产品的进口量微乎其微。经常项目下赤字高达 1.185 亿美元，
是年出口总额的约 12 倍。以圣普与美国的贸易为例，在圣普出口商品中，
纸占 42.3%，机械占 30.7%，金属原料占 10.9%，食品和玩具占 4.7%，
转口加拿大的产品占 2.8%，其他约占 8.6%。圣普从美国进口商品中，
化学制品占 33.2%，机械占 22.9%，物流港口装备占 12.7%，计算机和
电器设备占 12.2%，其他为食物及日常生活用品。2017 年外国产品在圣
多美和普林西比市场上的占比见图 4-6，2015 年圣多美和普林西比出口
伙伴所占比例见图 4-7。

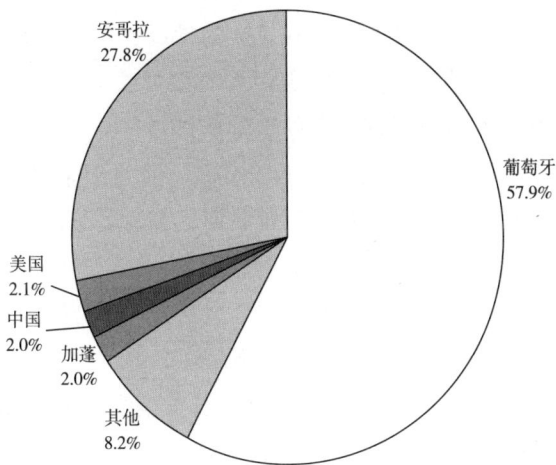

图 4-6 2017 年外国产品在圣多美和普林西比市场上的占比

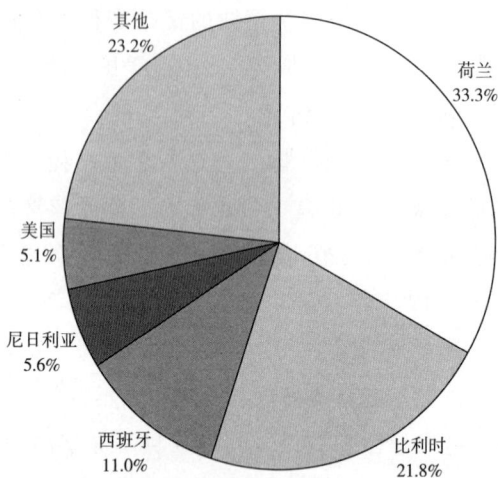

图 4 - 7　2015 年圣普出口伙伴所占比例

资料来源：笔者依据 CIA, The World Factbook 数据整理得到。

二　投资环境

圣普国家狭小，资本和投资严重缺乏，但具备世界眼光，积极引进外国资本。2018 年 2 月通过的《圣普投资法典》，对外来投资者的权利和义务做了详尽规定。对于一些善于寻找机会的投资者来说，圣普有地板价优势。在发现石油和天然气之前，圣普经济长期低位运行，资产价格极低，只能发展种植业和与自然景观相关的旅游项目。

但目前来看，这里不是理想的投资场所。商业环境不成熟；信用缺乏，合作困难；法律不健全，债务很难收回；宪政、法律架构不完善。国际评级组织将圣普的经营风险定为 D 级（极高）。

1975 年独立以后，圣普这个微型、贫穷的海岛国家更加依赖可可生产。由于干旱和管理不善，可可产量大幅下降，严重缺乏换汇资源。圣普进口大量燃料，大部分工业制成品、日常消费品和大量的食物。目前，圣普难以偿还外债，严重依赖国际优惠援助和进行债务重组。在联合国开展的重债穷国债务减免计划背景下，2005 年 8 月，圣普政府与国际货币基金组织达成了一项为期 3 年的减少贫困和改善基础设施项目，投资为 430 万美元，减免圣普超过 3 亿美元的债务，但近年来，圣普的债务再次增加。

圣多美和普林西比从 20 世纪 80 年代开始进行经济改革，国外捐助者资助部分基础设施建设项目，目标是建立友好的商业制度，吸引外国投资和促进交流，但政府没有制定详细的投资规划，与此同时，腐败和缺乏透明度也成为吸引外国投资的障碍。吸引外资的重点在热带农业、工业化捕鱼、旅游设施建设等领域，形成区域化的自由贸易区，加快港口建设，促进石油勘探和开采。在圣普，基础设施匮乏；法律环境不佳；公共设施采取私人投资建设的 PPP 模式极少，主要靠外国援助和政府投资建设。

主要农业与工业产品包括可可、棕榈仁、椰肉、肉桂、胡椒、咖啡、香蕉、木瓜、豆类、家禽、鱼类加工产品、轻型建筑、纺织产品、肥皂、啤酒、木材等；主要进口商品包括机械和电气设备、食品、石油产品；圣普进口合作伙伴有葡萄牙、德国、意大利、比利时、荷兰。主要出口商品有可可粉、椰肉、咖啡、棕榈油；圣普出口合作伙伴有葡萄牙、菲律宾、荷兰、加拿大、比利时、德国。

当地熟练工人短缺，人口主要从事自给农业和渔业的工作。当地劳工平均月工资不超过 30 美元。

三 外国援助

圣普是世界上人均接受外援最多的国家之一，最近 10 年，90% 的预算依靠外援，每年缺口在 1.5 亿美元左右，占 GDP 的 1/3。主要援助方为葡萄牙、法国、美国、德国、日本、中国（包括中国台湾）及非洲开发银行、欧盟、联合国开发计划署和国际货币基金组织等。

独立之初，国家财政预算一半依靠外援，主要援助方为苏联。20 世纪 80 年代进行市场化改革后，经济形势略有好转，1990 年，人均接受外援为 200 美元。根据非洲开发银行于 1999 年发布的报告，圣多美和普林西比于 1985～1997 年共接受各种外援 2449 万美元；1992 年，接受外援增

加到 3490 万美元。1994 年，国际社会提供的贷款和赠款（包括物资）约
为 3000 万美元。根据联合国开发计划署的数据，1998 年，圣普收到的官
方发展援助为 2070 万美元，比上年少 54.4%，其中技术合作占 39.4%，
投资计划占 53.4%，食品援助占 6.2%；多边援助为 820 万美元（比 1997
年少 58.9%），双边援助为 1250 万美元（下降 51.1%）；主要援助方为法
国（占总额的 24.4%）、葡萄牙（占总额的 15.3%）、中国（其中，中国
台湾占总额的 11.5%）。根据联合国的统计资料，1998 年，圣多美和普林
西比收到的官方发展援助人均为 376 美元，高于任何一个发展中国家。

2006 年，圣普共接受外援 2219.78 万多布拉。2012 年，日本向圣普
提供 240 万欧元的食品援助，欧盟资助圣普 200 万欧元用于建设四个供水
站，世界银行向圣普提供 420 万美元财政援助，非洲开发银行向圣普提供
800 万美元用于减贫项目，俄罗斯免除圣普 400 多万欧元债务，国际货币
基金组织向圣普提供 300 万美元的财政支持。2013 年，欧盟资助 660 万
美元用于修复圣普海岸公路，东帝汶提供 530 万欧元援助用于圣普国家预
算和国民议会项目。2015 年，国际货币基金组织向圣普提供 444 万特别
提款权的中期贷款。2017 年，联合国开发计划署同圣普签署 2017～2021
年合作协议，向圣普提供 1300 万美元用于相关援助项目。2018 年，世界
银行宣布将在未来 5 年向圣普提供 1000 万美元用于社会项目，并同圣普
签署机构能力建设和预算支持协议，向圣普提供 1500 万美元融资。2018
年，联合国粮农组织向圣普提供 460 万美元用于实施应对气候变化项目。
2019 年，世界银行与圣普签署合作协议，宣布未来 5 年向圣普提供 1000
万美元用于建设旅游培训学校等减贫民生项目；提供 2900 万美元无偿援
助用于整修 1 号国道。日本向圣普捐赠 3390 吨大米和价值 150 万美元的
建材，提供 160 万欧元援助用于渔业、粮食、基础设施建设领域。

自 1978 年首次提供援助以来，非洲开发银行为该国的发展提供了巨
大的支持。截至 2013 年 5 月，世界银行资助了 30 项业务（如 15 个项目、
5 项研究和 7 个多部门活动项目），价值 1.56 亿美元。在这些援助中，农
业占 45%，服务业占 37%，社会项目占 18%。迄今为止，世界银行对圣
普的投资项目组合中有 8 个正在进行，总净承诺资金为 3100 万美元。该

组合中包括由非洲开发银行以贷款和赠款方式资助的公共部门业务，总额为 2641 万美元，来自脆弱国家基金（FSF）的 370 万美元，以及国际货币基金组织与非洲法律资助基金（ALSF）共同筹资 30 万美元。

1999 年 4 月，葡萄牙与圣多美和普林西比签订合作协定，在未来三年内向圣多美和普林西比提供 4800 万美元用于教育、文化、医疗卫生项目和官方机构采购办公设备等。2002 年 8 月 4 日，葡萄牙与圣多美和普林西比又签署了一个三年合作计划。根据这一计划，葡萄牙将向圣普提供 600 万美元的直接社会援助，同时为普林西比岛电力设施的改造提供 50 万欧元的援助。2008 年 7 月，葡萄牙同意免除圣普 3500 万美元债务并向圣普提供 5000 万欧元贷款。2010 年 6 月，圣普、葡萄牙签署葡萄牙向圣普提供 5000 万欧元贷款的协议。2011 年 6 月，葡萄牙向圣普提供 760 万欧元贷款用于道路重建。

2009～2011 年，美国政府每年向圣普提供援助约 8000 万美元。重点是军事援助，用于圣普小规模军队和海岸警卫队建设，提高其海上安全工作的专业性和能力。圣普位于石油资源丰富的、具有战略意义的几内亚湾，是中部非洲国家经济共同体成员，成为越来越多的地区安全倡议的重点。美国提供船舰，圣多美和普林西比作为地区海上安全演习的成员，在美国海军支持下参与几内亚海湾国家的军事演习。2007 年 9 月，美国政府向圣普提供 800 万美元援助，帮助其解决经济困难。

此外，其他国家和国际组织对圣多美和普林西比也提供了援助。欧盟在 1999～2002 年的双边合作计划中向圣多美和普林西比提供 1000 万美元援助，1999 年提供的资金主要用于在首都建水厂、供水管道工程和修路。联合国人口基金决定在 1998～2001 年提供 210 万美元援助，支持圣多美和普林西比推行妇幼卫生保健、人口与发展计划。2004 年 12 月，世界银行与圣普签署"资助社会项目协议"，在未来 5 年内提供 650 万美元，提高基础教育和初级卫生水平。2005 年 8 月，国际货币基金组织批准了圣普新的《减贫与经济增长计划》，在未来 3 年内提供 430 万美元资助。其于 2006 年 3 月完成了对计划实施状况的第一次评估。2007 年 3 月，世界银行和国际货币基金组织决定免除圣普 3.6 亿美元债务。5 月，巴黎俱乐部决定免除圣普 2390 万美元债务。7 月，日本政府资助圣普 500 万欧元发展渔业。8 月，德国同意免除圣普 462 万欧元外债。安哥拉政府同意免除圣普 2200 万美元债务。2009 年 1 月、5 月，尼日利亚政府决定向圣普分别提供 3000 万美元贷款和 1000 万美元无息贷款。2 月，欧盟向圣普提供 1380 万欧元贷款。3 月，世界银行批准向圣普提供 360 万美元捐款。同月，国际货币基金组织同意资助圣普政府提出的 380 万美元经济项目。2010 年 6 月，欧盟与圣普签署总额为 1500 万欧元的援助协议。2011 年 1 月，阿尔及利亚免除圣普 350 万美元债务。3 月，世界银行向圣普提供 420 万美元预算支持。4 月，加蓬向圣普提供 500 万美元预算支持。5 月，尼日利亚向圣普提供 3000 万美元预算支持。6 月，非洲开发银行资助圣普 300 万美元用于改善机场安全条件和进行全国人口普查。8 月，巴西向圣普提供 88 万美元用于进行全国人口普查。

近年来，安哥拉企业在圣普的经营十分活跃，圣普日益成为安哥拉投资的主要目的国之一。安哥拉当地媒体报道，安哥拉政府在 2014 年向圣多美和普林西比提供一笔总额为 1.8 亿美元的贷款，相当于圣普 GDP 的 50%。首期 6000 万美元贷款于年内拨付，用于支持圣普的"发展项目"。经济学人情报社认为，这笔贷款将使"安圣（普）两国关系更加密切，并在短期内使安哥拉在圣普的影响力进一步增强"。安哥拉在圣普已有重大商业利益。安哥拉国家石油公司（SONANGOL）在圣普实力强大，不仅通过旗下子公司购买了圣普旗舰航空公司 51% 的股权，还涉足圣普的燃料、港口、机场以及人才培训等领域，并有望继续扩展到其他产业。安哥拉前总统女儿伊萨贝尔·多斯桑托斯也在努力为她的电信公司 Unitel 开拓圣普市场。经济学人情报社分析，尽管圣普的探明石油储量并不足以进行大规模开采，但安哥拉向圣普提供的此笔贷款很可能通过未来获得该国石油开采项目股权的形式偿还。这笔贷款将对圣普公共账目构成一定压力，因该国外债已达到国内生产总值的 93%，其中包括欠安哥拉的 2400 多万美元的到期债务。除官方援助外，一直有 10 多家非政府组织为当地提供教育和医疗服务。

中国曾向圣普提供广泛援助。中国对圣普的援助不仅有贷款，而且更多的是无偿援建了大量公共设施。中国连续 30 多年派出医疗（从两国建交到 1997 年中止外交关系期间，共 12 批次 171 人）和农业援助团队，为当地人民提供无偿援助，深受当地人民欢迎。遗憾的是，由于 1997 年特罗瓦达总统执意抛弃"一个中国"原则，与中国台湾"建交"，中国大陆停止了一切援助项目。2016 年复交后，中方于 2017 年 2 月恢复向圣普派遣医疗队。中国台湾对该国的援助起到填补财政赤字窟窿的作用（截至 2016 年，每年在 1500 万美元以上，可填补该国 1/8 的经常项目下赤字缺口）。2002 年 7 月，中国台湾当局提供了 100 万美元的援助用于圣普防止疟疾，同时提供 60 万美元支持当地实施农业发展计划。2017 年双方"断交"后，中国台湾的援助全部停止。2016 年底，中圣普恢复外交关系，中国重新启动了对圣普的帮助和支持。新冠肺炎疫情期间，应圣普领导人呼吁和圣普政府请求，中国政府紧急派出抗疫医疗专家组。在圣普期间，中方专家组在圣多美、普林西比两岛工作，与圣普方同行以及世卫组织援圣普人员交流与分享中方抗疫经验和做法，为圣普战胜疫情做出了中国贡献。中国给予圣普大力援助和支持。中国先后三批次向圣普捐赠抗疫物资。中国国家主席习近平夫人彭丽媛高度关注非洲妇女儿童和青少年事业，代表中国政府向圣普捐赠抗疫物资，旨在帮助圣普妇女儿童、青少年等社会群体更好地应对疫情，这承载着中国人民对圣普人民的友好情谊。

由于该国国家组织不健全，外国援助的效果甚微。大量援助被用来弥补对外贸易和国家财政赤字，结果是扭曲了国内商品的价格。

四 外债

圣普国内预算主要依靠外援，偿还外债靠新的援助和债务减免，因而外债累累，财政压力很大。

圣普独立以后，经济困难，国际社会向其伸出援助之手，但连续多年的困难使其债务不断积累。1993 年，外债已经达到 2.25 亿美元，平均每人负债达到 2100 美元，1991～1993 年，人均 GDP 仅为 330 美元。1994 年，财政预算为 130 亿多布拉，支出为 180 亿多布拉，其余由外援补充。1996 年底，双边债务达 1.07 亿美元，最大的双边债务国为葡萄牙（0.3 亿美元），接着为安哥拉（0.24 亿美元）。1997 年底，圣多美和普林西比的外债已达 2.607 亿美元，其中 2.268 亿美元为长期公共债务。根据国际货币基金组织的估计数据，全部外债在 1998 年底达到 2.743 亿美元。1999 年底，所欠外债为 3.21 亿美元。根据世界银行发布的全球发展财政报告，2000 年，圣普所欠外债有所减少，年底所欠外债为 3.16 亿美元，超过 93% 的债务是长期公共债务，并且所有债权人均为官方机构，其中 57% 的债务属于多边机构，43% 的债务属于双边机构。1999～2000 年，圣普债务减少是基于世界货币市场上各种货币汇率的变动带来的好处。

2000 年，全部外债占出口货物及提供服务价值的比例为 2.273%。基于这个原因，圣普被世界银行和国际货币基金组织确定为减债计划对象。对于重债穷国而言，债务占出口额的比例超过 150% 意味着国家的完结。2000 年 11 月，圣普被列入重债穷国减债计划，外债被冻结。根据非洲开发银行于 1999 年发布的报告，1997 年，圣普外债总额约占国内生产总值的 609.8%，同年应还本付息 240 万美元，人均负债 2000 美元；1999 年应还本付息 504 万美元。1991～1997 年，外债（还本付息）年均增长率为 14.2%。1998 年，外汇储备为 1020 万美元。2000 年 5 月，圣多美和普林西比与巴黎俱乐部成员国达成重新安排双边债务协定，取得债息偿付减免 95% 的优惠，减免金额达 2600 万美元。鉴于经济改革的进展，圣普一直是 2001 年联合国减免债务计划的受益者。2001 年 2 月，比利时政府取消了大约 100 万美元的债务。世界银行在多边重债穷国债务减免计划中，为其减免债务 2 亿美元。2003 年，国际市场上可可价格有所回升，开发圣多美和普林西比石油的前景被看好，经济形势有所好转。2003～2004 年，通货膨胀率控制在 5% 以内。但按照实际消费水平计算，通货膨胀率高达 14%。

2007 年，圣普政府通过承诺进行减税改革，加大反腐败力度，在世界银行和国际货币基金组织的帮助下，巴黎俱乐部为其减免全部 3.7 亿美元债务。2014 年 12 月 31 日，圣普外债达到 2190 万美元。2015 年 12 月 31 日，圣普外债达到 21900 万美元。2017 年 3 月，圣普外债进一步增加，高达 2.6 亿美元，相当于国内生产总值的 85%。

近年来，圣普政府努力希望能够达成新的债务免除协定。2017 年 4 月，国际货币基金组织代表团与圣普财政部部长举行会谈，表示关心圣普

不断增长的外债和债务风险。圣普政府希望继续借入新的资金，投资基础
设施建设项目（建设港口、机场，进行石油开发），进而提高国家发展能
力。代表团不否认基础设施建设的重要性，但坚持认为圣普政府应注意公
共债务增长的危害。代表团成员非洲伙伴基金（FAD）拒绝了圣普政府
的要求。圣普 2020 年底又形成了新债（共计 5.52 亿美元，其中国家水电
公司欠国家燃料公司债务占到 31%）。2011~2020 年圣普外债占 GDP 的
比重见图 4-8。

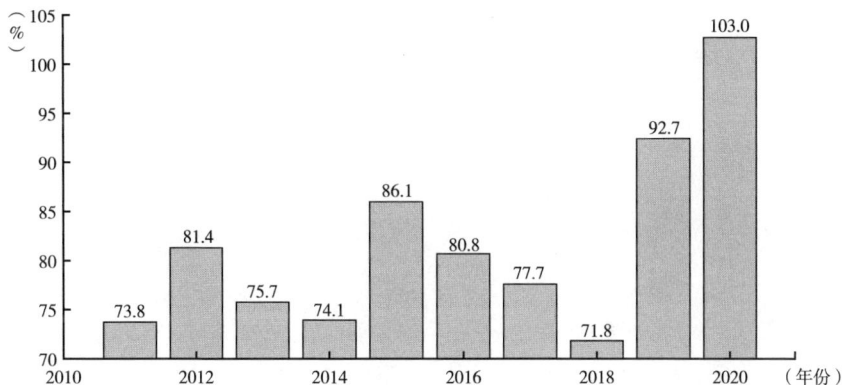

图 4-8　2011~2020 年圣多美和普林西比政府债务占 GDP 的比重

资料来源：圣多美和普林西比中央银行。

第五章

社　会

圣普是偏僻的岛国，尽管政府做了很大努力，国际社会也提供了大量援助，但由于经济社会发展滞后，圣普的社会保障依旧不足，医疗保健水平不高，失业情况严重。

第一节　国民生活

由于基础设施匮乏和投资不足，圣普的社会保障和公共服务能力严重不足。然而圣普是一个全面福利的国家，实行全民义务教育和公费医疗：每一个孩子都可以接受 11 年义务教育；公民看病吃药和做手术均不要钱，住院病人还可以免费享受一日三餐，因病情需要出国就医，病人和陪伴者的来往机票均由国家负担。虽然法律规定的福利措施很周全，但受国力限制，群众得到的实惠不多。

当地贫困人口（一天收入不足 1 美元）的比例在 1991 年以前为 50%，2018 年超过 35%。根据联合国开发计划署《2015 年人类发展报告》公布的人文发展指数，圣普在 188 个国家中排第 143 位。2016 年 1 月，中华人民共和国外交部网站显示，近年来，圣普货币持续贬值，物价上涨，生活在贫困线以下的人口比例已超过 50%，其中 15% 为绝对贫困人口。

由于生存发展面临压力，乡村人口不断向城市集中，仅首都圣多美就集中了全国 1/3 的人口，同时失业率高达 50%。全国 85.59% 的人口处于工作年龄，15～24 岁年轻人的失业率为 20.8%。2011～2020 年圣普失业率见图 5-1。近年来，圣普通货膨胀严重，物价上涨飞快，支出越来越多，加上"不靠谱"的水电供应，民众抱怨政府许诺的多，实现的少。

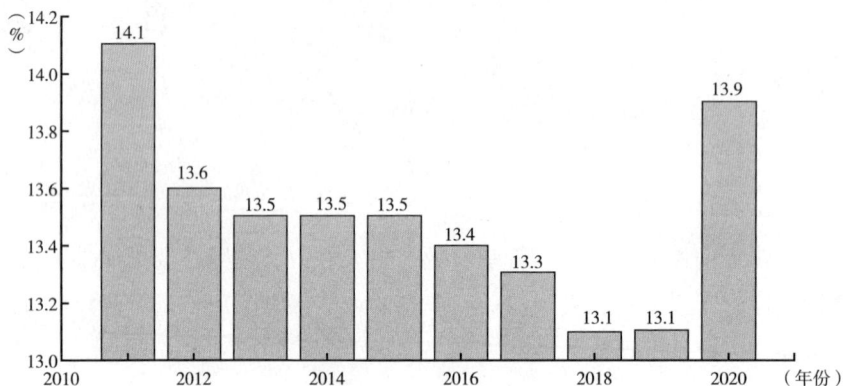

图 5-1　2011～2020 年圣多美和普林西比失业率

资料来源：圣多美和普林西比中央银行。

圣普政府比较重视维护公民权利，当地人权整体状况不错。在圣普，社会结构由男性主导，但妇女的地位普遍高于非洲大陆。在政治和法律领域，很多妇女扮演重要角色，担任过总理、部长、法院院长、中央银行行长等职务。很多海湾、道路、山峰以女性的名字命名。女性在社会中的作用十分突出，市场上的交易者主要为女性；在家庭中，妇女几乎承担了所有的家务。令人遗憾的是，圣普的家庭暴力情况十分严重。

当地对法治的认同度比较高，国际人权组织报道圣普存在拖延审讯、超期羁押的情况。受限于发展程度，民众对国家的政治权力架构的认同存在差异，总统和总理权力争端多次造成内阁解散，加上对腐败情况的痛恨，民众经常走上街头抗议。监狱条件较差，司法体系效率不高，受到的干扰较多。童工比较多，劳动条件差，待遇低，特别是农业领域。

第二节　医疗卫生

圣多美和普林西比十分重视国民健康，加上医疗卫生领域是国际社会援助的重点领域，圣普人口的平均健康水平要比非洲整体水平高。人均卫生总支出在全球排第 144 名（2012 年），占国内生产总值的 7.9%（2012 年），2014 年占 8.4%，相对较高。2015 年，用于医疗卫生领域的支出约占 GDP 的 7.1%，排在非洲地区前列，接近北非发达地区的水平。这在非洲是一个了不起的成就，从 1950 年起，政府每年都把相关数据记录下来。

截至 2020 年 12 月，圣多美和普林西比有 3 所医院、6 所产院、3 个综合门诊部、1 个妇幼保健中心和 1 个国家卫生教育中心，病床为 580 张；共有医务人员 218 名，其中医生为 76 人。2015 年，人口出生率约为 35.3‰，死亡率为 7.4‰，平均寿命为 68 岁，圣普为非洲长寿国之一。2009 年，圣普医院床位密度为 2.9 张/千人，超过国际平均水平。作为热带岛国，圣普获得的"自然馈赠"充裕，热带水果唾手可得，很多人过度肥胖，部分人营养失衡。由于当地人喜欢喝甘蔗酒，身体和精神疾病在圣普十分常见。药品奇缺是医疗卫生领域面临的主要困难：医生开了处方，病人取不到药或在急需手术时面临没有必需的器械和敷料的情况；住院病人的伙食不仅差，而且供应量不足，有的病人因吃不饱而要求出院，能出国治疗的病人更是极少数。

殖民统治时期，为了降低种植园的死亡率，葡萄牙殖民当局把岛屿分成 14 个健康区，规定 50 人以上的种植园必须建立医院，因此当时圣普建立了十几个设备良好的医院，这些医院成为 20 世纪 80 年代圣普医疗机构的前身。殖民统治末期，圣普某些严重的疾病（如麻风病、梅毒、痢疾）通过隔离措施得到控制，这是十分卓越的成就。到 20 世纪 80 年代，经济困难开始威胁人们的健康，由于外汇不足，医药缺乏，1986 年，痢疾卷土重来，许多人，特别是小孩，因为药物不足而死亡，这些药物其实完全可以由外来捐赠者带到岛上。

圣普独立以后，政府的一个目标是为每一个圣普人提供免费的医疗服务。为达到这一目标，每一个行政区分成若干个健康区，每个健康区内均建有一个医院，这些医院能够处理除外科手术以外的一切医疗问题。受益于比较完备的医疗体系，圣普的医疗条件要远好于西非其他国家。例如，圣普人可以广泛接种相关疫苗防范黄热病，使用低碘盐预防贫血。1985 年前后，圣普在健康服务方面的花费一直占据政府支出的首位，但人们的健康水平相对不稳定。1985 年，卫生部门的支出为1.23 亿多布拉（约 275 万美元），占总预算的 12.6%，但医疗服务仍严重依赖外国援助。整个国家的医疗设备、技术、药物、人员等极端缺乏，具有代表性的疾病，如肠道传染病，不仅由于药物缺乏而难以治疗，而且难以找到有效的方法进行预防。另外，公共卫生方面需要解决的问题比医疗方面还多。

客观地讲，到目前为止，圣普的医疗设施仍然比较落后，医疗条件十分简陋，药物严重不足，圣普人要做较大型的外科手术的话会到加蓬或者安哥拉。

肠道疾病是对圣多美和普林西比人最大的健康威胁，全国每年有近10%的人患此类疾病；排第二位的是呼吸道疾病，每年有近 9%的人患此类疾病；其他疾病，如心脏病、贫血、结膜炎、肝炎在圣普也十分常见。

近年来，艾滋病病例不断增加。对于 15 ~ 24 岁的女性，只有不到10%了解艾滋病及相关知识。圣普官方宣布艾滋病感染率为 5%，实际上，真实数据远大于此。由于预防措施落后，乡村感染率超过城镇。

疟疾曾在圣普肆虐一时。脑型疟疾是遍布圣多美和普林西比的疾病。旅游者在制订旅行计划时应做好充分准备，接种相关疫苗并准备好预防药物。疟疾是圣普独立后面临的最严重的疾病，曾经每年有超过 40000 名疟疾病人，医院里住满了罹患疟疾的病童，疟疾大流行时，病床不够用，近70%的患者住院，近 50%的住院患者死亡。1997 年后，中国台湾曾经派遣由医疗人员、公共卫生人员、医工、兽医、园艺人员和信息人员等组成的协助医疗团、农技团与防疟团援助圣普。中国台湾防疟团自 2003 年起参与圣普的疟疾防治工作。2000 ~ 2007 年，圣普疟疾病人较 2003 年减少90%，死亡人数更是减少了 99%，看似成果丰硕，却隐含着若不能持续进行防疟，易感族群比例就会上升从而可能暴发大流行的危机。想根除疟疾，就需要各方继续努力。在中国与圣普恢复外交关系后，中国医生很快抵达圣普，提供成熟的疟疾中医治疗方案，这一方案中使用的青蒿素在非洲其他地区的声誉卓著。对于疟疾，旅游者即使进行了充分的预防，也应该熟悉相关症状，如果出现相关发热症状，就需要立即寻求医疗帮助。

钩虫、血吸虫病在圣多美和普林西比比较严重。血吸虫尾蚴能穿透完整的皮肤，人们应尽量避免在淡水湖泊、河流和小溪中游泳，避免接触未经处理的水，以防止感染。

霍乱、肺结核在圣多美和普林西比也越来越严重。

2020年4月，圣普报告首例新冠肺炎确诊病例。2021年7月，确认发现德尔塔变异病毒感染病例。截至2021年8月，累计确诊病例约2500例，死亡37例。国际社会给予圣普大量防疫物资援助。

旅游者到达圣多美和普林西比，应该携带必备且充足（标记正确使用方法）的处方药物和其他相关药物，这些处方或非处方药物在当地商店或药房一般难以买到。圣多美中心医院的电话号码是239 2221222，郊区也有一所医院和几个诊所，它们仅提供基本的医疗服务。据旅游者提供的信息，即使是轻微的手术也需要到利伯维尔（加蓬）、里斯本（葡萄牙）或其他地方进行。

尽管圣普淡水资源充足，但由于净化设备落后，用水管道老化、失修，自来水不能直接饮用，条件好一点的家庭主要饮用瓶装水，做饭时要对水进行高温消毒。全国有20%的人口无法获得干净的水，饮用水常常没有经过处理，居民的食物因为没有煮熟也很容易感染细菌。85%的人口没有厕所等基础设施，消费场所也非常缺乏。许多地区甚至没有下水管道，污水到处漫溢。粪便随意排放，垃圾暴露在空气中，公共健康条件较差。2016年圣多美和普林西比医疗卫生状况见表5-1。

表5-1　2016年圣多美和普林西比医疗卫生状况

指标	相关内容
饮用水源未改善的人口占比（%）	3
饮用水源改善的城市人口占比（%）	98.9
医院床位密度（床/千人）	2.9

续表

指标	相关内容
医生密度(名/千人)	0.49
卫生设施未改进的人口占比(%)	65.6
卫生设施得到基本保障的城市人口占比(%)	40.8
卫生设施便利的农村人口占比(%)	23.3
主要传染性疾病风险程度	高
由食物或水传播的疾病	细菌性腹泻病、甲型肝炎、肠道感染
易感疾病	疟疾、登革热
水接触疾病	血吸虫病

资料来源：笔者根据圣普政府网站（http：//www. saotome. st）相关资料整理。

中国对圣普提供了医疗援助。1996 年 5 月 16 日，中国同圣普签订《中华人民共和国政府和圣多美和普林西比民主共和国政府关于中国派遣第十一期医疗队赴圣多美和普林西比工作的议定书》，就中国向圣普派遣第十一期医疗队达成协议，主要内容如下。应圣多美和普林西比民主共和国政府（以下简称圣普方）的邀请，中华人民共和国政府（以下简称中方）同意派遣由 15 人组成的医疗队赴圣多美和普林西比民主共和国工作。工作地点是圣多美中心医院。中国医疗队工作所需的医疗设备、器械、药品、医用敷料和化学试剂由圣普方提供。中方每年将提供一定数量药品、器械，办理交接后由中国医疗队保管使用。中方提供中国医疗队使用的生活用品、药品和器械由中方负责运至圣多美港，圣普方负责办理报关、提取手续，并免除各类税款和费用。中国医疗队队员前往圣多美和普林西比的国际旅费，由中方负担；从圣多美和普林西比返回中国的国际旅费和在圣多美和普林西比工作期间的住房（包括必要的家具、卧具、水、电、空调、冰箱、冰柜）、生活费和旅差费由圣普方负担。中国医疗队医务人员、翻译和厨师的生活费为每人每月6.25 万多布拉（上述费用的30%以可兑换货币支付）。中国医疗队使用的交通工具由中方提供，司机、车辆的维修及燃料由圣普方负责。中国医疗队队员的生活费由圣普方按月拨付给中国驻圣多美和普林西比大使馆经济商务处。如遇到圣普方物价变动超过 10% 时，中国、圣普双方将进行协商，对原定费用标准进行调整，并换文确认。与中国复交后，中国政府派遣由专家组成的医疗团到圣普，用先进的抗疟技术进行援助，深受当地百姓欢迎。

第六章

文　化

　　圣普各岛在被殖民者发现之前，无人居住，自然遗产丰富。葡萄牙等国殖民者到达后，从西部非洲掳掠和引进黑人开辟大型奴隶制种植园。圣普居民全部为外来移民，由葡萄牙殖民者主导，各种文化在这里交流碰撞，借鉴融合，圣普形成了以葡萄牙文化为底蕴，极具西部非洲特色的独特克里奥尔式文化体系。

第一节　教育

一　教育概况

　　圣普面积虽小，但重视教育，受限于国家实力和地理条件，国民的总体受教育水平不高。当地主要发展基础教育，很多中学生毕业后，靠国际援助到欧美和非洲其他国家留学。截至 2020 年 12 月，圣普全国有 103 所学校，其中小学 80 所，中学 20 所，大学 3 所（其中私立大学 2 所）。此外，圣普还在一些大中型种植园就近建立学校和幼儿园。官方公布的儿童入学率为 95%，全民识字率为 91.1%，但大多数成年人只能写自己的名字。

　　19 世纪，圣普境内的教育主要由天主教教堂提供，一些富裕家庭将孩子送到里斯本和巴西学习。19 世纪末，圣多美人在当地建立了一些公立学校，法律规定种植园主有义务为种植园工人的子女提供上学机会。20 世纪 60 年代，葡萄牙殖民者把殖民地居民分成"文明人""野蛮人""当地人"，区别"文明人"和"野蛮人"的标准就是认识葡萄牙语词语的数量。1940年的官方统计数据显示，53%的圣多美人为"文明人"（标准是能用葡萄牙语正确拼写本人姓名）；1952年的官方统计数据显示，72%的"当地人"为"文明人"，但这个数据受到质疑；1950年的官方调查显示，81%以上的圣多美人是文盲。1950年，圣多美有26所小学（其中18所为公办小学，7所为天主教小学，1所为基督教小学），大部分教师是女性（共有教师30名），各级学校学生的总数是2292人。1951年，殖民者建立了一所技术学校，由电工、机械工人、木匠、金属工人和打字员授课，传授实用技术。1952年，圣多美市建立了一所中学。

独立后，圣多美和普林西比政府十分重视教育，实行免费义务教育（6~17岁），儿童入学率为96.1%。学制上，小学为四年，初中为四年，高中为三年。1994年6月，非洲开发银行在圣多美和普林西比投资兴建了一所师范学校。根据非洲开发银行的统计，1995年，圣普的成人文盲率为69%。2010年，在15岁以上的公民中，89.2%的人具备初步读写能力，其中男性占93.9%，女性占84.7%。目前，全国只有一所公立大学，有几家职业技术培训机构。

20世纪90年代，圣普进行民主化改革后，执政党建立了统一的教育体系。由于新生人口比例高，人口结构低龄化，岛上学龄前孩子非常多，挤满了学校，同时为改变成人文盲过多的情况，教育任务相当繁重。圣多美和普林西比的教育经费占了政府预算的很大一部分：从1975年的85.2万美元到2021年的4107万美元，约占政府预算支出的10%。整个教育体系严重依赖外国援助，由援助者提供教材，资助学生出国留学。主要援助机构和国家是联合国教科文组织（UNESCO）、葡萄牙、古巴和法国。法国不仅出钱建学校，而且派人教授法语，提供课本，帮助圣普进行专业培训和管理。圣普的英语教学水平很低，学生学习英语完全依靠那些会说一点杂乱英语的人。1986年，英国政府同意提供有限的英语课程。2005年，教育经费占政府预算的13.4%。2014年，教育经费占GDP的3.9%。2021年，教育经费占GDP的7.7%。

二　中小学教育

2004 年 2 月，圣普再次对教育体制进行改革，小学义务教育由 4 年改为 6 年，注册学生数量为 3.5 万人。2020/2021 学年，圣普注册学生人数约 8.2 万人。新的教育体系给所有 5 岁以上的儿童提供了学前教育的机会，他们在接受完学前教育后，接下来要接受 11 年的基础教育。有的学生在完成基础教育后出国读大学，有的学生去服兵役或者去中学、小学教书，也有的去接受技术教育。由于种植园工人家庭贫困，他们的孩子众多，其中一些在年龄很小的时候失学在家，流落社会，很多青少年在街头兜售海产品和地方特色工艺品。

圣普每年选派一些中学毕业生到国外留学或深造，重视对本国师资进行培训，并聘请葡、英教师在各中学执教。2005 年，圣普文盲率（以能否正确书写自己姓名为标准）为 15.1%。2011 年，在校生共有 37562 人，其中小学生为 23760 人。2017 年，全国学龄前儿童为 8510 人（男孩有 4212 人，女孩有 4298 人），教师为 330 人；小学生为 33893 人（男孩有 17360 人，女孩有 16533 人），教师为 1183 人；初中学生为 14061 人（男孩有 6663 人，女孩有 7398 人），教师为 601 人；接受职业教育的学生为 766 人。

2017 年，圣多美岛上只有一所公立高中（The Liceu Nacional School），学生有 400 多人，可以接受 11 年的基础教育，他们毕业时的年龄大约为 17 岁。在普林西比岛，教育基础薄弱，交通不便，教育投入有限，没有高级中学，适龄儿童只能接受 8 年初级教育，然后集体失学，只有极少数能够到圣多美岛求学，或者到国外留学。2007 年，圣多美建立了私立鲁萨达斯技术学院（Lusíadas University），为中学毕业生提供行政管理、法律和技术培训。2018 年，圣普的初中、高中实际入学率分别为 68% 和 32%。

三　大学教育

圣多美和普林西比大学（University of São Tomé and Príncipe）是圣普唯一的公立大学。圣多美和普林西比大学初建于 1996 年，政府以 88 号法令的名义建立了"圣多美和普林西比高等理工研究所"，将其作为从事高等教育的公共机构，致力于教学、研究，设有三年学士学位课程，旨在提高中学教师的葡萄牙语、法语、数学、生物学和历史教学水平，后来开设了其他学士学位课程。在创建过程中，其曾经作为波尔图大学和葡萄牙理工学院的布拉干萨研究所的分部。2006 年，葡萄牙卢斯埃达大学在圣普设分校，2014 年 7 月 24 日，正式成立圣多美和普林西比大学。在成立仪式上，教育文化部部长聘请达科斯塔（Peregrino do Sacramento da Costa）教授为校长。2012 年以来，两家巴西公司大力支持这所大学。2016 年 8 月，新校长德门尼泽斯（Ayres Bruzaca de Menezes）正式就任。这所大学有四个教学中心：教育和传播学院（以前的学校教师和教育工作者埃斯科拉德培训中心）、科学和健康研究所（以前的健康科学研究院）、高级理工研究所、埃斯图达发展研究中心。2018 年，圣普在华留学生总数为 171 人。2018 年 9 月 5 日，圣多美和普林西比大学孔子学院设立，中国国务院总理李克强和圣普时任总理特罗瓦达共同见证《关于合作设立圣多美和普林西比大学孔子学院的协议》的签署。圣多美和普林西比大学孔子学院现开设三个汉语教学点，2019 年共招收汉语学习者 2020 余人。3 名来自湖北大学的汉语教师在此任教。

通过多年扎实的教育，圣多美和普林西比社会正发生积极变化。虽然圣普仍然存在显著的性别差距，但能提供给女性的就业岗位占 1/3。对于人类发展指数（HDI）[①]，圣多美和普林西比在 169 个国家中排第 127 位，属中等人类发展范畴。

第二节　文学与艺术

一　文学

克里奥尔式葡萄牙语在圣普是通用语言，罗马天主教是当地主要宗

---

① HDI 是一个多指标综合指数，用于衡量与人类发展相关的三个主要领域即寿命、知识和教育的情况以及生活标准，于 1990 年设立，每年由联合国开发计划署（UNDP）发布，可以反映一个国家的生活质量。

教。非洲使用葡萄牙语的国家，如安哥拉、莫桑比克、几内亚比绍、佛得角，长期遭受葡萄牙殖民统治，文化的发展受到极大限制。19 世纪中叶以前，这些地区的文学主要是方言口头文学，描写当地人民生活的葡萄牙语文学实际上是从 19 世纪中叶以后才发展起来的。

圣多美的文学作品大多用圣多美语（带有圣多美特色的葡萄牙语，也称圣多美方言或圣多美语）创作。圣多美语是最早的口语和口头文学载体，渗透在诗歌、寓言、舞蹈和戏剧等所有艺术形式中。圣多美人很早就用当地方言编写历史，并通过口头方式传播日常事务。18 世纪时，圣多美人第一次尝试运用方言书写岛上的教规。圣普独立后，政府收集和出版了许多圣多美诗歌、寓言等文学作品。诗人弗朗西斯科·若泽·特恩雷罗（Fransisco Tenreiro, 1921—1963 年）是一位非洲文化历史重要人物。他被称为葡萄牙教育史上的"葡萄牙语之父"。弗朗西斯科·若泽·特恩雷罗是克里奥尔人，年轻时喜欢到处旅行，经历十分丰富。在短暂的一生中，他发表了相当多的作品，如文学作品和学术研究作品。1942 年，他发表诗集《圣多美岛》，喊出了非洲人民的共同声音。他的诗展现了非洲人的个性，比较了非洲贴近自然的世界和欧洲让渡给工业技术的世界。他追求光明和理想，揭露了一些非洲阴暗的事实。在他的诗中，反映黑暗面的篇幅较讴歌光明的篇幅多两倍。另一位著名的诗人马里亚·曼努埃尔·马尔加里多，生于 1925 年，她的诗富有反抗精神，代表作品是《寂静的天空》（1957）。她的诗引领了圣多美岛的文化潮流。圣普独立后，她参加重要的集会，并成为民族大集会（National Popular Assembly）主席。斯托克罗（Francisco Stockero, 1839—1884 年）是圣多美诗人，其所写的诗歌第一个被收入葡萄牙诗词集中。诗人非姆（Fransisco de Jesus Bonfim）运用普林西比方言创作，其中，其于 1923 年创作的 *Fala Setu* 一书包含了许多小故事，这些小故事用不同的当地语言写成，以挖苦讽刺的风格见长。一个法国出版商出版了这本书，并将其作为圣普学校的教材。

在圣多美，诗歌的读者和作者均十分少，出版作品的渠道也很少，圣普的新闻业很不发达。官方出版社在 1900 年时仅有一个，后来，圣普成立了两个私人出版社。圣普独立前，教堂也可出版作品。由于缺少印刷机械和纸张，很多信息是通过张贴手抄报的方式传播的。人们日常接收信息的主要方式是听收音机。当地有几家剧院，一直积极参与旅游与文化推介活动。

在书、报纸不够普及的社会，口头传播信息的方式十分发达：描述各种动物，如聪明的海龟、鲸；对于灵异故事，鬼怪多是主角。在口头传播的故事中，寻找食物是重要情节，常包含合理性的内容。

二　绘画、音乐和舞蹈

20 世纪以前，圣普没有专业的美术人才和绘画传统。独立以后，一批富有天赋的艺术家从海外留学归来，逐渐形成了富有当地特色的绘画风格：主要描绘当地特有风光，有的以抽象派形式描绘海洋风光，有的用写实风格描绘热带雨林和普通生活场景。

圣普人酷爱音乐和舞蹈。当地流行的圣多美音乐有着与拉美和非洲相同的节奏，且与佛得角音乐十分相似。圣普有几支演奏现代音乐的乐队。吉尔贝托·吉尔·乌贝利纳是当地最著名的流行艺术家，在海外的影响力较大。音乐节奏渗透到生活、恋爱、工作和舞蹈的各个环节。在人口相对集中的街头，从早上开始，基索姆博舞（Kizombo，意为"集会"，源自安哥拉舞蹈）鼓点就开始敲响，可以持续一整天，一波又一波的人加入其中，如痴如醉。当地年轻人喜欢具有挑战性的独舞，普通民众随时随地就可以迈开舞步，独舞或者共舞。即使是对于最偏僻的村落、最贫穷的家庭，立体声音响也是必备之物。当地人对此充满自豪，对外来人士常常发问：你喜欢哪种舞蹈？桑巴，探戈，还是费斯塔（Festa，当地流行的一种舞蹈）？……

对圣普年轻人来说，夜生活就是去俱乐部，这里有体现当地舞蹈文化的娱乐活动。

第三节　体育

圣多美和普林西比人民热衷于体育活动，但竞技体育成绩落后。

圣普首次参加奥运会比赛是在 1996 年亚特兰大奥运会，对于悉尼奥运会和雅典奥运会，圣普都派队参加。不过，由于竞技水平不高，圣普未能获得任何奖牌。2008 年北京奥运会、2012 年伦敦奥运会、2016 年里约热内卢奥运会，圣普均派出运动员代表参加，但遗憾的是依然没能获得奖牌，但这并不会影响圣普人的运动热情。圣多美和普林西比参加的项目主要是田径短跑类比赛和沙滩排球。

足球是当地人最喜爱的体育运动，使圣普人和外部世界相互联系。足球在圣普的历史悠久，圣普在 1953 年建立了足球协会，在 1977 年建立了足球国家队。从 20 世纪 90 年代开始，国内联赛就分两个赛区举行。圣普的奥林匹克运动场在公园一侧，每天有很多人踢足球，规模不大，约为一个标准田径场大小。

圣普在田径和潜水项目上有广泛的群众基础，但训练强度不足，整体水平不高。每年的 3 月 12 日是当地有名的体育狂欢节。

第四节　新闻媒体

圣多美和普林西比社会新闻总局为国家新闻单位的主管机构，由政府直接管理。主要媒体有国家电视台、国家电台、国家通讯社、政府网站。普通人获取信息的渠道主要是国家广播电台和国家电视台，90% 的人口依然使用无线收音机，15% ~20% 的人口长期阅读报纸。全国有图书馆 6 个，藏书 1.4 万册；有档案馆和博物馆各 1 个。

广播和电视是圣普人接触非洲音乐和文化，同外部世界交流的直接通道。

电台每天用葡萄牙语播音 17 个小时。1992 年 5 月，圣普政府与美国之音签署了一个长达 30 年的协定，允许其建立一个面向非洲大陆的无线转播站。自 1994 年开始，美国之音每年向圣普政府缴纳 21 万美元的租金。自 1996 年开始，美国之音的节目覆盖整个非洲大陆，非洲听众达到 2500 万人。1994 年，圣普政府和法国国际广播电台签署了一个协议，允许其在圣多美岛建立一个转播台。1996 年，以里斯本为基地的葡萄牙非洲广播台（RDP-Africa）开始用长波转播由其制作的广播节目。2000 年 4 月，圣普主教区主教瑞巴斯（Abilio Ribas）宣布，要建立圣普主教区的广播台（Radio Jubilar），由葡萄牙政府提供资金，用于宣传道德、市民文化和进行葡萄牙语教育。2000 年 4 月，由葡萄牙援建的普林西比自治区电台正式开播，每日用葡萄牙语播音 17 个小时。

国家电视台是圣普首家电视台，于 1982 年 7 月试播。现在每晚播出节目，主要播放葡萄牙语节目，有 23000 个用户。1999 年 9 月，一家由葡萄牙独资开设的 TVS 地方电视台开播。大约可以覆盖 70% 的民众。2007 年 11 月，法国非洲世界频道（TV5 – Monde Afrique）在圣普开播。

截至 2016 年 1 月，圣普全国只有一家通讯社（圣普国家通讯社）。主要报刊有：《消息报》（葡萄牙文），发行量为 2000 份，主要公布国家法令和规章制度；《共和国日报》，发行量为 500 份。此外，《劳动报》《编年史》《新共和国报》《劳工报》《论坛报》《傻瓜》《橱窗报》等报刊不定期发行，没有报刊能发布当日即时消息。网络对当地的即时新闻的传播十分重要。2008 年 5 月 19 日，圣普政府主管的第一家新闻网站圣普在线（http：//Telá Nón，www. telanon. info）建立，主要发送当地的政治、经济、娱乐和体育消息。随后，一名曾经留学葡萄牙的当地记者建立了圣普数据平台（http：//www. stp digitel. net），主要发送世界上有关圣普人的历史文化、传统风俗、地理气候、娱乐服务等信息，这个网站还是圣普最大的网上社交平台，同时是脸谱的合作伙伴。另外一家网站圣普报道网（http：//www. reporterstp. info）主要报道当地重大节庆和娱乐活动。

有趣的是，圣普人十分热衷于进行面对面的交流，而不是利用媒体，他们之间的关系十分融洽。在普林西比岛，当地人彼此熟识，很多消息通过口头传播的方式在几个小时内便传遍全岛。

第七章

外　交

　　圣普独立后不久即加入联合国。在进行民主化改革之前，圣普同苏联等社会主义国家关系密切。进行民主化改革之后，外交重点在欧美等发达国家，以葡语文化认同和争取外部援助为主，同周边国家保持良好的关系。为改善国家经济状况，圣普正加强同地区大国和外部投资者，特别是与投资改善基础设施和推动石油开发的国家和地区的合作。

第一节　外交政策

　　圣普宪法第 12 条宣告：圣多美和普林西比民主共和国决心维护世界和平，在平等、相互尊重和促进人类社会进步的基础上同所有主权国家建立关系，坚持国际法原则，和平共处。加入《世界人权宣言》、非洲联盟和联合国，遵守其原则和目标。圣多美和普林西比奉行和平与睦邻友好的不结盟对外政策，主张同所有国家建立和发展友好合作关系，为圣普的经济发展服务；重点发展与周边国家、非洲葡语国家以及西方援助国的关系；维护非洲团结，重视区域合作，支持实现非洲一体化；强调通过对话解决争端，积极推动和平发展，消除恐怖主义；谴责大国和国际金融机构干涉发展中国家内政；要求建立国际政治、经济新秩序；加强南南合作，改变南北之间的力量对比。

　　圣多美和普林西比独立之初，与社会主义国家苏联、古巴的关系良好。曾聘请古巴和安哥拉军队帮助守卫国土。从周边海域发现储量丰富的

石油资源以来，战略地位明显上升。在与安哥拉、尼日利亚达成划分海底区域、分享资源的协议后，外国投资者和国际石油公司蜂拥而至，西方大国也开始在这里谋求军事存在和更大的能源利益。目前，圣多美和普林西比政府的外交重点是争取更多外援和开发石油资源。

圣多美和普林西比参加的国际组织有 UN（联合国）、WHO（世界卫生组织）、G77（七十七国集团）、CPLP（葡语国家共同体）、ACP（非洲、加勒比和太平洋地区国家集团）、AFDB（非洲开发银行）、AU（非洲联盟）、FAO（联合国粮食及农业组织）、WB（世界银行）、ICAO（国际民用航空组织）、ICFTU（国际自由工会联合会）、IDA（国际开发协会）、IFAD（国际农业发展基金）、IFRC（红十字会与红新月会国际联合会）、AOSIS（小岛屿国家联盟）、IPU（各国议会联盟）、OIF（法语国家组织）、Latin Union（拉丁语联盟）、ILO（国际劳工组织）、IMF（国际货币基金组织）、IMO（国际海事组织）、ICPO（国际刑警组织）、IOC（国际奥委会）、IOM（国际移民组织）、ITU（国际电信联盟）、NAM（不结盟运动）、OPCW（禁止化学武器组织）、UNCTAD（联合国贸易和发展会议）、UNESCO（联合国教育、科学及文化组织）、UNIDO（联合国工业发展组织）、UPU（万国邮政联盟）、WCL（世界劳工联合会）、WIPO（世界知识产权组织）、WMO（世界气象组织）、WTO（世界贸易组织）等。

圣多美和普林西比是非盟、中非国家经济共同体、葡语国家共同体（1996 年 7 月成立）的成员，积极谋求加入"区域一体化"计划，并发表过"全心全意融入区域一体化"声明。中非国家经济共同体将和"洲外大经济体接轨"当作区域一体化实现的关键，而"接轨"的重点则是，谋求与既是最重要出口市场又是最重要进口产品和投资来源的中国提出的"一带一路"倡议"接轨"，实现合作共赢。喀麦隆、赤道几内亚、安哥拉通过对接"一带一路"倡议，发展港口业、渔业和石油业，已成为西非发展速度较快的后起之秀，圣多美和普林西比有更加优越的自然条件，外交政策的调整与维护经济利益的要求逐步一致。

应对全球气候变暖与小岛屿国家联盟的立场。人类活动及自然变化导致地球温度上升，造成全球变暖。全球变暖会使全球降水量重新分配、冰川和冻土消融、海平面上升等，不仅危害自然生态系统，还威胁人类的生存。全球变暖造成自然灾害、生物链断裂，涉及人类生存的各个方面。气温升高会使空气和海洋循环被破坏，从而形成大型甚至超大型台风、飓风、海啸等。人类每年所遭受和面临的灾难越来越多，为阻止全球变暖趋势，1992 年联合国专门制定了《联合国气候变化框架公约》，并于同年在巴西里约热内卢签署生效。依据该公约，发达国家同意在 2000 年之前将二氧化碳及其他"温室气体"的排放量降至 1990 年时的水平。2015 年 12 月 12 日，《巴黎协定》在巴黎气候变化大会上通过，2016 年 4 月 22 日在联合国总部签署。该协定对 2020 年后全球应对气候变化行动做出了安排。主要目标是将 21 世纪全球气温上升幅度控制在 2℃以内。2018 年 4 月 30 日，《联合国气候变化框架公约》下的新一轮气候谈判在德国波恩举行。2019 年 12 月 2 日，《联合国气候变化框架公约》第 25 次大会（COP25）在西班牙马德里开幕。2021 年 10 月 31 日，《联合国气候变化框架公约》第 26 次大会（COP26）在英国格拉斯哥开幕。

全球变暖导致海平面上升，海平面上升不仅会淹没小岛屿国家，还会带来一系列环境变化，从而引发生态问题。小岛屿国家联盟①的角色定位是在联合国框架内，作为一个游说集团为小岛屿发展中国家发声。小岛屿国家联盟将全球变暖、海平面上升作为关注的焦点问题。1994 年，第一届小岛屿发展中国家可持续发展国际会议（简称联合国小岛屿国家会议）在巴巴多斯举行。会议通过了《巴巴多斯宣言》和《小岛屿发展中国家可持续发展行动纲领》（简称《巴巴多斯行动计划》）。此后由于发达国家的援助不够，《巴巴多斯行动计划》没有得到认真贯彻。2009 年 12 月，

---

① 小岛屿国家联盟于 1990 年成立，在此之后，小岛屿国家获得了国际政治地位。2018 年底，小岛屿国家联盟有 39 个成员（其中包括 4 个低地沿海国：几内亚比绍、伯利兹、圭亚那和苏里南）和作为观察员的 4 个属地，还有 2 个小岛屿。非洲的佛得角、科摩罗、几内亚比绍、毛里求斯、圣多美和普林西比、塞舌尔都是其成员。这些国家在发展经济和保护环境方面除面临一般发展中国家共有的问题外，还存在生态脆弱、交通不便、经济规模小和生产的产品种类单一等特殊问题。

哥本哈根联合国气候变化大会上，小岛屿国家联盟提出减排目标：呼吁到2050年全球减排85%。小岛屿国家联盟认为，生存是不可谈判的。发展中国家，尤其是小岛屿国家无力承担气候变化压力和由此引起的经济负担，呼吁国际社会，尤其是发达国家率先采取行动大幅减排温室气体，同时增加经济和技术援助，支持小岛屿国家应对气候变化问题。

2005年，中国外交部长李肇星在毛里求斯访问期间，发表了中国为小岛屿发展中国家的发展提出的四点倡议。第一，应对共同威胁，为包括小岛屿国家在内的发展中国家的发展创造良好的外部环境。第二，重点突出，解决小岛屿发展中国家的根本关切。第三，加强能力建设，帮助小岛屿国家全面推进可持续发展战略。第四，深化伙伴关系，为小岛屿国家可持续发展动员更多资源和力量。

第二节　同葡萄牙的关系

葡萄牙是圣普原宗主国，圣普在语言、宗教和风俗方面与其相似，甚至法律体系也基本效仿葡萄牙的法律体系。殖民大国地位崩溃的葡萄牙曾经抛弃原殖民地，但在全球化浪潮中，逐步意识到借助原有的联系能增强自身的国际影响力，与讲葡萄牙语的原殖民地保持密切联系成为葡萄牙的外交重点，如通过原有联系，开展各个领域的合作，发挥桥梁作用。

葡萄牙是圣普最大的援助国、最大的直接投资国，两国签有友好合作、经贸、文化和科技等多项协定。

葡萄牙向圣普派遣医生、教师及工程技术人员。1998年1月，葡萄牙外长伽马访问圣多美和普林西比，应允继续向圣多美和普林西比提供财政援助，并尽力争取欧盟增加与圣多美和普林西比的合作项目。同年2月，两国达成协议，相互给予外交、公务和特别护照免签待遇。同年7月，葡萄牙电信公司出资100万美元为圣多美和普林西比邮电部门安装数字通信设备。同年9月，葡萄牙决定向圣多美和普林西比小农企业提供约140万美元贷款，以促进当地农业发展。1996年7

月，圣多美和普林西比同其余5个葡语国家与葡萄牙一起组成了葡语国家共同体，加强彼此之间的技术、文化、社会事务的联系与合作。2004年，第五届葡语国家共同体会议在圣多美市召开，集中商讨如何改善行政管理机制和提高政府透明度，讨论并签署防止疟疾和艾滋病的合作协议，对执行葡语国家共同体特别资金使用的指令性计划进行了评估。

圣普与葡萄牙互动频繁。2006年，德梅内塞斯总统访问葡萄牙，参加葡萄牙新总统就职仪式。2008年，特罗瓦达总理访问葡萄牙，出席在里斯本召开的第七届葡语国家峰会。2009年，圣普总理赴葡萄牙参加葡萄牙执政党——葡萄牙社会民主党代表大会，并进行国事访问。2010年，圣普总理访问葡萄牙。2011年，葡萄牙外长、国防部国务秘书、总检察长先后访问圣普，达科斯塔总统访问葡萄牙；2013年，葡萄牙国防部部长访问圣普，达科斯塔总统对葡萄牙进行私人访问。2014年7月，达科斯塔总统出席在东帝汶举行的第10届葡语国家共同体首脑会议。2015年2月，达科斯塔总统对葡萄牙进行私人访问。3月，葡萄牙外交部国务秘书、国防部部长访问圣普。11月，达科斯塔总统对葡萄牙进行私人访问。2016年4月，特罗瓦达总理访问葡萄牙。

葡萄牙在2016年9月同圣普政府签订为期5年的双边货币互换协议，金额高达5700万欧元。

第三节　同美国的关系

圣普摆脱葡萄牙殖民统治独立后，美国就与其建立了外交联系，是第一个承认圣普独立的国家。美国认为，圣普进行民主体制下的善政，是其进行非洲外交的支点和样板。美国在圣普没有常设机构，美国驻加蓬大使馆代理其在圣普的事务，美国驻加蓬大使和外交代表周期性拜访圣普。

圣普于1985年向美国纽约派驻大使。1986年，圣普总统达科斯塔访问美国，并会见了美国副总统老布什。美国政府在圣普有小规模的援助项目，这些项目主要通过非政府组织和美国驻加蓬大使实施。

1992 年，美国之音同圣普政府签订协定，在圣普建立一个对非转播站。美国之音利用这个转播站，可以将节目覆盖非洲大部分地区，传播美国信息。

随着近年来在几内亚湾圣多美海域勘探出巨量石油资源，圣多美和普林西比在美国外交中的地位开始上升。埃克森美孚石油公司下属公司取得该国 49% 的石油市场控制权和开采权。1997 年 11 月，劳尔·布拉干萨·内图总理率政府经贸代表团访问美国，就美国石油公司开采圣多美和普林西比近海石油及争取美国提供援助等进行磋商。访问期间，美国表示将帮助圣多美和普林西比开发石油，并向圣多美和普林西比政府赠送 200 万美元。1998 年 2 月，美国国务院非洲司长访问圣多美和普林西比。同年 9 月，特罗瓦达总统访问美国。从 2000 年开始，圣普政府逐步降低进口关税税率，解除贸易管控，提升外贸水平。

2002 年 7 月 22 日，美国在欧洲驻军的二号人物福格福特将军率军事代表团对圣多美和普林西比进行了为期一天的访问。访问期间，其与圣普国防部部长蒙泰罗和圣普总统德梅内塞斯举行会谈，并参观了圣普的军事设施。① 美国每年向圣普提供一定数量的援助，拟在这个石油储量丰富的西非岛国建立军事基地，为美国空军和海军提供补给。2006 年，美国军方计划在圣普设立一个区域性海洋监测中心。由于西亚北非形势紧张，美国的这一计划不断推迟。2007 年 2 月，美国建立非洲司令部，由其独立负责美军在整个非洲地区的行动，这标志着美国政府对"非洲石油关乎美国国家安全"的确认，并试图将西非各国纳入美国主导的全球安全体系。在美国支持下，圣多美和普林西比、尼日利亚、喀麦隆、赤道几内亚、加蓬、安哥拉、刚果（布）等已经组成了一支联合的"几内亚湾防卫队"（GGGF）。由于这里拥有西非地区最大的石油储量，美国及其区域性盟国显然都在有意识地保障这一地区的"安全"，目标则是保障跨国石油利益。2010 年，圣普总理访美。2012 年，美国非洲司令部司令和美国国会代表团分别访问圣普。2013 年，美国海军部长访问圣普。2014 年 8

---

① 新华社 2002 年 7 月 24 日马普托消息。

月，加布里埃尔·达科斯塔总理赴美出席美非峰会。

美国和平基金会有 20 多名志愿者在圣普开展援助行动，主要进行医疗、教育和技术培训。圣普是中部非洲经济共同体的核心角色，也是美国海军的非洲伙伴，美国海军经常造访几内亚湾各国（圣普位于几内亚湾，几内亚湾石油资源丰富，战略地位显著）。

美国每年向圣普提供一定数量的援助，两国有军事合作项目。美国帮助圣普提高军队的专业技能：巡防和安全保卫能力。美国向圣普出口直升机、电力设施、钢铁制品，从圣普进口可可、家具和床上用品等。两国之间没有双边投资条约或税务优惠条约，但圣普有资格根据《非洲增长和机遇法案》享受贸易优惠待遇。

小布什政府时期，对圣普的政策主要从安全、能源、民主与良治、贸易与投资四个方面展开。其中安全是首要关切，反恐是压倒性任务。奥巴马政府时期在美国对非洲政策的总框架下实施对圣普的政策：重新定义美非关系，由安全伙伴转变为发展伙伴；在优先事项方面，以推进非洲民主与良治为首要目标，对非经济合作次之，反恐事项被置于相对次要的位置；指导思想上信奉新自由主义，倚重多边机制和国际合作；行为风格上较为审慎和节制。

特朗普政府上台后，开始调整奥巴马政府的对非政策，美国与圣普的关系出现新的变化：集中关注反恐，其中包括网络反恐；外交收缩，减少援助，取消或者暂停双边和多边合作协议；更加关注国内事务、经济发展和就业。圣普十分依赖美国及其主导下的援助，减少援助会使圣普面临现实困难，但从长远来看，这有利于圣普自立自主，开展多边外交，寻求新的发展动力。

拜登政府上台后，改变了特朗普政府对非洲的"漠视"政策，力图扭转美非关系下滑态势。2021 年 3 月拜登发布《临时国家安全战略指南》，宣布将同非洲各国（包括圣普）建立伙伴关系，并将美非关系（包括圣普）提升到事关美国对全球治理的高度。2021 年 4 月 15 日拜登宣布了9 名驻外大使的提名，包括驻圣普大使米切尔·雷诺（Michael Raynor），显示对圣普的重视。综观拜登政府执政以来对圣普的政策，鲜明显示美国是

在贯彻拜登的对非四项原则：多边主义（美国回到圣普）、推广民主（美国要干涉圣普内政）、经济利益（美国要维护在圣普的油气资源）和地缘政治（美国在圣普要同中国展开竞争）。

第四节　同法国的关系

从殖民时期到今天，法国与非洲国家一直保持一种特殊的密切关系，在各个领域进行全面的合作。由于历史、地理、文化等原因，非洲不仅是法国外交的重点，也是欧盟关注的重心。

欧洲除建立与非洲的特殊关系外，也一直与非洲保持紧密的商贸和政治关系。基于历史原因，法国和其他欧洲国家在发展同非洲国家的关系时会特别强调它们之间存在的特殊性和历史性。对非洲的援助是法国对外"发展援助"政策中的主要内容之一，法国通过对非洲的发展援助使其在前殖民地国家维持影响力。

圣普与法国关系密切。法国对圣普的影响不只局限于媒体宣传方面，涉及政治、军事、外交和经济等重要领域。自 1973 年以来，法国和非洲国家定期召开首脑会议，会议轮流在巴黎和非洲国家召开，参加国包括非洲所有国家。法国组织召开法语国家组织首脑会议，这个组织中有很多国家是非洲非法语国家（包括圣普）。圣普在经济上有求于法国，法国在政治上需要圣普的声援。通过频繁的交流和对话，法国领导人与圣普领导人建立了良好的个人关系，形成了一定的默契。1998 年 1 月，法国开发银行与圣多美和普林西比外长签署向圣多美和普林西比提供 550 万法郎的援助协议。同年 4 月，法国海外合作部长访问圣多美和普林西比，与圣多美和普林西比签署一项合作协议。2007 年，德梅内塞斯总统赴法国出席法非峰会。2008 年，法国同意免除圣普约 760 万欧元债务，圣普总理特罗瓦达访法。2010 年、2012 年、2015 年 5 月、2016 年 4 月，特罗瓦达总理四次访法，寻求援助和加强双边关系。

除了政治对话外，法国在非洲还保持与圣普的军事合作（在西非地区驻扎 7000 名左右的士兵）。法国在非洲如此苦心经营自有道理。法国只有 6000 万人口，却在联合国安理会占有一个常任理事国席位，在世界政治舞台上举足轻重。究其原因，除了历史和经济方面的因素外，很重要的一点就是法国颇有一点"非洲穷兄弟"的"代言人"和"保护人"的双重身份。在经济方面，法国以金融信誉和外汇储备做担保，维持非洲货币稳定。1999 年初，在欧元正式发行时，法国说服欧盟其他国家接受非洲货币与欧元挂钩。当然，法国甘愿承担一定的风险为非洲国家担保货币的可兑换性，除了政治上的需要外，在经济上也不无好处。由于货币兑换率恒定，没有汇率波动风险，故而来自法国的商品就在圣普"大行其道"。在圣普大城市转一圈就会发现，街上随处可见法国眼镜专卖店、法国香水店、法国首饰店，很多在路上跑的汽车是雷诺、标致、雪铁龙等法国品牌汽车。即使是其他国家生产的商品（包括现在市面上越来越多的中国货），也多从法国转口而来，这让法国商人赚了一把。近年来，法国借圣普国有企业私有化的机会，通过兼并和收购，逐步控制了圣普发电、电信、供水等与国计民生关系重大的领域，在经济上增强对圣普的影响力。法国为增强在非洲的影响力，进而保持大国地位，十分重视对圣普的经济影响力，对石油开发和教育、文化交流方面十分重视，甚至进行巨额投资。法国是圣多美和普林西比第二大援助国，两国签有经济、文化等合作协定。

法国在 21 世纪特别重视利用文化软实力影响圣普，不仅赞助圣普的文化活动，推广法国文化，还出资在圣普中小学开设法语课程，学费由法国教育部补贴。目前，圣普少年儿童基本上能听说法语。受法国文化影响，许多圣普人的名字与法国人一样，不是叫雅克，就是叫伊萨贝尔。1997 年 11 月，在河内召开的第九届法语国家组织部长理事会上，圣多美和普林西比被接纳为法语国家组织的正式成员。法国在圣普的影响力日益增强。就拿各类媒体来说，在圣普不用卫星天线就可以观看 CFI（法国国际台）、TV5（总部设在巴黎的法语国家电视台）、CANALT HORISON（法国"地平线台"）等的节目。当地电视台的许多节目实际上来自法国，只不过播出时间晚一些。打开收音机，就可以在调频波段收听法国国际广播电台（RFI）24 小时连续播送的即时新闻和其他节目。在报刊亭，可以买到当天从巴黎空运来的法国《世界报》《解放报》《费加罗报》《队报》，以了解各类时事、文化、影视、电脑、体育、园艺等信息，这里最新潮流以法国为风向标，最新时尚很快就能在当地流行。

第五节　同葡语国家及周边国家的关系

圣多美和普林西比独立之前，通过葡萄牙与其他殖民地进行联系。独立之后，圣普政府寻求加强与它们的外交关系。共同的语言、传统和殖民地经历使圣普和非洲其他国家，特别是安哥拉、莫桑比克、几内亚比绍、佛得角、赤道几内亚、加蓬等以及南美洲的巴西等的关系较为密切。它们之间签有多项合作协定。

非洲大陆已在实现区域化和一体化发展方面取得显著成果，非洲五个葡语国家（安哥拉、莫桑比克、佛得角、几内亚比绍、圣多美和普林西比）与其他非洲国家一道，正在积极融入非洲经济和世界经济体系。由于历史、文化的联系，非洲葡语国家之间存在相对紧密的关系。葡萄牙语言和文化对葡语非洲殖民地的影响是客观和深远的，其作为后来非洲葡语国家联系的纽带具有深厚基础。尽管五国相互间的合作还有一定的局限性，但从区域化、一体化发展角度看，发展前景值得关注。

非洲葡语国家的政治经济合作主要是在葡语国家共同体框架内进行的。1989 年，根据巴西政府的提议，葡萄牙、巴西、佛得角、几内亚比绍、莫桑比克、安哥拉、圣多美和普林西比 7 个葡语国家在巴西马拉尼翁州首府圣路易斯举行首脑会议，签署了关于建立国际葡萄牙语协会的纪要。以此为基础，在巴西和葡萄牙等国的推动下，1996 年 7 月，圣多美和普林西比等 7 个葡语国家在葡萄牙首都里斯本召开葡语国家共同体成立大会。葡语国家共同体总部设在葡萄牙首都里斯本。圣多美和普林西比计财部部长诺阿金·拉斐尔·布兰科在会上当选葡语国家共同体秘书处副执行书记，葡萄牙在其中发挥了核心作用。根据葡语国家共同体的有关章程，葡语国家共同体的宗旨主要包括三个方面：一是协调成员国的政治、外交立场；二是促进成员国间在经济、社会、文化、法律和科学技术领域的合作；三是增强葡萄牙语在全球范围的影响力。强调在葡语国家共同体

内，国家不分大小，地位一律平等。2002 年 7 月 31 日，葡语国家共同体
首脑会议决定接纳东帝汶为正式成员国。至此，葡语国家共同体成为拥有
8 个成员国，地跨南美洲、欧洲、亚洲和非洲，面积约为 1071 万平方公
里，人口逾 2 亿的地域合作组织。成员国在葡语国家共同体框架内进行了
积极有效的合作，两年一届的首脑会议定期举行，合作领域涉及政治、经
济、军事等事务，合作层面涉及地区、双边和多边等。在政治领域，成员
国的合作主要是加强沟通与对话，密切相互间在各个领域的联系，特别是
在解决成员国安全问题上做出努力。1998 年，在葡萄牙的推动下，葡语
国家共同体积极参与对几内亚比绍军事冲突的调停活动，敦促几内亚比绍
政府、军事委员会和葡语国家共同体联络组三方代表签署解决军事冲突的
"谅解备忘录"及附件。1998 年 6 月，非洲葡语国家外长会议在圣多美召
开，特罗瓦达总统作为协调人主持会议。同年 7 月，特罗瓦达总统出席了
在佛得角召开的葡语国家共同体首脑会议。1998 年 8 月，圣多美和普林
西比中央银行与佛得角中央银行达成协议，宣布两国货币自 10 月起可以
直接兑换和转账。1999 年 4 月 6 日，联合国安理会第 3991 次会议通过第
1233 号决议，赞扬葡语国家共同体与西非国家经济共同体为在几内亚比
绍全境实现民族和解、维护和平与安全发挥了关键作用。进入 21 世纪，
葡语国家共同体进一步在政治上扩大影响深度和广度，2003 年协调解决
了圣多美和普林西比的政变危机。2004 年 7 月，在圣多美召开的第 5 届
葡语国家共同体首脑会议比往届会议更加注重多领域的合作，突出强调各
成员国要在重大国际问题上协调立场，加强在防务、消除贫困等方面的合
作。同时，会议还强调各国在信息化时代的合作，以及在医疗卫生（防
治艾滋病和疟疾）、加强文化交流和规范葡萄牙语等方面的合作。为表明
葡语国家共同体成员对国际多边合作的参与和关注，会议发表的最后声明
呼吁改革联合国机构，使之更能体现当今世界的实际情况。借助联合国改
革问题，葡语国家共同体成员国在国际会议上保持政治和外交的协调一致
性，表明反对各种形式的恐怖主义行径的立场，强调在反恐斗争中各国应
协同合作。会议还讨论了同有组织跨国犯罪进行斗争等议题，强调批准和
实行《联合国打击跨国有组织犯罪公约》的重要性。

1999 年 11 月，圣多美和普林西比成为几内亚湾委员会创始国之一。这个委员会希望可以解决地区国家之间的冲突。2000 年 1 月，37 名圣普士兵参加代号为"加蓬 2000"的国际军事演习。参与这次演习的国家还包括另外 7 个来自中部非洲的国家，8 个西方国家为这次军事演习提供技术援助。这次军事演习是法国为提高非洲国家维持和平的能力而提出的计划的一部分，目的是建立非洲国家维持非洲和平的机制。

2018 年 3 月 21 日，27 个非洲国家元首在非盟特别会议上签署了非洲大陆自由贸易区（AfCFTA）协议。这个协议有助于地区经济转型，将创造世界上拥有 12 亿消费者和工人的最大单一市场，计划在未来五年内取消 90% 的商品的关税，以为非洲企业开辟新的市场，并显著增强非洲企业生产的产品相对于从其他国家进口的产品的竞争力。尽管该地区的几个国家（包括坦桑尼亚和纳米比亚）仍保持保护主义倾向，但庞大的统一关税市场对圣普发展的意义重大。圣普是中部非洲国家经济共同体成员，该组织的主要目标是维护地区安全。圣普在该组织中十分活跃，邀请美国作为伙伴，多次组织几内亚湾联合军演。

同安哥拉的关系。圣多美和普林西比与安哥拉保持了密切的经济、法律和军事合作关系。安哥拉是圣普重要的外部投资国，尽管目前因油价低迷，其对圣普的投资减少，但两国的互动依然频繁。圣普南部有很多来自安哥拉的移民，至今保留了安哥拉的文化传统。

2014 年，安哥拉国民议会议长访问圣普。2015 年，达科斯塔总统访问安哥拉。2015 年，特罗瓦达总理访问赤道几内亚，出席安哥拉独立庆典，赴喀麦隆出席中非国家打击伊斯兰博科圣地极端组织会议。2016 年，达科斯塔总统访问佛得角，出席刚果（布）总统和赤道几内亚总统就职仪式。2016 年，特罗瓦达总理访问摩洛哥、赤道几内亚、加蓬、安哥拉。2016 年，佛得角总理访问圣普。2017 年，卡瓦略总统出席安哥拉总统洛伦索就职仪式。2019 年，热苏斯总理两次访问安哥拉、摩洛哥；内韦斯议长赴佛得角、安哥拉出席葡语国家共同体会议。

同尼日利亚的关系。由于在周边海域发现了石油，圣多美和普林西比同尼日利亚的关系开始变得谨慎而微妙。由于域外大公司的介入和投资，圣多美和普林西比被迫同强大而有经验的对手打交道，尼日利亚的政治、经济精英对圣多美和普林西比的国内局势产生一定影响。随着合作加深，双方在军事、文化和地区事务中多有互动。圣普同尼日利亚存在海上油田划分问题。自 1998 年外国石油公司探明圣普近海有石油起，两国的海上边界划分就一直存在争议。2001 年，两国正式签署关于共同开发海上混合专属经济区的协议。2002 年，两国成立石油开发部长级联合委员会。2003 年 3 月，联合委员会举行第三次会议，主要讨论部分合作区块的对外招标问题。4 月，圣普公共工程部部长布兰科和外长里塔赴尼日利亚，双方继续谈判石油问题。同月，两国在阿布贾举行混合专属经济区首批 9 个区块的销售招标仪式。7 月，德梅内塞斯总统访问尼日利亚。8 月，两国草签尼日利亚向圣普提供 500 万美元支持圣普应急计划的协定。10 月，尼日利亚决定每天向圣普供应 3 万桶原油以用于出售，解决圣普的经济与社会问题。同月，两国联合开发区的 9 个区块第一次石油招标仪式在圣普举行。同月，尼日利亚参议院副议长曼图访问圣普。11 月，两国联合开发当局部长理事会在圣普召开会议。2006 年，德梅内塞斯总统赴尼日利亚参加在尼日利亚举行的非洲—拉美国家峰会。2007 年，德梅内塞斯总统赴尼日利亚参加尼日利亚总统亚拉杜瓦的就职仪式。2008 年，尼日利亚外长访问圣普。2009 年，圣普总统和总理分别访问尼日利亚。2010 年，圣普总理访问尼日利亚。2010 年，圣普总统出席尼日利亚总统乔纳森的就职仪式。2013 年 3 月，圣普和尼日利亚石油开发部长级联合委员会举行会议。2015 年 5 月，达科斯塔总统出席尼日利亚总理布哈里就职典礼。圣普政府同尼日利亚在石油开发方面保持高度一致的立场，联合勘探继续进行，双边关系比较紧密。

2010 年，圣普总统出席加蓬独立 50 周年庆典活动，圣普总理访问加蓬，佛得角总理访问圣普。2011 年，圣普总理访问加蓬和安哥拉，加蓬总理访问圣普，圣普总统赴赤道几内亚出席非盟首脑会议。2011 年，圣普总统达科斯塔访问安哥拉。2012 年，达科斯塔总统分别访问赤道几内亚、南非、安哥拉、刚果（布），圣普总理访问德国。2013 年 3 月，安哥拉社会救助和安置部长访问圣普。4 月和 10 月，达科斯塔总统访问安哥拉。6月，加布里埃尔·达科斯塔总理访问安哥拉。8月，达科斯塔总统和加布里埃尔·达科斯塔总理分别访问南非和赤道几内亚。10月，达科斯塔总统赴赤道几内亚出席国庆活动。

第六节　同中国的关系

早在圣多美和普林西比独立之前，中国政府和人民就向为争取民族独立而斗争的圣多美和普林西比解放委员会提供了政治上、道义上的支持和物质上的援助。

1971年，应中国人民对外友好协会邀请，圣多美和普林西比解放委员会派代表团访华。独立前夕，圣普解放委员会总书记邀请中国政府代表团参加圣多美和普林西比的独立庆典。1975年7月12日，圣多美和普林西比宣告独立，中国国务院总理周恩来致电达科斯塔总统表示祝贺，并对圣普独立予以承认。中国驻加蓬大使作为中国政府代表出席独立庆典。7月14日，两国签署建交公报（为了表示双方对两国关系的重视，以圣多美和普林西比宣布独立的7月12日作为建交公报的签署日期）。两国建交后，关系发展顺利。1975年12月，即刚刚取得独立后5个月，达科斯塔总统访华，受到毛泽东主席的接见。1983年7~8月，达科斯塔总统再次访华。特罗瓦达总统于1993年6月对中国进行正式访问。中国外交部副部长宫达非、部长助理周觉，江苏省委书记韩培信，对外经贸部长助理刘岩，外交部副部长杨福昌以及国务院副总理兼外长钱其琛先后访问圣多美和普林西比。中国向圣多美和普林西比提供了力所能及的经济援助。1994年，中国向圣多美和普林西比出口商品总额为16.1万美元，无进口产品。

20世纪50~70年代，中国向非洲提供了数额巨大的无偿援助，加强了中非友谊，即便在经济上超出了当时中国的承受能力。1975年，两国签署贸易协定。因圣普外汇短缺，从1980年起，双方中止现汇贸易。从1982年12月起，时任中国国务院总理出访非洲11国，提出"平等互利、讲求实效、形式多样、共同发展"的四项原则，开始在对非援助方面

"量力而行"。1983 年，两国签订易货贸易议定书，此后，两国进行了 4 次易货贸易，并于 1997 年中止。两国互利合作始于 1990 年。截至 1996 年 9 月，两国共签订承包合同 40 余份。1995 年下半年，中国对援外方式进行重大改革，将原先的以无偿援助为主转变为优惠贷款和援外合资合作方式。中国曾向圣普提供经济援助，建成并移交人民宫、竹草编培训中心等 6 个建筑。自 1976 年和 1985 年起，中国开始向圣普派遣医疗队并接收圣普来华留学生。从两国建交到中止外交关系期间，中国共向圣普派遣 12 批 171 位医疗队员，接收 25 名圣普留学生。

　　1991 年圣多美和普林西比政党轮替后，圣多美和普林西比新政权在中国台湾当局"金元外交"的攻势下，违背"一个中国"原则，于 1997 年 5 月 6 日与中国台湾当局建立"外交关系"①。1997 年 7 月 11 日，中国驻圣普使馆临时代办宣布，由于圣普同中国台湾当局建立所谓"外交关系"，中华人民共和国政府向圣普政府提出强烈抗议，并决定从即日起中止同圣普的外交关系，停止执行两国政府间的一切协议。双方官方往来断绝，但民间贸易一直存在，2004 年 1 ~ 11 月，中圣普贸易额为 153 万美元，其中中方出口额为 19 万美元，进口额为 134 万美元。受断交影响，圣普与中国经贸往来出现波折。中国从 2013 年起在圣多美和普林西比设立贸易代表处，几家公司计划在圣普扩大投资规模。2019 年，双边贸易总额达到 893.54 万美元，而同年中国和非洲间的贸易总额高达 1790 亿美元。中国海关总署资料显示，2018 年 1 ~ 3 月，中国与葡语国家进出口总额为 301.88 亿美元，同比增长 25.91%。其中，中国自葡语国家进口额为 210.15 亿美元，同比增长 24.36%；对葡语国家出口额为 91.73 亿美元，同比增长 29.62%。2018 年 3 月，中国与葡语国家进出口总额为 97.88 亿美元，环比下降 1.71%，其中中国自葡语国家进口额为 71.57 亿美元，环比增长 7.76%；对葡语国家出口额为 26.30 亿美元，环比下降 20.67%。由于圣多美和普林西比经济规模较小，中国与圣多美和普林西

---

①　中国台湾当局许诺每年为圣普提供约 1500 万美元无偿援助，这些援助相当于圣普全国年预算的 1/10。时任米格尔·特罗瓦达总统于 1997 年宣布与中国台湾"建交"。

比的贸易额有限。与此同时，中国同其他七个葡语国家，即葡萄牙、巴西、安哥拉、莫桑比克、几内亚比绍、佛得角、东帝汶的经贸关系密切，中国对这七个葡语国家的出口额为361.6亿美元，进口额为623.0亿美元。2008年金融危机后，中国与葡语国家发展贸易面临重大机遇，具有强大驱动力，一方面，葡语国家政治环境总体趋于稳定，营商环境向好，经济内生动力渐强；另一方面，近年来中国提出"一带一路"倡议，明确了新时期的国际合作新思路、新模式，它既是中国的构想，也是圣普发展的机遇。此外，中国与相关国家签署了《中国与拉美和加勒比国家合作规划（2015—2019年）》和《中非合作论坛—约翰内斯堡行动计划（2016—2018年）》。重大国际合作项目的实施必将帮助葡语国家融入全球产业体系和贸易链，深化中国与葡语国家的贸易格局，巩固葡语国家区域贸易桥头堡的地位。在此背景下，预计中国与圣普发展贸易的强大驱动力主要来自以下方面：加强基础设施建设合作，畅通物流渠道，打造区域贸易桥头堡。圣普属于海洋小岛国家，地理位置优越，处于全球贸易海运线上，是国际贸易运输的重要节点国家。凭借独特的地理位置，圣普有条件成为通往国际市场的门户，成为地区国际贸易的通道和物流枢纽，在区域经济一体化的进程中扮演核心角色。圣普起草了雄心勃勃的基础设施建设规划。中国企业主动对接圣普的建设规划，不但广泛参与公路、港口、仓储设施、商贸物流、信息通信技术、能源开发、住房和城市规划等领域的建设项目，而且从区域整合、贸易发展角度，积极策划和参与旨在改善和优化区域间交通运输体系的网络化和资源共享项目，带动非洲发展；依托本地丰富的资源，合作建立面向世界市场的供应链。

圣普拥有丰富的自然资源，尽管这些资源尚未得到充分评估，但不论是渔业、林业、农业还是海底矿产资源、旅游和海上及空中后勤补给业，发展潜力都十分巨大。圣普没有开发深海渔业资源的能力，通过每年向发达国家的渔业公司出售捕捞配额赚取外汇。中国有世界上最庞大和最先进的深海捕捞产业，迫切需要拓展资源空间，双方可以合作开发这一领域的资源。虽然目前圣普的农业生产率很低，土地耕种率也不高，还是粮食净进口国，但圣普具有发展农业的优越自然条件：土地广阔而肥沃，日照充足，水资源充足，灌溉条件较好，多样性的气候条件适合各类作物生长，且有充足的劳动人口。所有这些都表明圣普适合发展出口型农业。中国几千年来积累的农业经验技术和性价比较高的农机具对圣普的农业发展非常有用，同时双方还可以合作开发第三方市场。圣普享受着欧盟、美国等给予最不发达国家的优惠市场准入待遇，即除武器之外，其他产品可以零关税、零配额进入欧盟和美国市场。这有利于吸引中国企业投资，立足圣普，建立面向发达国家市场的生产体系，扩大向发达国家的出口规模。此外，利用葡萄牙与非洲葡语国家具有的传统联系，开拓圣普市场也是一个值得重视的方向。

2016 年 12 月 20 日（当地时间），圣多美和普林西比政府发表声明，决定同中国台湾当局断绝所谓"外交关系"，中方表示赞赏。2016 年 12 月 26 日，中国外交部长王毅在北京与圣多美和普林西比外长博特略举行会谈。会谈后，两国外长签署了《中华人民共和国和圣多美和普林西比民主共和国关于恢复外交关系的联合公报》。两国正式恢复了中断近 20 年的大使级外交关系。

双方恢复外交关系后，中国加大对圣普的"软"投资力度，为圣普带来前所未有的希望，为在中国台湾学习的学生顺利完成学业提供教育便利，中国医疗人员为圣普本地医院提供帮助，中国路桥表示参加深水码头项目和机场现代化项目。2017 年 4 月，双方建立了经贸联委会机制。2017 年 1~6 月，双方贸易额为 400 万美元，同比增长 4.6%，基本上全为中方出口。

2017 年 2 月，中国恢复对圣普实施的以疟疾防治、农牧业和电力为重点的技术援助项目。目前，中国电力组、医疗队、抗疟组、农林组，华山国际、中国路桥、中建、中国港湾、中国铁建、中石化、中信建设、中咨公司、中国水电、苏丰集团在圣普均开展相关业务。6 月 7 日，圣多美和普林西比总理特罗瓦达一行在中国驻圣普大使馆临时代办王卫的陪同下，考察了中国援助圣普农牧业技术项目试验示范点。特罗瓦达总理一行来到生猪发展项目点听取项目专家组组长侯小平做的工作汇报。通过文稿演示以及展示大量田间地头、饲养场区的工作照片，专家组抵达圣普近 5

个月开展的各项工作和取得的成效被呈现出来。9 月 22～23 日，正在圣
多美和普林西比出席中圣普首届经贸联委会的商务部副部长钱克明一行，
在中国驻圣普大使王卫的陪同下，考察援助项目，并在现场视察项目实施
情况，慰问中国技术专家，指导现场工作。

2018 年 1 月 17 日，中国外交部长王毅访问卢旺达、安哥拉、加蓬、
圣多美和普林西比四国。访非期间，王毅外长拜会了圣普领导人，并同圣
普外长举行会谈，就双边关系、中非关系以及双方共同关心的国际和地区
问题广泛交换意见，达成重要共识。双方再次确认"一个中国"原则是
两国关系发展的政治基础，将在此基础上不断夯实政治互信，全面推进各
领域友好合作。双方对复交以来各方面全面恢复、互利合作全面展开、给
圣普带来实实在在的好处表示满意。王毅表示，习近平主席提出，希望中
圣普关系成为大小国家合作和南南合作的典范，这为两国关系发展明确了
大方向。王毅用 3 个关键词概括复交一年来中圣普关系取得的进展。一是
"早期收获"。中圣普复交一年来，各层级交往全面加强，各领域交流全
面展开，各方力量汇聚到开展友好合作上来。中国政府派出的电力、抗
疟、医疗、农业等专家组，实实在在地帮助圣普人民解决困难，改善民
生，取得了实效。中国赴圣普团体旅游项目已经启动，相信越来越多的中
国公民将赴圣普旅游。中方将同圣普密切沟通，深入论证，确保未来每一
个合作项目都能带来实在效益。二是"弯道超车"。中国同圣普的合作耽
误了近 20 年。双方要不断努力，把失去的时间找回来。双方可以在圣普
有优势的领域尽快开展合作，使中圣普合作水平赶上中国同其他非洲国家
合作的水平。双方在渔业捕捞、加工业、农业、旅游业、服务业等领域合
作潜力巨大，前景光明。三是"并肩前行"。复交后，圣普回到中非合作
的大家庭，成为中非合作论坛和中葡经贸合作论坛的正式成员。圣普可利
用这两个平台，同其他非洲国家一道，发掘合作的新动力和新资源。圣普
领导人明确表示支持并参与"一带一路"建设，在中国同世界多国共建
"一带一路"的进程中，非洲不能缺席，圣普也不能缺席。圣普领导人参
加了在 2018 年 9 月举办的中非合作论坛北京峰会。这是圣普首次参加中
非合作论坛会议。圣普和其他非洲国家在北京共聚一堂，共商中非友好合

作大计。

2018 年 12 月 3 日，国务院总理李克强致电热苏斯，祝贺他就任圣多美和普林西比总理。李克强总理在贺电中表示，中圣普复交以来，两国关系快速发展，双方政治互信不断加深，各领域合作全面展开，成果惠及两国人民。中方愿继续同圣普方一道努力，落实好中非合作论坛北京峰会成果，推动中圣普全面合作伙伴关系不断取得新进展。

2019 年 3 月 27 日，国务院总理李克强在海南博鳌会见来华出席博鳌亚洲论坛 2019 年年会的圣多美和普林西比总理热苏斯。热苏斯表示："第一次来中国，就来到了美丽的海南，很高兴，就像回家了一样。"此次参加博鳌亚洲论坛 2019 年年会，是热苏斯第一次出访中国。热苏斯在博鳌镇沙美村进行了深入考察，详细了解沙美村的教育、医疗、产业等发展情况，琼海市相关负责人向他介绍了沙美村是如何一步步发展起来的。热苏斯说："我很高兴看到海南省通过多年的努力实现了经济快速发展，提高了百姓生活水平。与此同时，海南非常注重保护生态，我们希望学习借鉴这一经验。"参观考察的圣普客人还有内阁和议会事务部部长武安多·德安德拉德、圣普驻华大使伊莎贝尔·多明戈斯。

为庆祝中国共产党成立 100 周年，圣普政府总理、圣普解放运动—社会民主党热苏斯向中国共产党发来贺函，圣普邮局以伟大的马克思主义者、无产阶级革命家毛泽东同志为主题发行纪念邮票，展现了毛泽东同志从 20 世纪 30 年代到新中国成立初期的重要历史瞬间。

中国澳门与圣普的经贸往来较早，但规模较小。葡萄牙殖民体系解体后，双方均无投资和直接贸易往来，但潜力巨大。中国内地发展迅速，商品齐全，澳门有语言、文化、经验优势，通过葡萄牙语与圣普沟通方便，联系广泛，平台广阔，发挥澳门潜力和优势对加强中国与圣普的经贸关系是一个多赢的选择。

附 录

一 西方殖民统治时期圣多美和普林西比历任执政者

葡萄牙殖民开拓时期（1485~1522 年）

1485 年 9 月 24 日至 1490 年 2 月 3 日，加奥·德派瓦（João de Paiva），总督。

1490 年 2 月 3 日至 1493 年 6 月 29 日，乔·帕瑞拉（João Pereira），总督。

1493 年 6 月 29 日至 1499 年 4 月 28 日，德卡米哈（Álvaro de Caminha），总督。

1499 年 4 月 28 日至 1500 年 1 月 4 日，不详。

1500 年 1 月 4 日至 1512 年，菲兰多·德麦罗（Fernando de Melo），总督。

1512~1516 年，德麦罗·卡马拉（João de Melo da Câmara），总督。

1516~1517 年，迭戈·德阿卡库瓦（Diogo de Alcáçova），总督。

1517 年至 1522 年 12 月 19 日，乔·德麦罗（João de Melo），总督。

葡萄牙王室殖民时期（1522~1641 年）

1522~15?，埃斯特温斯（Vasco Estevens），总督。

15?~1531 年，罗布斯·德斯古拉（Fernão Lopes de Segura），总督。

1531~1535 年，皮瑞拉（Henrique Pereira），总督。

1535～1541 年，皮德罗·波特奥（Pedro Botelho），总督（第一任）。

1541～1545 年，波特奥·皮瑞拉（Diogo Botelho Pereira），总督。

1545～1546 年，达席尔瓦（Loureco Fernandes da Silva），总督。

1546～1554 年，德派瓦（Francisco de Barros de Paiva），总督。

1554～1558 年，不详。

1558～1559 年，皮德罗·波特奥（Pedro Botelho），总督（第二任）。

1559～1560 年，德巴罗斯（Cristóvão de Barros），总督。

1560～1564 年，德苏萨（Cristóvão Dória de Sousa），总督。

1564～1569 年，德顾维拉（Francisco de Gouveia），总督。

1569～1571 年，帕瓦·特拉斯（Francisco de Pavia Teles），总督。

1571～1575 年，迪奥古·萨利马（Diogo Salema），总督。

1575～1582 年，门特罗·马斯利（António Monteiro Maciel），总督。

1582～1584 年，不详。

1585 年，暴动奴隶占领圣多美岛，首领为阿尔梅多。

1584～1587 年，德菲古瑞多（Francisco Fernandes de Figueiredo），总督。

1587 年，马丁·德乌哈（Matinho de Ulhoa），执行总督。

1587～1591 年，德莫拉（Miguel Teles de Moura），总督。

1591 年，阿尔维斯（Goncalo Alves），执行总督。

1591～1592 年，达席尔瓦（Duarte Peixoto da Silva），总督。

1592～1593 年，维埃拉·诺瓦（Francisco de Vila Nova），执行总督。

1593～1597 年，德梅内塞斯（Fernandes de Meneses），总督。

1597～1598 年，德卡瓦略（Vasco de Carvalho），总督。

1598～1601 年，达坤哈（João Barbosa da Cunha），执行总督（第一任）。

1599 年 10 月 19～24 日，皮特（Pieter van der），荷兰任命执政官。

1599 年 10 月 24 日至 11 月 5 日，荷兰重新任命执政官。

1599～1601 年，不详。

1601～1604 年，米切尔·门特罗（António Maciel Monteiro），执行总督。

1604～1608 年，德安达德（Pedro de Andrade），总督。

1608～1609 年，达坤哈（João Barbosa da Cunha），执行总督（第二任）。

1609 年，德努若哈（Fernando de Noronha），总督。

1609～1611 年，达瓦雷斯（Constantino Tavares），总督。

1611 年，达坤哈（João Barbosa da Cunha），执行总督（第三任）。

1611 年，德梅内塞斯（Francisco Teles de Meneses），总督。

1611～1613 年，德阿巴瑞（Luís Dias de Abreu），总督（第一任）。

1613～1614 年，卡瓦略（Feliciano Carvalho），总督。

1614～1616 年，德阿巴瑞（Luís Dias de Abreu），总督（第二任）。

1616～1620 年，巴哈内蒙（Miguel Correia Baharem），总督。

1620～1621 年，达坤哈（Pedro da Cunha），总督。

1621～1623 年，皮瑞拉（Félix Pereira），总督。

1623～1627 年，米罗·费曼多（Jerónimo de Melo Fernando），总督。

1627～1628 年，马拉扣特（André Gonçalves Maracote），总督。

1628 年至 1630 年 10 月 30 日，皮埃尔·特罗瓦达（Lourenço Pires de Távora），执行总督（第一任）。

1630～1632 年，德梅内塞斯（Francisco Barreto de Meneses），总督。

1632～1636 年，皮埃尔·特罗瓦达（Lourenço Pires de Távora），执行总督（第二任）。

1636 年，卡瓦略（António de Carvalho），总督。

1636 年 7 月，门特罗（Filipe Tavares Metello），总督。

1636～1640 年，皮埃尔·特罗瓦达（Lourenço Pires de Távora），执行总督（第三任）。

1640 年，卡梅罗（Manuel Quaresma Carneiro），总督。

1640～1641 年，阿尔巴丘克（Miguel Pereira de Melo e Albuquerque），执行总督。

荷兰占领时期（1641～1648 年）

1641 年 10 月 16 日至 1648 年 12 月，荷兰执政官，不详。

葡萄牙王室殖民时期（1641～1709 年）

1641 年至 1642 年 11 月 8 日，达蓬特（Paulo da Ponte），执行总督。

1642 年 11 月 8 日至 1650 年，皮埃尔·特罗瓦达（Lourenço Pires de Távora），执行总督（第四任）。

1650～1656 年，卡瓦略（Jeronimo Correia de Carvalho），总督。

1656～1657 年，多瑞格（Cristóvão de Barros do Rêgo），总督。

1657～1661 年，不详。

1661～1669 年，达席尔瓦（Pedro da Silva），总督。

1669～1671 年，德努若哈（Paulo Ferreira de Noronha），总督。

1671～1673 年，内阁直属（Chamber Senate）。

1673～1677 年，卡姆珀斯·巴惹托（Julião de Campos Barreto），总督。

1677～1680 年，德安的瑞德（Bernardim Freire de Andrade），总督

1680～1683 年，伊阿巴努（Jacinto de Figueiredo e Abreu），总督。

1683～1686 年，达坤哈（João Álvares da Cunha），执行总督。

1686 年，里莫斯（António Pereira de Brito Lemos），总督。

1686～1689 年，苏萨·利马（Bento de Sousa Lima），总督。

1689～1693 年，德卢瑟达（António Pereira de Lacerda），总督。

1693～1694 年，德巴热多（António de Barredo），总督。

1695～1696 年，苏德（José Pereira Sodré），总督。

1696～1697 年，玛托斯（João da Costa Matos），总督。

1697～1702 年，达卡马拉（Manuel António Pinheiro da Câmara），总督。

1702～1709 年，德克斯托（José Correia de Castro），总督。

1709 年，皮黑罗（Vicente Dinis Pinheiro），总督。

法国占领时期（1709～1715 年）

1709～1715 年，简塔（Junta），执政官。

葡萄牙王室殖民时期（1715～1753 年）

1715～1716 年，达科斯塔·平托（Bartolomeu da Costa Ponte），总督。

1716～1717 年，内阁直属（Chamber Senate）。

1717～1720 年，门多萨（António Furtado Mendonça），总督。

1720~1722 年，简塔（Junta），总督。

1722~1727 年，达卡马拉（José Pinheiro da Câmara），总督。

1727~1734 年，萨门托（Serafim Teixeira Sarmento），总督。

1734~1736 年，卡廷霍（Lopo de Sousa Coutinho），总督。

1736~1741 年，苏托麦偌（José Caetano Soto Maior），总督。

1741 年，布安罗（António Ferrão de Castelo Branco），总督。

1741~1744 年，内阁直属（Chamber Senate）。

1744 年，达孔瑟卡（Francisco Luís da Conceição），总督。

1744~1745 年，阿尔瓦·布兰达（Francisco de Alva Brandão），执行总督。

1747~1748 年，达斯·查加斯（Francisco Luís das Chagas），总督。

1748~1751 年，内阁直属（Chamber Senate）。

1751 年，内维斯（António Rodrigues Neves），总督。

1751~1753 年，内阁直属（Chamber Senate）。

普林西比时期（1500~1753 年），不详。

葡萄牙王室殖民时期（1753~1951 年）

1753~1755 年，内阁直属（Chamber Senate）。

1755 年，卡廷霍（Lopo de Sousa Coutinho），总督。

1755~1758 年，内阁直属（Chamber Senate）。

1758~1761 年，厄美罗（Luís Henrique da Mota e Mele），总督。

1761~1767 年，内阁直属（Chamber Senate）。

1767~1768 年，阿尔梅达·帕哈（Lourenço Lôbo de Almeida Palha），总督。

1768~1770 年，内阁直属（Chamber Senate）。

1770~1778 年，菲瑞拉（Vicente Gomes Ferreira），总督。

1778~1782 年，德阿扎姆布加（João Manuel de Azambuja），总督。

1782~1788 年，德萨（Cristóvão Xavier de Sá），总督。

1788~1797 年，内托（João Resende Tavares Leote），总督。

1797 年，卡廷霍（Inácio Francisco de Nóbrega Sousa Coutinho），总督。

1797 年，卡瓦略（Manuel Monteiro de Carvalho），执行总督。

1797~1798 年，博卡（Varela Borca），总督。

1798~1799 年，达摩塔（Manuel Francisco Joaquim da Mota），总督。

1799 年，德韦德（Francisco Rafael de Castelo de Vide），总督。

1799~1802 年，德席尔瓦（João Baptista de Silva），总督。

1802~1805 年，德卡斯塔（Gabriel António Franco de Castro），总督。

1805~1817 年，利斯堡（Luís Joaquim Lisboa），总督。

1817~1824 年，德弗雷塔斯（Filipe de Freitas），总督。

1824~1830 年，德柏林拖（João Maria Xavier de Brito），总督。

1830~1834 年，达冯瑟卡（Joaquim Bento da Fonseca），总督。

1834~1836 年，临时政府（Provisional Government）。

1836~1837 年，德罗恩哈（Fernando Correia Henriques de Noronha），执行总督。

1837~1838 年，达科斯塔（Leandro José da Costa），总督（第一任）。

1838~1839 年，乌班斯科（José Joaquim de Urbanski），总督。

1839~1843 年，德恩多（Bernardo José de Sousa Soares de Andréa），总督。

1843 年 2 月 5 日至 3 月 2 日，达科斯塔（Leandro José da Costa），总督（第二任）。

1843 年 3 月 2 日至 1846 年 5 月 1 日，马库斯（José Maria Marquês），总督（第一任）。

1846 年 5 月 1 日至 1847 年 9 月 30 日，内阁直属（Chamber Senate）。

1847 年 9 月 30 日至 11 月 20 日，阿尔梅达（Carlos Augusto de Morais e Almeida），总督。

1847 年 11 月 20 日至 1848 年 7 月 20 日，内阁直属（Chamber Senate）。

1848 年 7 月 20 日至 1849 年 6 月 30 日，珀萨（José Caetano René Vimont Pessoa），总督。

1849 年 6 月 30 日至 1849 年 12 月 12 日，帕塞奥（José Coetano René

Vimont Pessôa)，总督。

1849 年 12 月 12 日至 1851 年 3 月 9 日，达科斯塔（Leandro José da Costa)，总督（第三任）。

1851 年 3 月 9 日至 1853 年 3 月 20 日，马库斯（José Maria Marquês)，总督（第二任）。

1853 年 3 月 20 日至 1855 年 7 月 28 日，柔罗（Francisco José da Pina Rolo)，总督。

1855 年 7 月 28 日至 1857 年 3 月 21 日，珀萨拉克（Adriano Maria Passaláqua)，总督。

1857 年 3 月 21 日至 1858 年 1 月 15 日，内阁直属（Chamber Senate)。

1858 年 1 月 15 日至 5 月 29 日，可瑞安（Francisco António Correia)，总督。

1858 年 5 月 29 日至 1859 年，内阁直属（Chamber Senate)。

1859 年至 1860 年 7 月 8 日，霍塔（Luís José Pereira e Horta)，总督。

1860 年 7 月 8 日至 1860 年 11 月 21 日，内阁直管（不完全。）

1860 年 11 月 21 日至 1862 年 7 月 8 日，德梅罗（José Pedro de Melo)，总督。

1862 年 7 月 8 日至 11 月 17 日，内阁直属（Chamber Senate)。

1862 年 11 月 17 日至 1863 年 3 月 30 日，莫乌拉（José Eduardo da Costa Moura)，总督。

1863 年 3 月 30 日至 1864 年 1 月 8 日，布兰奇（João Baptista Brunachy)，总督（第一任）。

1864 年 1 月 8 日至 1865 年 8 月 2 日，阿尔梅达（Estanislau Xavier de Assunção e Almeida)，总督（第一任）。

1865 年 8 月 2 日至 1867 年 7 月 30 日，布兰奇（João Baptista Brunachy)，总督（第二任）。

1867 年 7 月 30 日至 9 月 30 日，达丰塞卡（António Joaquim da Fonseca)，总督。

1867 年 9 月 30 日至 1869 年 5 月 30 日，阿尔梅达（Estanislau Xavier

de Assunção e Almeida），总督（第二任）。

1869 年 5 月 30 日至 1872 年 10 月 7 日，楼珀斯（Pedro Carlos de Aguiar Craveiro Lopes），总督。

1872 年 10 月 7 日至 1873 年 10 月 26 日，卡瓦略（João Clímaco de Carvalho），总督。

1873 年 10 月 26 日至 1876 年 11 月 1 日，瑞贝罗（Gregório José Ribeiro），总督。

1876 年 11 月 1 日至 1879 年 9 月 28 日，阿尔梅达（Estanislau Xavier de Assunção e Almeida），总督（第三任）。

1879 年 9 月 28 日至 11 月 28 日，阿玛拉（Francisco Joaquim Ferreira do Amaral），总督。

1879 年 11 月 28 日至 1880 年 1 月 3 日，德博加（Custódio Miguel de Borja），执行总督（第一任）。

1880 年 1 月 3 日至 1881 年 12 月 30 日，阿梅达（Vicente Pinheiro Lôbo Machado de Melo e Almada），总督。

1881 年 12 月 30 日至 1882 年 1 月 26 日，里奥（Augusto Maria Leão），执行总督。

1882 年 1 月 26 日至 1884 年 5 月 24 日，达席尔瓦（Francisco Teixeira da Silva），总督。

1884 年 5 月 24 日至 1886 年 8 月 25 日，德博加（Custódio Miguel de Borja），总督（第二任）。

1886 年 8 月 25 日至 1890 年 3 月 9 日，萨门托（Augusto César Rodrigues Sarmento），总督。

1890 年 3 月 9 日至 1891 年 6 月 26 日，达科斯塔（Firmino José da Costa），总督。

1891 年 6 月 26 日至 1894 年 12 月 8 日，德米兰达（Francisco Eugénio Pereira de Miranda），总督。

1894 年 12 月 8 日至 1895 年 4 月 8 日，高迪尼斯（Jaime Lobo Brito Godins），执行总督。

1895 年 4 月 8 日至 1897 年 4 月 5 日，佳迪姆（Cipriano Leite Pereira Jardim），总督。

1897 年 4 月 5 日至 1899 年 4 月 5 日，兰卡（Joaquim da Graça Correia e Lança），总督。

1899 年 4 月 5 日至 1901 年 1 月 3 日，卡博罗（Amâncio de Alpoim Cerqueira Borges Cabral），总督。

1901 年 1 月 3 日至 5 月 8 日，维埃拉（Francisco Maria Peixoto Vieira），执行总督。

1901 年 5 月 8 日至 1902 年 10 月 8 日，德波利托（Joaquim Xavier de Brito），总督。

1902 年 10 月 8 日至 1903 年 6 月 7 日，吉玛瑞斯（João Abel Antunes Mesquita Guimarães），总督。

1903 年 6 月 7 日至 1 月 14 日，菲瑞拉（João Gregório Duarte Ferreira），执行总督。

1903 年 1 月 14 日至 1907 年 4 月 13 日，珀拉·凯蒂（Francisco de Paula Cid），总督。

1907 年 4 月 13 日至 6 月 24 日，麦罗（Vitor Augusto Chaves Lemos e Melo），执行总督。

1907 年 6 月 24 日至 1908 年 10 月 24 日，帕多·铂库（Pedro Berquó），总督。

1908 年 10 月 24 日至 1909 年 3 月 13 日，莫勒（Vítor Augusto Chaves Lemos e Mel），执行总督。

1909 年 3 月 13 日至 1910 年 6 月 13 日，达弗色卡（José Augusto Vieira da Fonseca），总督。

1910 年 6 月 13 日至 8 月 7 日，多明戈（Jaime Daniel Leote do Rego），总督（第一任）。

1910 年 8 月 7 日至 11 月 12 日，卡瓦略（Fernando Augusto de Carvalho），总督。

1910 年 11 月 12～28 日，麦罗（Carlos de Mendonça Pimentel e Melo），

执行总督。

1910 年 11 月 28 日至 1911 年 6 月 14 日，吉德斯（António Pinto Miranda Guedes），总督。

1911 年 6 月 14 日至 12 月 24 日，多明戈（Jaime Daniel Leote do Rego），总督（第二任）。

1911 年 12 月 24 日至 1913 年 3 月 13 日，马丁斯（Mariano Martins），总督。

1913 年 3 月 13 日至 1915 年 3 月 31 日，马卡多（Pedro do Amaral Boto Machado），总督。

1915 年 3 月 31 日至 6 月 6 日，法罗（José Dionísio Carneiro de Sousa e Faro），总督。

1915 年 6 月 6 日至 1918 年 6 月 28 日，奥利维拉（Rafael dos Santos Oliveira），执行总督。

1918 年 6 月 28 日至 1919 年 6 月 11 日，费雷拉（João Gregório Duarte Ferreira），总督。

1919 年 6 月 11 日至 1920 年 9 月 25 日，雷特（Avelino Augusto de Oliveira Leite），总督。

1920 年 9 月 25 日至 10 月 22 日，阿尔维斯·维勒斯（José Augusto de Conceição Alves Vélez），执行总督。

1920 年 10 月 22 日至 1921 年 7 月 2 日，德勒莫斯（Eduardo Nogueira de Lemos），执行总督。

1921 年 7 月 2 日至 1924 年 1 月 23 日，皮瑞拉（António José Pereira），总督。

1924 年 1 月 23 日至 1926 年 7 月 8 日，布兰科（Eugénio de Barros Soares Branco），总督。

1926 年 7 月 8 日至 1928 年 8 月 31 日，瑞托（José Duarte Junqueira Rato），总督。

1928 年 8 月 31 日至 1929 年 1 月 30 日，巴博萨（Sebastião José Barbosa），执行总督。

1929 年 1 月 30 日至 8 月 31 日，帕特多（Francisco Penteado），总督。

1929 年 8 月 31 日至 1933 年 12 月 17 日，菲兰德斯（Luís Augusto Vieira Fernandes），总督。

1933 年 12 月 17 日至 1941 年 5 月 8 日，门特罗（Ricardo Vaz Monteiro），总督。

1941 年 5 月 8 日至 1945 年 4 月 5 日，德菲格瑞多（Amadeu Gomes de Figueiredo），总督。

1945 年 4 月 5 日至 1948 年 6 月，卡洛斯·格古里奥（Carlos de Sousa Gorgulho），总督。

1948 年 6 月至 1950 年 10 月 8 日，德苏萨（Afonso Manuel Machado de Sousa），执行总督。

1950 年 10 月 8 日至 1951 年 7 月 11 日，卡斯特（Mário José Cabral Oliveira Castro），执行总督（第一任）。

葡萄牙海外省时期（1951～1974 年）

1951 年 7 月 11 日至 1952 年 6 月 28 日，卡斯特（Mário José Cabral Oliveira Castro），执行总督（第二任）。

1952 年 6 月 28 日至 1953 年 4 月 18 日，平托（Guilherme António Amaral Abranches Pinto），执行总督。

1953 年 4 月 18 日至 5 月 19 日，罗杰斯（Fernando Augusto Rodrigues），执行总督。

1953 年 5 月 19 日至 6 月，德苏萨（Afonso Manuel Machado de Sousa），执行总督。

1953 年 6 月至 1954 年 8 月，皮埃尔·波拉塔（Francisco António Pires Barata），总督。

1954 年 8 月至 1955 年 6 月 15 日，菲瑞阿（Luís da Câmara Leme Faria），执行总督。

1955 年 6 月 15 日至 1956 年 12 月 5 日，玛查多（José Machado），执行总督。

1956 年 12 月 5 日至 1957 年 10 月 13 日，孔卡里维斯（Octávio

Ferreira Gonçalves），执行总督。

1957 年 10 月 13 日至 1963 年 8 月，阿玛拉（Manuel Marques de Abrantes Amaral），总督。

1963 年 8 月至 10 月 30 日，卡姆帕斯（Alberto Monteiro de Sousa Campos），执行总督。

1963 年 10 月 30 日至 1973 年，瑟巴提奥（António Jorge da Silva Sebastião），总督。

1973～1974 年，孔卡里维斯（João Cecilio Gonçalves），总督。

1974 年至 1974 年 6 月 29 日，平·苏托（Pinto Souto），执行总督。

1974 年 6 月 29 日至 12 月 18 日，皮埃尔·维鲁斯（António Elísio Capelo Pires Veloso），总督。

葡萄牙自治省时期（1974～1975 年）

1974 年 12 月 18 日至 1975 年 7 月 12 日，皮埃尔·维鲁斯（António Elísio Capelo Pires Veloso），高级委员长（High Commissioner）。

二　圣多美和普林西比民主共和国总理

1. 莱昂内尔·马里奥·达尔瓦（Leonel Mário d'Alva），1974 年 12 月 21 日 至 1975 年 7 月 12 日，圣多美和普林西比解放运动过渡政府总理。

2. 米格尔·特罗瓦达（Miguel Trovoada），1975 年 7 月 12 日至 1979 年 3 月，圣多美和普林西比解放运动总理。[①]

3. 塞莱斯蒂诺·罗恰·达科斯塔（Celestino Rocha da Costa），1988 年 1 月 8 日至 1991 年 2 月 7 日，圣多美和普林西比解放运动总理。

4. 丹尼尔·利马·多斯桑托斯·达约（Daniel Lima dos Santos Daio），1991 年 2 月 7 日至 1992 年 5 月 16 日，无党派，独立候选人总理。

5. 诺伯托·达尔瓦·科斯塔·阿莱德雷（Norberto d'Alva Costa Alegre），1992 年 5 月 16 日至 1994 年 7 月 2 日，民主统一党—思索小组总理。

6. 埃瓦里斯托·卡瓦略（Evaristo Carvalho），1994 年 7 月 2 日至 1994 年 10 月 25 日，民主独立行动党总理。

7. 卡洛斯·达格拉萨（Carlos da Graça），1994 年 10 月 25 日至 1995 年 12 月 31 日，圣普解放运动—社会民主党总理（于 1995 年 8 月 15～21 日因发生军事政变而短暂失去职权）。

8. 阿米恩多·瓦兹·阿莱梅达（Armindo Vaz d'Almeida），1995 年 12 月 30 日至 1996 年 11 月 19 日，圣普解放运动—社会民主党总理。

9. 劳尔·布拉干萨·内图（Raul Wagner da Conceição Bragança Neto），1996 年 11 月 19 日至 1999 年 1 月 5 日，圣普解放运动—社会民主党总理。

10. 吉列尔梅·波塞尔·达科斯塔（Guilherme Posser da Costa），1999 年 1 月 5 日至 2001 年 9 月 26 日，圣普解放运动—社会民主党总理。

11. 埃瓦里斯托·卡瓦略（Evaristo Carvalho），2001 年 9 月 26 日至 2002 年 3 月 26 日，民主独立行动党总理。

12. 加布里埃尔·达科斯塔（Gabriel Arcanjo Ferreira da Costa），2002 年 3

---

① 取消设置总理职位（1979 年 3 月至 1988 年 1 月 8 日）。

月 26 日至 2002 年 10 月 7 日，圣普解放运动—社会民主党总理。

13. 玛丽亚·达斯·内维斯（Das Neves），2002 年 10 月 7 日至 2004 年 9 月 18 日，圣普解放运动—社会民主党总理（于 2003 年 7 月16～23 日因发生军事政变而短暂失去职权）。

14. 达米昂·瓦兹·阿莱梅达（Damião Vaz d'Almeida），2004 年 9 月 18 日至 2005 年 6 月 8 日，圣普解放运动—社会民主党总理。

15. 玛利亚·杜卡莫·西尔韦拉（Maria do Carmo Silveira），2005 年 6 月 8 日至 2006 年 4 月 21 日，圣普解放运动—社会民主党总理。

16. 托梅·韦拉·克鲁斯（Tomé Vera Cruz），2006 年 4 月 21 日至 2008 年 2 月 14 日，民主运动—变革力量总理。

17. 帕特里斯·埃默里·特罗瓦达（Patrice Emery Trovoada），2008 年 2 月 14 日至 2008 年 6 月 22 日，民主独立行动党总理。

18. 诺阿金·拉斐尔·布兰科（Joaquim Rafael Branco），2008 年 6 月 22 日至 2010 年 8 月 14 日，圣普解放运动—社会民主党总理。

19. 帕特里斯·埃默里·特罗瓦达（Patrice Emery Trovoada），2010 年 7 月至 2012 年 12 月，民主独立行动党总理。

20. 加布里埃尔·阿尔坎诺·达科斯塔（Gabriel Arcanjo Ferrirada Costa），2012 年 12 月至 2014 年 11 月，解放运动—社会民主党总理。

21. 帕特里斯·埃默里·特罗瓦达（Patrice Emery Trovoada），2014 年 11 月至 2018 年 10 月，民主独立行动党总理。

22. 豪尔赫·洛佩斯·鲍姆·热苏斯（Jorge Lopes Bom Jesus），2018 年 12 月 3 日至今，圣普解放运动—社会民主党联合政府总理。

三　国民议会情况

第一届国民议会，1975 年 7 月选举产生，莱昂内尔·马里奥·达尔瓦担任国民议会议长。圣普解放运动为唯一合法政党，国民议会议员主要为圣普解放运动党员。

第二届国民议会，1980 年 5 月 14 日选举产生，阿尔达·埃斯皮里托·桑托当选国民议会议长。

第三届国民议会，1985 年 9 月 30 日选举产生，阿尔达·埃斯皮里托·桑托再次当选国民议会议长。

第四届国民议会，1991 年 1 月 20 日选举产生，莱昂内尔·马里奥·达尔瓦（民主统一党—思索小组）当选国民议会议长。这届国民议会是圣普开始进行多党制改革以后的第一届国民议会。民主统一党—思索小组获得 33 席，圣普解放运动—社会民主党获得 21 席，民主联盟获得 1 席。

第五届国民议会，1994 年 10 月 2 日选举产生，弗朗西斯科·皮雷斯当选国民议会议长。圣普解放运动—社会民主党获得 27 席，为国民议会第一大党。民主独立行动党与民主统一党—思索小组各获得 14 席。

第六届国民议会，1998 年 11 月选举产生。弗朗西斯科·皮雷斯再次当选国民议会议长。圣普解放运动—社会民主党获得 31 席，民主独立行动党获得 16 席，民主统一党—思索小组获得 8 席。

第七届国民议会，2002 年 3 月 18 日选举产生。迪奥尼西奥·托梅·迪亚斯当选国民议会议长。圣普解放运动—社会民主党获得 24 席，民主运动—变革力量与民主统一党联盟获得 23 席，以民主独立行动党为首的"五党联盟"获得 8 席。

第八届国民议会，2006 年 4 月选举产生。席尔瓦当选国民议会议长。民主变革力量—自由党与民主统一党联盟共获得 23 席，圣普解放运动—社会民主党获得 20 席，民主独立行动党获得 11 席，新路运动党（New Way Movement）获得 1 席。

第九届国民议会，2010 年 8 月选举产生。卡瓦略担任临时议长

（2010～2012 年在任）。民主独立行动党获得 26 席，圣普解放运动—社会民主党获得 21 席，民主统一党获得 7 席，民主运动变革力量—自由党获得 1 席。

第十届国民议会，2014 年 10 月 12 日选举产生。迪欧格当选国民议会议长。民主独立行动党获得 33 席，圣普解放运动—社会民主获得 16 席，民主统一党获得 5 席，民主运动变革力量—自由党仅获得 1 席。

第十一届国民议会，2018 年 10 月 7 日选举产生。德尔芬·内韦斯当选国民议会议长。民主独立行动党获得 25 席，失去绝对多数政党地位。圣普解放运动—社会民主获得 23 席。民主统一党、民主运动变革力量—自由党、公民发展民主联盟获得 5 席。仅在卡乌埃区参选的圣普独立公民运动获得 2 席。

四　国民议会议长

1975～1980 年，莱昂内尔·马里奥·达尔瓦（Leonel Mário d'Alva）。

1980～1991 年，阿尔达·埃斯皮里托·桑托（Alda Neves da Graça do Espírito Santo）。

1991～1994 年，莱昂内尔·马里奥·达尔瓦（Leonel Mário d'Alva）。

1994～2002 年，弗朗西斯科·皮雷斯（Francisco Fortunato Pires）。

2002～2006 年，迪奥尼西奥·托梅·迪亚斯（Dionísio Tomé Dias）。

2006～2010 年，席尔瓦（Francisco da Silva）。

2010～2012 年，卡瓦略（Evaristo Carvalho）。

2012～2018 年，迪欧格（Jose da Graca Diogo）。

2018 年至今，德尔芬·内韦斯（Delfim Neves）。

大事纪年

1470 年 12 月 21 日	葡萄牙探险家、洛美总督皮德罗·埃斯科巴和加奥·桑塔伦在勘察几内亚群岛时发现圣多美岛，宣布其归葡萄牙所有。
1471 年 1 月 17 日	葡萄牙探险家、洛美总督皮德罗·埃斯科巴和加奥·桑塔伦发现普林西比岛，将其命名为圣安东尼奥岛，宣布其归葡萄牙所有。
1485 年	圣普成为葡萄牙殖民地，葡萄牙鼓励向圣多美和普林西比移民。
1486 年	第一批殖民者在加奥·德派瓦的率领下，登上了圣多美岛北部海滩的安纳姆博，建立定居点。首批殖民者来自马德拉群岛，基督教士随第一批殖民者来到岛上。葡萄牙殖民者开始开辟甘蔗种植园，圣多美出现第一次繁荣，成为世界著名的"糖岛"。
1492 年	在欧洲排犹浪潮中，一批犹太"婴儿"被送到圣多美岛，后来发生"犹太婴儿"事件，教皇怀疑该教区教士对上帝的忠诚程度，相关教士受到严

厉处分。

1493 年	具有葡萄牙皇家血统的德卡米哈取得了圣多美的领地专属权。圣多美领地的殖民者获得了同包括尼日尔河三角洲在内的西非进行贸易的特权,同时可以同刚果王国进行贸易往来。
1500～1753 年	卡内罗家族获得普林西比岛的领主权,该岛从葡萄牙王室殖民地中分离出来。
16 世纪初	葡萄牙与西班牙划定教皇子午线。西班牙允许葡萄牙商人向西属美洲殖民地输入黑奴,圣多美岛成为葡萄牙人输出黑奴的中心。
16 世纪早期	一艘运送安哥拉奴隶的船只在圣多美岛南部触礁沉没。幸存奴隶逃亡到圣多美岛南部群山峡谷,建立了安哥拉村庄。
1512 年	圣安东尼奥岛改名为普林西比。葡萄牙王室通过建立皇家种植园控制黑奴,并逐步垄断圣多美同刚果王国的黑奴贸易。
1519 年	圣多美岛建立了奥古斯汀教堂。
1522 年 6 月 24 日	葡萄牙正式宣布圣多美和普林西比两岛为王室直属殖民地,两岛由王室管理。
1535 年	圣多美成为丰沙尔主教辖区的主教中心,也是整个西非地区教会事务的中心。
1553 年	盲人约安·加托和黑人奴隶先后组织

	领导了暴动和起义。
1564～1566 年	圣多美被起义的奴隶占领。
1570 年	圣多美岛的榨糖厂增加到 70 家，出口糖量达到 2800 吨。
1571 年	圣多美教区划归里斯本。
1580～1640 年	葡萄牙与西班牙合并，这给葡萄牙在西非的贸易垄断地位以致命打击。
1585 年	圣多美岛的安哥拉人在首领阿尔梅多的率领下向圣多美市发动进攻，并建立"安哥拉王国"，其存续时间长达一年，沉重地打击了葡萄牙殖民者。
1598 年 8 月 9 日至 11 月 26 日	荷兰占领普林西比。
1599 年 10 月 18 日至 11 月	荷兰占领圣多美。
17～18 世纪	荷兰、法国占领圣多美岛、普林西比岛，两岛成为远洋船只停泊地和奴隶贩卖的中转、储运中心。
1630 年	圣多美实际上被英国控制，而且在当时只能用船只同外部保持联系。
1641～1648 年	荷兰占领圣多美，圣多美成为荷兰殖民地。
1648 年 10 月	圣多美岛和普林西比岛重归葡萄牙。
1648～1709 年	葡萄牙王室依然把圣多美岛和普林西比岛作为王室领地直接管理，但这两个岛的发展情况远远不如过去。
1677 年	圣多美教区划归巴西利亚主教区，用以强调这些岛屿同巴西的密切关系。
1709 年 4 月 19 日至 5 月 15 日	法国占领圣多美。
1715 年	葡萄牙从法国手中夺回圣多美，重设王室领地。

1753 年 10 月 29 日	圣多美和普林西比联合，合称圣多美和普林西比联合殖民地（United with Principe to form Colony of São Tomé and Príncipe）。
1753 年 11 月 15 日	普林西比总督权力被取消。
1754～1852 年	葡萄牙殖民者将圣多美和普林西比首府从圣多美迁到普林西比岛的圣安东尼奥。
1778 年 3 月 11 日	安诺本岛与比奥科岛被割让给西班牙（其后来成为赤道几内亚领土）。
19 世纪上半期	国际上把奴隶贸易视为非法。此时，圣多美和普林西比的可可生产正处于巅峰时期，葡萄牙殖民者变换手法，从安哥拉、佛得角、莫桑比克等地招募了大批"契约劳工"，中国澳门劳工曾来此谋生。
1800 年	圣多美当地最后一位主教去世，教皇没有再任命新的主教，从那时起直到 1944 年，这里的"主教"一职一直空缺。
1807 年	葡萄牙王室逃亡巴西。
1809～1815 年	将近 33000 名奴隶被送到圣多美岛，其中绝大部分被转运到巴西和古巴。
1822 年	葡萄牙最大的殖民地巴西宣布独立。巴西人戈麦斯把可可从南美亚马孙丛林引入普林西比试种。普林西比建立并发展了与之相关的大型种植园及加工业，其中可可、咖啡种植业闻名世界。

1855 年	圣普的咖啡种植业开始繁荣，规模庞大的咖啡种植园纷纷建立。
1859 年	昏睡病第一次引起圣普人死亡，这种病是在 1822 年引进加蓬牛时从非洲大陆带来的。
1875 年	由于天花流行，奴隶大量死亡，再加上奴隶大批逃亡，圣普出现咖啡生产"危机"，产量大幅下降。
1878 年	葡萄牙殖民者从安哥拉、加蓬和几内亚等地招募"契约劳工"让其在圣多美岛和普林西比岛大面积种植可可和咖啡，两岛一度成为世界重要的可可生产和输出地。
1881 年	圣普和普林西比咖啡生产量达到高峰，出口量为 2416 吨。
1901 年	普林西比岛的昏睡病引起葡萄牙医疗代表团团员的注意。
1903 年	由于非洲大旱，许多佛得角人逃亡到圣多美岛。
1908 年	葡萄牙医疗代表团到达普林西比岛，为控制昏睡病，用尽各种办法，甚至包括消灭所有野猪和清除灌木这种办法，但效果并不明显。 圣普成为世界上最大的咖啡和可可产地之一，两岛被分成数十个种植园，铺设了四通八达的小铁路和沥青马路，拥有大片三层洋房，名扬四方。
1909 年	德国和英国的巧克力制造商因圣普的种植园合同工全是奴隶，遂联合抵制圣普

生产的可可。

安哥拉宣布禁止圣多美和普林西比在安哥拉招募契约劳工。

1910 年以前	没有一个黑人（无论是奴隶，还是契约劳工）能够活着离开圣多美岛，返回家园，圣多美岛因此得名"死亡之岛"。
1914 年底	葡萄牙医疗代表团宣布普林西比岛的萃萃蝇灭绝。
1918 年	圣多美和普林西比发生旱灾，害虫肆虐，破坏了种植园的基础设施。
1928 年	葡萄牙殖民者迫于圣多美和普林西比人民的斗争压力，推行新政，在圣普组建新政府，实行部分自治。
1940 年	圣普人口总数第一次超过契约劳工总数。
1950 年	昏睡病再次发作，幸而并没有造成大批人口死亡。
1951 年	圣多美岛和普林西比岛共同组成葡萄牙海外省。
1952 年	圣普开设中学教育课程。
1953 年 2 月 3 日	葡萄牙殖民者武力镇压圣普民族独立运动，制造了巴特帕大屠杀。
1960 年	圣普解放委员会成立（1972 年易名为圣普解放运动，1990 年改名为圣普解放运动—社会民主党），要求圣普无条件独立。
1971 年	应中国人民对外友好协会邀请，圣多美和普林西比解放委员会派代表团

	访华。
1974 年 11 月	圣普解放运动与葡萄牙当局在阿尔及利亚签署《阿尔及尔协议》。
1974 年 12 月 21 日	圣普成立了以莱昂内尔·马里奥·达尔瓦为总理的过渡政府。
1975 年 7 月 12 日	圣多美和普林西比宣告独立，定国名为圣多美和普林西比民主共和国，首任总统为曼努埃尔·平托·达科斯塔。独立后，圣普解放运动曾长期执政。
1975 年 7 月 14 日	中国与圣普签署建交公报（为了表示双方对两国关系的重视，以圣多美和普林西比独立的 7 月 12 日作为建交公报的签署日期）。
1975 年	圣普国内最大的种植园实现国有化，圣普从葡萄牙殖民者手中接管了以可可种植为主的大种植园，国家在经济上摆脱了殖民统治。
1976 年	圣普建立了主教区，并任命了新的主教。
1978 年	中国派出的农业技术组宣布，经过两国农业技术人员的共同努力，圣多美和普林西比有史以来第一次试种水稻成功，获得丰收。 圣普政府划定了大约 370 海里的专属经济区（环岛为 200 海里以内）。
1979 ~ 1985 年	圣普爆发非洲猪热病，猪肉被禁止食用。
1979 年 4 月 9 日至 1988 年 1 月 8 日	总统达科斯塔兼任政府首脑。

1981 年	全国进行宗教调查。圣普开始进行人口普查，圣普国内人口为 7 万多人，增长率为 28‰ ~ 30‰。
1983 年	圣普的人口比例基本平衡，女性人口占总人口的 50.3%。
1984 年	与圣普签有入渔协议的国家或公司的渔船可取得执照并进入圣普水域作业。
1987 年 7 月	圣多美和普林西比开始进行经济结构调整。
1988 年 1 月	圣普重新设立总理一职。
1988 年 3 月	多斯桑托斯带领 44 名流亡海外的反对派武装人员从喀麦隆出发，组织武装登陆，企图颠覆达科斯塔政权，但这次行动"拙劣"，所有人员均被逮捕。
1990 年 8 月	全民公决通过新宪法。圣多美和普林西比成为第一个进行民主化改革和宪法改革的非洲国家，准备直选总统，在全国实施多党化民主制。
1991 年 1 月	民主统一党—思索小组在国民议会选举中获得多数席位，成为执政党。
1991 年 3 月	米格尔·特罗瓦达当选总统。
1992 年初	总统与总理之间的合作关系破裂，一场政治危机发生。
1992 年 4 月	圣普发生了两次大规模的民众示威活动，反对过于严厉的经济调整计划。
1992 年 5 月	圣普政府与美国之音签署了一个长达 30 年的协定，允许其建立一个面向非

	洲大陆的无线转播站。自 1994 年开始，美国之音每年向圣普政府缴纳 21 万美元的租金。
1993 年 10 月	圣多美和普林西比航空公司正式运行。
1994 年 6 月	非洲开发银行在圣多美和普林西比投资兴建了第一所师范学校。
1995 年 2 月初	加蓬政府称，到 2 月底以前，仍没有合法身份的外国移民将被驱逐出境。
1995 年 3 月	普林西比举行了自治后的首次选举：选举 7 名地方立法议员组成地方立法议会，选举 5 人组成地方政府。
1995 年 4 月 29 日	普林西比获得自治权，建立自治区。
1995 年 6 月	国家电台工人发动罢工，要求增加工资。
1995 年 8 月 15 日	圣多美和普林西比发生了一起不流血的军事政变。
1995 年 12 月底	阿米恩多·瓦兹·阿莱梅达被任命为总理，组织领导民族团结政府。
1996 年 5 月 16 日	中国同圣普签订《中华人民共和国政府和圣多美和普林西比民主共和国政府关于中国派遣第十一期医疗队赴圣多美和普林西比工作的议定书》，就中国向圣普派遣第十一期医疗队达成协议。
1996 年 7 月	特罗瓦达蝉联总统。圣普成为新成立的葡语国家共同体的成员。
1996 年 8 月中旬	由于能源短缺和水供应不足，大批民众进行示威，造成交通瘫痪。

1997 年 3 月	圣普全国互联网开通。
1997 年 5 月	特罗瓦达总统宣布与中国台湾当局"建交"。内阁、国民议会和各党派表示强烈反对。
1997 年 11 月	在河内召开的第九届法语国家组织部长理事会上，圣多美和普林西比被接纳为法语国家组织的正式成员。
1998 年 3 月	圣普通过法律确认了本国专属经济区的范围。
	3750 名公务员组织了一次有限的罢工，要求政府支付拖欠的工资。
1998 年 11 月	圣普解放运动重新在国民议会选举中获胜，并于 1999 年 1 月组建新政府。
1998 年底	根据土地分配计划，其他国有大型种植园被解散，土地被分配。
1999 年 3 月	财政部部长阿方索·维热拉被免职，被调查是否参与涉及 5 亿美元的金融丑闻。
1999 年 10 月	圣普政府通过农业振兴草案，由世界银行资助实施相关计划。
1999 年 11 月	圣多美和普林西比成为几内亚湾委员会创始国之一。
2000 年 1 月	由于圣多美和普林西比卫生排放标准不能满足欧洲的要求，欧盟发布禁令，禁止从圣普进口鱼类产品。
2000 年 4 月	圣普与国际货币基金组织签订减债和经济增长三年计划，出台《2000～2003 年优先行动计划》和《2000～2005 年中期发展战略》，采取降低关

税税率、修改投资条例及建立自由贸
易区等一系列措施吸引外资、促进经
济发展。

2000 年 11 月	圣普卫生部门员工罢工。
2001 年 1 月	世界银行批准了重债穷国倡议下对圣普的 2 亿美元的债务减免。
2001 年 2 月	经过三年谈判，圣普与葡萄牙盖洛普能源公司签署协议，圣普委托这家公司进行领海地质勘测。
2001 年 4 月	圣多美和普林西比与尼日利亚达成协议，建立一个联合开发区。该协议搁置了领土争端，有利于双方进行经济合作。
2001 年 8 月	民主独立行动党候选人弗拉迪克·德梅内塞斯击败圣普解放运动—社会民主党候选人曼努埃尔·平托·达科斯塔当选总统并于 9 月 3 日正式就职。圣普与尼日利亚签订并公布两国部分交叉专属经济区石油开采合作分配协定。
2001 年 12 月	民主运动变革力量—自由党成立。
2002 年 8 月	美国总统乔治·W. 布什宣布，美国海军计划在圣多美和普林西比建立基地，以保护美国在西非的石油利益，圣普总理玛丽亚·达斯·内维斯表示支持这一计划。
2002 年 9 月	德梅内塞斯总统访问新加坡和中国台湾。
2003 年 2 月	德梅内塞斯总统同尼日利亚总统奥巴

	桑乔再次达成协议：两国共同开采几内亚湾边界处的石油。
2003 年 7 月 16 日	圣普军事培训中心负责人费尔南多·佩雷拉发动政变，扣押了包括国民议会议长、总理、国防和安全部部长以及负责石油储备的公共工程部部长在内的十几位政府要人。
2005 年 2 月	圣多美和普林西比与尼日利亚签署了允许跨国能源公司进行近海石油勘探和生产共享的联合协议。圣普签署联合开发区第一区块石油分成合同，获得 4920 万美元分享金。
2006 年 7 月	德梅内塞斯作为民主运动变革力量—自由党和民主统一党联盟候选人再次当选总统。
2007 年 3 月	世界银行和国际货币基金组织决定免除圣普 3.6 亿美元债务。
2007 年 5 月	巴黎俱乐部决定免除圣普 2390 万美元债务。
2008 年	圣普获得国际货币基金组织和世界银行提供的新贷款，葡萄牙免除圣普的债务并提供大额贷款，但圣普经济发展仍面临困难。
2009 年 2 月 12 日	社会团结党—基督教民主阵线领导人阿尔莱西奥·科斯塔被牵涉进一场失败的政变图谋，随后，科斯塔和其他 40 人被逮捕，这是因为他们涉嫌企图推翻总统。
2010 年 8 月	帕特里斯·埃默里·特罗瓦达领导的

	民主独立行动党赢得国民议会选举，出任总理。
2011 年 4 月	圣普完成了联合国千年发展目标的基本任务，这有助于圣普增加税收收入、提高消费水平和改善营商环境。
2011 年 8 月	独立候选人、前总统曼努埃尔·平托·达科斯塔当选总统。
2012 年	圣普政局基本稳定，国际货币基金组织、世界银行、欧盟和葡萄牙等向圣普再次提供大量援助。
2014 年 2 月	达科斯塔视察"军营"时，仪仗队拒绝执行命令。随后，大约 300 名初级军官进行罢工，抗议低工资。
2014 年 7 月 24 日	圣多美和普林西比大学正式成立。
2016 年 7 月	埃瓦里斯托·卡瓦略当选总统。
2016 年 10 月 7 日	中国港湾工程有限责任公司与圣多美和普林西比基础设施部部长在圣多美签署圣多美深水港项目垫资代建合作模式谅解备忘录。
2016 年 12 月 26 日	中国外交部部长王毅在北京与圣多美和普林西比外长博特略举行会谈。会谈后，两国外长签署了《中华人民共和国和圣多美和普林西比民主共和国关于恢复外交关系的联合公报》。
2017 年 1 月 6 日	圣普国家能源公司宣布，由美国公司牵头的国际能源企业将在圣普专属经济区的第 5 号、6 号、11 号、12 号地进行勘探和测绘，争取绘制该板块的三维数据图，这一行动持续 9 个月。

2017 年 4 月	国际货币基金组织代表团与圣普财政部长举行会谈，表示关心圣普不断增加的外债和债务风险。在圣普政府于 2007 年被减免全部旧债后，又形成了新债（2.6 亿美元）。
2018 年 10 月 7 日	圣多美和普林西比举行国民议会选举。时任总理帕特里斯·埃默里·特罗瓦达领导的民主独立行动党，赢得了国民议会 55 个席位中的 25 席，虽然该党保持了国民议会第一大党的地位，但失去了绝对多数政党的地位。
2018 年 11 月 29 日	圣多美和普林西比总统埃瓦里斯托·卡瓦略签署法令，任命圣多美和普林西比解放运动—社会民主党主席豪尔赫·洛佩斯·鲍姆·热苏斯为总理。
2018 年 12 月 3 日	以豪尔赫·洛佩斯·鲍姆·热苏斯总理为首的圣普第 17 届宪法政府宣誓就职。
2019 年 3 月 27 日	以豪尔赫·洛佩斯·鲍姆·热苏斯总理为首的圣普代表团出席博鳌亚洲论坛。
2019 年 6 月 25 日	圣普外交、合作和海外侨民部部长埃尔莎·平托女士来华出席中非合作论坛北京峰会成果落实协调人会议。
2020 年 6 月	为支持圣多美和普林西比应对新冠肺炎疫情，中国政府决定向圣多美和普林西比派遣抗疫医疗专家组。
2021 年 12 月 2 日	中国国务委员兼外长王毅在达喀尔出席中非合作论坛第八届部长级会议期间会见圣多美和普林西比外长滕朱瓦。

参考文献

一　中文文献

〔美〕A. T. 马汉:《海权对历史的影响 1660~1783》,安常容等译,解放军出版社,1998。

艾周昌、沐涛:《中非关系史》,华东师范大学出版社,1996。

安春英:《非洲的贫困与反贫困问题研究》,中国社会科学出版社,2010。

卞纪:《美国学者谈非洲的外援和经济结构调整》,《西亚非洲》1997年第 5 期。

《曹建明会见希腊、埃及、莫桑比克、圣多美和普林西比、巴勒斯坦五国总检察长》,《检察日报》2017 年 9 月 12 日第 002 版。

〔美〕查尔斯·P. 金德尔伯格:《世界经济霸权 1500~1990》,高祖贵译,商务印书馆,2003。

柴世宽、虞家复:《来自岛国的客人》,《瞭望》1983 年第 9 期。

褚道余、张忠强、张灵军:《西非深水钻井实践与认识》,《海洋石油》2010 年第 4 期。

崔宇辉:《几内亚湾的"绿岛"——圣多美和普林西比》,《中学地理教学参考》1994 年第 3 期。

《当代国际人物词典》编写组编《当代国际人物词典》,上海辞书出版社,1980。

高晋元:《英国—非洲关系史略》,中国社会科学出版社,2008。

葛佶主编《简明非洲百科全书（撒哈拉以南）》，中国社会科学出版社，2000。

《各国首脑人物大辞典》编委会编《各国首脑人物大辞典》，中国社会出版社，1991。

《海上植物园——圣多美和普林西比民主共和国》，《中国地名》2008年第11期。

洪永红：《论殖民时期葡萄牙法对非洲习惯法之影响》，《湘潭大学社会科学学报》2001年第1期。

黄邦和、萨那、林被甸主编《通向现代世界的500年——哥伦布以来东西两半球汇合的世界影响》，北京大学出版社，1994。

黄舍骄：《非洲通讯之二圣多美的美》，《世界知识》1982年第4期。

吉佩定主编《中非合作论坛——北京2000年部长级会议文件汇编》，世界知识出版社，2001。

贾晨：《一次不寻常的出访——圣多美和普林西比印象》，《当代世界》2005年第6期。

蒋静、珋珰：《非洲葡语国家政党青年领导人研修班来我院交流》，《陕西行政学院学报》2016年第3期。

《开辟"海丝"通往非洲新路径》，《中国贸易报》2017年4月18日第001版。

〔法〕勒内·杜蒙、玛丽－弗朗斯·莫坦：《被卡住脖子的非洲》，隽永、纪民、晓非译，世界知识出版社，1983。

李安山：《为中国正名：中国的非洲战略与国家形象》，《世界经济与政治》2008年第4期。

李广一主编《赤道几内亚　几内亚比绍　圣多美和普林西比　佛得角》，社会科学文献出版社，2007。

李鑫生、蒋宝德编《对外交流大百科》，华艺出版社，1991。

李永采主编《海洋开拓争霸简史》，海洋出版社，1990。

李忠人：《近代葡属非洲殖民地的政治经济制度变迁》，《西亚非洲》1993年第3期。

梁根成：《美国与非洲》，北京大学出版社，1991。

刘金质、梁守德、杨淮生主编《国际政治大辞典》，中国社会科学出版社，1994。

刘维楚：《中部非洲的经济作物》，《世界农业》1992 年第 3 期。

欧高墩编《非洲：经济增长的新大陆》，经济科学出版社，2010。

《圣多美和普林西比发生军事政变》，《新华每日电讯》2003 年 7 月 17 日第 005 版。

《圣多美和普林西比：西非小岛憧憬黑金喷涌》，《中国石化报》2010 年 11 月 5 日第 007 版。

《石油：美国在非洲的惟一利益》，《重庆与世界》2004 年第 9 期。

宋宜昌：《大洋角逐》，湖南人民出版社，1999。

苏金智：《葡萄牙与巴西的语言推广政策》，《语文建设》1993 年第 8 期。

孙星文：《几内亚湾上的农业国——圣多美和普林西比》，《世界农业》1984 年第 8 期。

滕藤主编《海上霸主的今昔——西班牙、葡萄牙、荷兰百年强国历程》，黑龙江人民出版社，1998。

王世钰：《圣多美和普林西比重回"中非朋友圈"向中企打开基建市场大门》，《中国对外贸易》2017 年第 6 期。

王新连：《圣多美岛访问记》，《世界知识》1980 年第 6 期。

魏发荣：《圣多美散记》，《四川统一战线》1995 年第 4 期。

吴亚明：《圣普与台湾"断交"意味着什么》，《台声》2017 年第 1 期。

向承发：《再见吧，圣多美和普林西比》，《四川统一战线》1996 年第 5 期。

小苗：《青山碧水画中游——访圣多美》，《世界知识》1985 年第 4 期。

晓纹：《葡属非洲的反殖民主义风暴》，《世界知识》1963 年第 10 期。

〔苏〕谢·格·戈尔什科夫：《国家海上威力》，房方译，海洋出版社，1985。

杨乃谦、宓世衡：《圣多美和普林西比的政治经济发展状况》，《北京大学非洲研究丛书第四辑——亚非葡语国家发展研究》，2006。

杨元恪等主编《世界政治家大辞典（中册）》，人民日报出版社，1993。

《尤权于伟国会见圣多美和普林西比总理特罗瓦达》，《福建日报》2017 年 4 月 16 日第 001 版。

张宏儒主编《二十世纪世界各国大事全书》，北京出版社，1993。

张箭：《地理大发现研究（15—17 世纪）》，商务印书馆，2002。

张娟、雷辉、祝亚雄：《非洲国家的宏观投资效率与经济增长的关系研究》，《非洲研究》2016 年第 2 期。

张永蓬、陈素花：《非洲葡语国家间合作的现实与前景》，《北京大学非洲研究丛书第四辑——亚非葡语国家发展研究》，2006。

赵淑慧：《非洲问题研究》，法律出版社，1994。

中共中央编译局世界社会主义研究所编《新编世界社会主义词典》，中央编译出版社、上海辞书出版社，1996。

中国现代国际关系研究所非洲经济编写组编《非洲国家经济发展与改革》，时事出版社，1992。

中华人民共和国国家统计局编《国际统计年鉴2005》，中国统计出版社，2005。

《中医用"中国方案"助圣普抗疟》，《中国中医药报》2017 年 4 月 10 日第 002 版。

朱之鑫主编《国际统计年鉴2002》，中国统计出版社，2002。

朱重贵：《冷战后非洲局势为何格外动荡》，《现代国际关系》1993 年第 5 期。

庄仁兴：《非洲粮食自给问题和采取的措施》，《世界经济》1982 年第 1 期。

二　外文文献

Africa Negra Best of Africa Negra 1 and 2 Sons d'Africa, Popular

Traditional São Tomé and Príncipe Band, 2005.

A. P. Leventis, Olmes, *Fábio the Bird of São Tomé & Príncipe—A Photoguide Sào Paulo* (Aves & Fotos Editora, 2009).

Araújo, Gabriel, Hagemeijer, *Tjerk Dicionário Livre Do Santome-português* (São Paulo: Hedra, 2013).

Auzias, Dominique, Labourdette, " Jean-Paul Gabon/São Tomé e Príncipe Le Petit Futé," 2008, Updated 2012/3 in Digital Format Only (around 7).

Beatriz Scaglia, *The Amazing Continent of Africa: Featuring the Democratic Republic of Sao Tome and Principe* (Webster's Digital Services, 2010).

"Beyond Oil and Gas: African Growth and Opportunity Act's Benefits to Africa, Hearing before the Subcommittee on Africa and Global Health of the Committee on Foreign July 12," *Affairs House of Representatives*, One Hundred Tenth Congress First Session, 2007.

Billes, *Alexis on the Tracks of Sea Turttes in Central Africa Ecofac*, 2005.

Bragaca, *Albertono do Riboque Camoinbo*, 1998.

Burness, *Donald Ossobó-Essays on the Literature of São Tomé and Príncipe* (Africa World Press, 2005).

Caixa Geral de Depósitos/SGE Mediateca Olhar O Futuro, 2006.

Castro, Manuela, Guedes, *Vera (ill) Missó-Uma Concha em São Tomé* (Instituto Camões, 2006).

Da Costa, *Manuel Pinto Terra Firme Edições Afrontamento*, 2011.

Daio, *Olinto Semplu São Tomé: Gesmedia*, 2002.

Daniel Dzurek, "Gulf of Guinea Boundary Disputes," *IBRU Boundary and Security Bulletin Spring*, 1999.

Delfin S. Go, John Page, eds. , *Africa at a Turning Point? Growth, Aid, and External Shocks* (Washington D. C. : The World Bank, 2008).

Deus Lima, *José História do Massacre de 1953 em São Tomé and Príncipe*,

2002.

Dr Jane Wilson-Howarth, Dr Matthew Ellis, "Your Child abroad: A Travel Health Guide," *Bradt Travel Guides*, 2005.

Espírito Santo, *Cabo Verde e S. Tomé e Príncipe*, *Gradiva* (Lisboa: Author Is from São Tomé and Príncipe, 2013).

Espírito Santo, *Carlos Encyclopédia Fundamental de São Tomé and Príncipe Cooperação Portuguesa*, 2001.

Ferraz, *Luiz Ivens the Creole of São Tomé* (Witwatersrand University Press, 1979).

Gonzalo Pastor, *Democratic Republic of São Tomé and Príncipe* (International Monetary Fund, 2006).

Graça, "Carlos Memórias Políticas de um Nacionalista Santomense UNEAS 2011 (P) Henriques," *Isabel Castro São Tomé and Príncipe—A Invenção de uma Sociedade Vega*, 2000.

Higgs, *Catherine Chocolate Islands*, *Cocoa*, *Slavery and Colonial Africa* (Ohio University Press, 2012).

"Instituto Marquês de Valle-Flor São Tomé-Ponto de Partida," Coftee-table Book by a Portuguese Cultural NGO, 2008.

James J. F. Forest, Matthew V. Sousa, *Oil and Terrorism in the New Gulf Framing U. S. Enemy and Security Policies for the Guff of Guinea* (Lanham: Rowman & Littlefield Publishers, 2006).

Jary Emmanuelle, "Maltet, Jean-François 'São Tomé et Príncipe-Les îles du milieu du monde'," *Saveurs Magazine*, Dec. 2005/Jan. 2006.

Jens Erik Jorp, L. M. Denny, Donald I. Ray, *Mozambique*, *São Tomě and Príncipe* (London and New York: Rinter Publishers, 1990).

Joana Bastos, Malheiro, *Casal de Cambra*, *São Tomé e Príncipe* (Washington, D. C. : Caleidoscópio, 2013).

Juka Desejo-te Amor Sons d'Afrique, Popular Santomean Zouk/Kizomba Singer Based in Lisbon, 2013.

Kalewska, *Anna Baltasar Dias e as metamorfoses do discurso dramatúrgico em Portugal e nas ilhas de São Tomé and Príncipe Warsaw University*, 2005, *101* (Mata, Inocência Polifonias Insulares: Cultura e Literatura de São Tomé e Príncipe Edições Colibri, 2010).

Kathleen Becker, "Sao Tome & Principe," *Bradt Travel Guides*, No. 2, 2014.

Kwesi Kwaaprah, ed., *Africa-Chinese Relations: Past, Present & Future* (Cape Town: Sed Printing Solutions, 2007).

Lambert M. Surhone, Mariam T. Tennoe, Susan F. Henssonow, *National Organization of the Workers of Sao Tome* (Betascript Publishing, 2011).

Lima, "Conceicão a Dolorosa Raáz do Micondó Caminho," *Travel Guides*, 2006.

Louis Siking, *Colonial Borderlines: France and the Netherlands* (Atlanticin the 19[th]Century Leiden Publications, 2008).

Lowell J. Satre, *Chocolate on Trial: Slavery, Politics: The Ethics of Business* (Ohio University Press, 2005).

Manuel Pinto da Costa, *et Evaristo de Carvalho qualifiés pour le second tour de la présidentielle à Sao Tomé et Principe*, AFP, 2011.

Marcel Kitissou, ed., *Africa in China's Global Strategy* (London: Adonis & Abbey Publishers Ltd., 2007).

Nascimento, *Augusto História da Ilha do Príncipe Câmara Municipal de Oeiras*, 2010.

Paul D. Cohn, *Sao Tome, Journey to the Abyss Portugal's Stolen Children* (Burns-Cole Pub., 2005).

Pires Alves Narciso Emery, "Sao Tome y Principe y Los Incentivos Para Investir," *Eae Editorial Academia Espanola*, 2013.

P. W. Atkinson, J. S. Dutton et al., eds, A Study of the Birds, Small Mammals, Turtles and Medicinal Plants of São Tomé, with Notes on Principe Bird Life International Study Report No. 56, 1992.

Sao Tome and Principe Investment Climate Statement 2015, *United States Department of State*, Seibert, Gerhard *Comrades, Clients and Cousins-Colonialism* (Socialism and Democratization in São Tomé and Príncipe Brill, 2006).

Shaxson, *Nicholas Poisoned Wells—The Dirty Politics of African Oil* (Palgrave, 2007).

"The Gulf of Guinea and U. S. Strategic Energy Policy, Hearing before the Subcommittee on International Economic Policy," *Export and Trade Promotion of the Committee on Foreign Relations United States Senate*, One Hundred Eighth Congress Second Session, 2004.

Tony Hodges, Malyn Newitt, *São Tomě and Prīncipe: From Plantation Colony to Microstate* (Boulder and London: Westview Press, 1990).

Torres, Ângelo MIonga ki ôbo Lx Filmes, *A 52 Minute Documentary on the Angolares Fishing Community*, The Globe Pequot Press Inc. USA, 2005.

Tourism in São Tomé and Príncipe, Travel Guide, History and Culture: Extra Ordinary Environment Best for Vocation and Beach Rids, 2017.

Valério, *Conceição Cozinha Tradicional de São Tomé e Príncipe Centro Culturel Português*, Imprensa de Ciências Sociais, 2002.

Valverde Paulo Máscara, *Mato e Morte em São Tomé Celta Editora*, International African Institute, 2000.

Various Revue Internationale de I' Imaginaire No. 14, Maison des Cultures du Monde, 1990.

Vertongen, *Derek Extra Bitter: The Legacy of the Chocolate Islands*, George Hargrove Chronicles, 2000.

Vianna Da Motta, *José Piano Concerto in a Major/Fantasia Dramática/Ballada Hyperion*, UK. CD, Album, 1999.

Viegas, "Bill Lima Plôvia miglason-Por Causa da lmigração 2012," *in Young, Local Kizomba Singer, Who Had Great Success with Hirondina*, 2007.

三 主要网站

"São Tomé and Príncipe Country Study Guide 2006," http：//USA. zbp.

Various guia de Campo, "365 Espécies Atlânticas," http：//www. ocea nografica. com.

"Type in ' Sao Tome ' for a List of Writers and Artists," http：// www. africultures. com.

"An Extensive List of Santomean Artists, with Visual Samples of Their Work," http：//www. artafrica. gulbenkian. pt.

"Information on the International Festival of Lusophone Culture Held Every Other Summer (Even Years) in São Tomé," http：//www. bienal-stp. org.

"English-language Information on the Design Bienal Taking Place Each November in ST," http：//www. biennialfoundation. org.

"Coimbra-based Group of Actors Involved in Living Theatre Tradition," http：//www. cenalusofona. pt.

"A 2013 Overview of Foreign Affairs, Register for Free to Read," http：//www. foreignaffairs. com/articles/139044/gerhard – seibert/surging – sao – tome.

"The Website of the Portuguese Cultural Institute, with Details of Language Courses All over the World, Also Includes Details of Their Cultural Activities in São Tomé and Príncipe," http：//www. instituto-camoes. pt.

"Spanish Programme about Spanish People abroad, Featuring the Current Consul Maite Mendizabal," http：//http//www. rtve. es/alacarta/videos/ espanoles – en – el – mundo/espanoles – mundo – santo – tome – principe/ 1453982/.

"Beautifully Made Page about This Uniquely Santomean Theatrical Tradition, with Information on the Major Groups, in Portuguese, But Currently Being Translated into English," http：//www. tchiloli. com.

"Beautiful Illustrations of Island Life by Award-winning Illustrator Shadra

Strickland, of Maryland Institute College of Art, the Result of a 2012 Trip with Alain Corbel," http: //www. unspoiled-africa. blogspot. pt.

"Version of CIA World Factbook, with Millennium Development Goals," http: //www. indexmundi. com/sao_ tome_ and_ principe.

"Non-profit Mediation Agency Pilot Project on the Challenges of Oil Wealth Coming to São Tomé and Príncipe: Conflict-resolution Workshops, Educational/ Media Work," http: //www. international-alert. org/our_ work/regional/west_ africa/sao_ tome_ principe. php.

"Current Affairs (P)," http: //www. correiodasemana. info.

"Online News, Updated Dairly, with Searchable Archive (P)," http: //www. jornal. st.

"Current Affairs (P)," http: //www. jornaltropical. st.

"Breaking News from the Lusophone World (P & E)," http: //www. macauhub. com. mo.

"São Tomé and Príncipe News/Archive Reports (E) by Voice of America," http: //www. voanews. com/engl.

"STP African Economic Outlook, Published by the OECD," http: // www. afdb. org.

"National Petroleum Agency (P&E)," http: //www. anp – stp. gov. st.

"Regular Reports on STP by the Economist's Intelligence Unit," http: // https: //country. eiu. com/sao – tome – and – principe.

"The International Monetary Fund's Site Has a Wealth of up-to-date Documents and Statistics on São Tomé and Príncipe Poverty Reduction Programmes," http: //www. imf. org/external/country/stp.

"National Parliament (P, E&F)," http: //www. parlamento. st.

"Country Brief," http: //www. worldbank. org/st.

"Central Bank Site, with Daily Exchange Rate for the Dobra," http: // www. bcstp. st.

"Latest Heath and Immunisation Advice," http: //wwwn. cdc. gov/

travel/default. aspx.

"Telecommunications Provider Site, with Links to São Tomé and Príncipe Online Journals, and Much More (P)," http: //www. cstome. net.

"Barcelona – based Caué Association Friends of São Tomé," http: // http: //es. geocities. com/caueass/caue_ cat. htm.

"Large Selection of Beautiful Photos," http: //www. fotoscaminhadase descobertastp. blogspot. com.

"Local Tour Operator, with French Connections (See Page 112)," http: //www. mistralvoyages. com.

"A 45 Minutes Nature Documentary on Príncipe, Due out in 2014," http: //www. aidnature. org.

"Stamps with São Tomé and Príncipe's Bird Species for Sale," http: // www. bird-stamps. org/country/stthom. htm.

"Photo-sharing Site with Superb Close-ups of STP's Flora and Fauna and Other Great Shots," http: //www. flickr. com.

"Country Report October 2003," http: //www. eiu. com/.

"Only in French," http: //www. sao-tome. st.

"Follow This Blog about Sao Tomé!" http: //saotomeblog. com.

"Run by Pennsylvania University, with Links to Other Sites," http: // www. africa. upenn. edu.

"Regularly Updated Country Profile, Which, Give or Take a Couple of Inaccuracies, Is a Good Place to Start," http: //www. cia. gov/iibrary/ publications/the – world – factbook/geos/tp. html.

" Useful Regional Government Site, with Tourism Information, a Discussion Forum, etc. ," http: //www. principe. st.

"Hundreds of São Tomé Videos of Music, Sharks, Camping Tales, Carnival, etc. ," http: //www. youtube. com.

" iict @ iict. pt Used to Publish Many STP-related Books," http: // www. bn. pt.

http：//www. everyculture. com/Sa – Th/S – o – Tom – e – Pr – ncipe. html.

http：//www. irinnews. org.

http：//www. filmakers. com.

http：//www. jornaltransparencia. st.

http：//www. tedxsatome. com.

http：//www. telanon. info.

http：//www. vitrina. st.

http：//www. cia. gov/library/publications/the – world – factbook/.

http：//www. gov. st Official government site.

http：//www. nhbs. com.

http：//www. africadetodosossonhos. blogspot. com.

http：//www. saotome. st/pictures. html.

http：//www. earthinstitute. columbia. edu/cgsd/STP/index_ photos. html.

http：//www. banknotes. com/st65. htm.

http：//www. saotomeprincipe. st.

http：//www. happytellus. com.

http：//www. hotelbooking. st/.

http：//www. groups. yahoo. com/group/saotome/messages.

http：//www. library. stanford. edu/africa/saotome. html.

http：//www. mega. ist. utl. pt/ – mies/SaoTome/FotografiasAntigas.

http：//www. odisseiasnos mares. com.

http：//www. tvciencia. pt/tvcicn/pagicn/tvcicn01. asp？cmb _ pesq ＝ loc&txt_ pesq ＝ S% E3o ＋ Tom% E9&offset ＝ 0.

索　引

A

《阿尔及尔协议》　21，53，227

安东尼奥·卡内罗　38

安瓜埃泽　119，121

安纳姆博　36，221

C

沉船传说　15

瓷玫瑰　28

萃萃蝇　13，133，226

D

迪奥斯　147

冬戈　135

多党民主制　56

F

法语国家组织　184，190，191，230

非政府组织　137，162，187

菲罗瑞普欢乐节　22，27

G

刚果舞　24

格兰达峰　3

国际电信认证　148

国家博物馆　25，36，118

国务委员会　85，88，95～97，99，102

H

亨利王子　34

环境整治控股公司　124

J

加奥·圣塔伦　35

加奥二世　35，36

K

康乃馨革命　79，83
克里奥尔语　17，18

L

伦巴　2，14，74
洛巴塔　2，14，74

M

玛丽亚·达斯·内维斯　65～68，71，
　77，80，110，111，216，231
米罗家族　38
民主独立行动党　59，61，63，65，68～
　74，76，80，107，108，111～113，
　215～218，231，233，234

N

涅托　56

O

欧卡　30

P

帕尔红塔河　27

帕帕盖奥峰　4
皮德罗·埃斯科巴　35，221

Q

契约劳工　11～13，16，17，20，28，
　48，49，52，53，224～226
恰维斯湾　27，36

R

人工粘蝇纸　13
人类发展指数　178

S

圣多美鸫鸟　32

T

土地改革　121，122
王子鸟　32

Y

约安·加托　50，222

Z

中部非洲国家经济共同体　66，155，

161，194

重债穷国　125，129，150，158，164，
231

专属经济区　67，102，123，128，134～
137，141，142，195，227，230，231，
233

新版《列国志》总书目

亚洲

阿富汗
阿拉伯联合酋长国
阿曼
阿塞拜疆
巴基斯坦
巴勒斯坦
巴林
不丹
朝鲜
东帝汶
菲律宾
格鲁吉亚
哈萨克斯坦
韩国
吉尔吉斯斯坦
柬埔寨
卡塔尔
科威特
老挝
黎巴嫩
马尔代夫

马来西亚
蒙古国
孟加拉国
缅甸
尼泊尔
日本
沙特阿拉伯
斯里兰卡
塔吉克斯坦
泰国
土耳其
土库曼斯坦
文莱
乌兹别克斯坦
新加坡
叙利亚
亚美尼亚
也门
伊拉克
伊朗
以色列
印度
印度尼西亚
约旦
越南

非洲

阿尔及利亚

埃及

埃塞俄比亚

安哥拉

贝宁

博茨瓦纳

布基纳法索

布隆迪

赤道几内亚

多哥

厄立特里亚

佛得角

冈比亚

刚果共和国

刚果民主共和国

吉布提

几内亚

几内亚比绍

加纳

加蓬

津巴布韦

喀麦隆

科摩罗

科特迪瓦

肯尼亚

莱索托

利比里亚

利比亚

卢旺达

马达加斯加

马拉维

马里

毛里求斯

毛里塔尼亚

摩洛哥

莫桑比克

纳米比亚

南非

南苏丹

尼日尔

尼日利亚

塞拉利昂

塞内加尔

塞舌尔

圣多美和普林西比

斯威士兰

苏丹

索马里

坦桑尼亚

突尼斯

乌干达

赞比亚

乍得

中非

欧 洲

阿尔巴尼亚

爱尔兰

爱沙尼亚

安道尔

奥地利

白俄罗斯

保加利亚

北马其顿

比利时

冰岛

波兰

波斯尼亚和黑塞哥维那

丹麦

德国

俄罗斯

法国

梵蒂冈

芬兰

荷兰

黑山

捷克

克罗地亚

拉脱维亚

立陶宛

列支敦士登

卢森堡

罗马尼亚

马耳他

摩尔多瓦

摩纳哥

挪威

葡萄牙

瑞典

瑞士

塞尔维亚

塞浦路斯

圣马力诺

斯洛伐克

斯洛文尼亚

乌克兰

西班牙

希腊

匈牙利

意大利

英国

美洲

阿根廷

安提瓜和巴布达

巴巴多斯

巴哈马

巴拉圭

巴拿马

巴西

秘鲁

玻利维亚

伯利兹

多米尼加

多米尼克

厄瓜多尔

哥伦比亚

哥斯达黎加

格林纳达

古巴

圭亚那

海地

洪都拉斯

加拿大

美国

墨西哥

尼加拉瓜

萨尔瓦多

圣基茨和尼维斯

圣卢西亚

圣文森特和格林纳丁斯

苏里南

特立尼达和多巴哥

危地马拉

委内瑞拉

乌拉圭

牙买加

智利

大洋洲

澳大利亚

巴布亚新几内亚

斐济

基里巴斯

库克群岛

马绍尔群岛

密克罗尼西亚

瑙鲁

纽埃

帕劳

萨摩亚

所罗门群岛

汤加

图瓦卢

瓦努阿图

新西兰

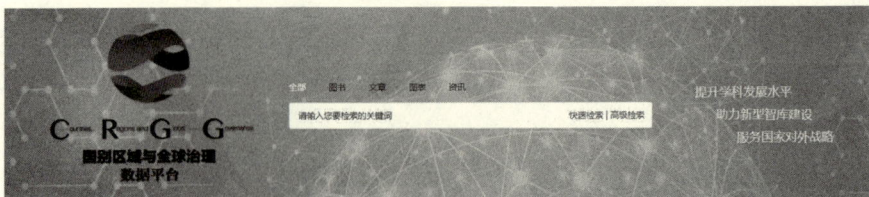

国别区域与全球治理数据平台

www.crggcn.com

"国别区域与全球治理数据平台"（Countries, Regions and Global Governance, CRGG）是社会科学文献出版社重点打造的学术型数字产品，对接国别区域这一重点新兴学科，围绕国别研究、区域研究、国际组织、全球智库等领域，全方位整合基础信息、一手资料、科研成果，文献量达30余万篇。该产品已建设成为国别区域与全球治理数据资源与研究成果整合发布平台，可提供包括资源获取、科研技术服务、成果发布与传播等在内的多层次、全方位的学术服务。

从国别区域和全球治理研究角度出发，"国别区域与全球治理数据平台"下设国别研究数据库、区域研究数据库、国际组织数据库、全球智库数据库、学术专题数据库和学术资讯数据库6大数据库。在资源类型方面，除专题图书、智库报告和学术论文外，平台还包括数据图表、档案文件和学术资讯。在文献检索方面，平台支持全文检索、高级检索，并可按照相关度和出版时间进行排序。

"国别区域与全球治理数据平台"应用广泛。针对高校及国别区域科研机构，平台可提供专业的知识服务，通过丰富的研究参考资料和学术服务推动国别区域研究的学科建设与发展，提升智库学术科研及政策建言能力；针对政府及外事机构，平台可提供资政参考，为相关国际事务决策提供理论依据与资讯支持，切实服务国家对外战略。

数据库体验卡服务指南

※100元数据库体验卡，可在"国别区域与全球治理数据平台"充值和使用

充值卡使用说明：
第1步 刮开附赠充值卡的涂层；
第2步 登录国别区域与全球治理数据平台（www.crggcn.com），注册账号；
第3步 登录并进入"会员中心"→"在线充值"→"充值卡充值"，充值成功后即可使用。

声明

最终解释权归社会科学文献出版社所有

客服QQ：671079496
客服邮箱：crgg@ssap.cn

欢迎登录社会科学文献出版社官网（www.ssap.com.cn）和国别区域与全球治理数据平台（www.crggcn.com）了解更多信息

社会科学文献出版社
SOCIAL SCIENCES ACADEMIC PRESS (CHINA)
卡号：0532302732224506
密码：

图书在版编目（CIP）数据

圣多美和普林西比/陈传伟，李广一编著．--北京：
社会科学文献出版社，2022.7
（列国志：新版）
ISBN 978 - 7 - 5228 - 0081 - 3

Ⅰ.①圣…　Ⅱ.①陈…②李…　Ⅲ.①圣多美和普林
西比 - 概况　Ⅳ.①K944.1

中国版本图书馆 CIP 数据核字（2022）第 083199 号

· 列国志（新版）·

圣多美和普林西比（Sao Tome and Principe）

编　　著 / 陈传伟　李广一

出 版 人 / 王利民
组稿编辑 / 高明秀
责任编辑 / 叶　娟
文稿编辑 / 王春梅
责任印制 / 王京美

出　　　版 / 社会科学文献出版社·国别区域分社（010）59367078
　　　　　　地址：北京市北三环中路甲 29 号院华龙大厦　邮编：100029
　　　　　　网址：www.ssap.com.cn
发　　　行 / 社会科学文献出版社（010）59367028
印　　　装 / 三河市尚艺印装有限公司

规　　　格 / 开　本：787mm × 1092mm　1/16
　　　　　　印　张：17.75　插　页：0.5　字　数：265 千字
版　　　次 / 2022 年 7 月第 1 版　2022 年 7 月第 1 次印刷
书　　　号 / ISBN 978 - 7 - 5228 - 0081 - 3
定　　　价 / 89.00 元

读者服务电话：4008918866